***ACCESO GRATIS** a la Lectura en la Nube*

Para visualizar el libro electrónico en la nube de lectura envíe junto a su nombre y apellidos una fotografía del código de barras situado en la contraportada del libro y otra del ticket de compra a la dirección:

ebooktirant@tirant.com

En un máximo de 72 horas laborales le enviaremos el código de acceso con sus instrucciones.

La visualización del libro en **NUBE DE LECTURA** excluye los usos bibliotecarios y públicos que puedan poner el archivo electrónico a disposición de una comunidad de lectores. Se permite tan solo un uso individual y privado

LA INNOVACIÓN SOCIAL EN TRABAJO SOCIAL

LA INNOVACIÓN SOCIAL EN TRABAJO SOCIAL

Carmen Caravaca Llamas
Esther Bódalo Lozano
José Saéz Olmos
(Coordinadores)

tirant lo blanch
Valencia, 2024

En caso de erratas y actualizaciones, la Editorial Tirant lo Blanch publicará la pertinente corrección en la página web www.tirant.com.

EDITA: TIRANT LO BLANCH
C/ Artes Gráficas, 14 - 46010 - Valencia
TELFS.: 96/361 00 48 - 50
FAX: 96/369 41 51
Email: tlb@tirant.com
www.tirant.com
Librería virtual: www.tirant.es
Depósito legal: V-3825-2024
ISBN: 978-84-1071-793-0

Si tiene alguna queja o sugerencia, envíenos un mail a: *atencioncliente@tirant.com*. En caso de no ser atendida su sugerencia, por favor, lea en *www.tirant.net/index.php/empresa/politicas-de-empresa* nuestro procedimiento de quejas.

Responsabilidad Social Corporativa: http://www.tirant.net/Docs/RSCTirant.pdf

Índice

BLOQUE II. NUEVAS ESTRATEGIAS DE INTERVENCIÓN DESDE EL TRABAJO SOCIAL

Prólogo

La sociedad actual, es cada vez más compleja, caracterizada por una fuerte presencia de la tecnología, en la cual aparecen de manera ineludible nuevas cuestiones sociales en donde los profesionales del Trabajo Social deben poner su foco de atención. La complejidad entraña un reto y se manifiesta mediante una serie de exigencias, pero esta se puede gestionar, ello necesita nuevas formas de leer, pensar, sentir y actuar sobre la realidad social en la que se interviene. Por lo tanto, es muy importante desde esta disciplina conocer, conectar y generar soluciones desde la misma. En este sentido, el concepto de innovación entendido como aquello que da respuesta a los problemas sociales implica un acercamiento audaz a los nuevos escenarios sociales que se abren paso, para llevar a cabo mejores acciones que fortalezcan el desarrollo humano y comunitario.

Este libro es fruto de una colaboración de expertos en Trabajo Social pertenecientes a diferentes universidades españolas. En esta obra se abordan los campos de desarrollo teórico y práctico, interrelacionados con las nuevas necesidades sociales y las recientes incorporaciones metodológicas en los escenarios de intervención. Concretamente, el libro tiene la finalidad de abordar los ámbitos profesionales emergentes surgidos de la demanda ciudadana y de la práctica e investigación del Trabajo Social. Además, contempla la innovación social, profesional y técnicamente necesaria en el siglo XXI ante viejos problemas persistentes y nuevos conflictos presentes.

La obra está compuesta por una introducción y de tres bloques con sus respectivos capítulos. El bloque uno, que aborda las problemáticas sociales emergentes, está formado por los siguientes capítulos: nuevas consideraciones (perspectivas) en la intervención social con personas en situación de dependencia, el Trabajo social en el sistema educativo; el problema de la vivienda y la ocupación; Trabajo social, medio ambiente, ecologismo y desarrollo sostenible y Trabajo Social con las nuevas adicciones. El bloque dos versa sobre nuevas estrategias de intervención desde el Trabajo Social, se compone de los siguientes capítulos: uso y desarrollo de las TICs en Trabajo Social; gamificación de la Intervención Social; intervenciones sociales asistidas con animales; nuevos retos sobre el género y Trabajo Social; Trabajo Social penitenciario y sistema judicial: experiencias innovadoras. El bloque tres analiza los nuevos ámbitos profesionales para el Trabajo Social, con los siguientes capítulos: el Trabajo Social en las organizaciones privadas: RSC y

Outsourcing; Trabajo Social en situaciones de emergencia; Trabajo Social y deporte; Trabajo Social y familia multiespecie y la intervención en procesos de duelo desde el Trabajo Social.

De esta forma se ofrecen diferentes perspectivas sobre la importancia de la innovación y de los ámbitos novedosos de intervención social.

La innovación ha sido un aspecto consustancial en el ámbito del Trabajo Social desde sus inicios, los trabajadores/as sociales en cuanto agentes de cambio han transformado situaciones sociales de desigualdad, exclusión y diferencia. Para ello se han requerido respuestas innovadoras a las diferentes problemáticas sociales que se han ido produciendo en las sociedades y en los diferentes ámbitos de intervención.

Por lo tanto, la disciplina del Trabajo Social desde sus orígenes hasta el momento actual ha innovado en muchos aspectos: como práctica, como procedimiento, como agente de cambio social, como reformador, como intermediario en las aplicaciones de las leyes para la protección de los derechos sociales, formando parte de su esencia (Alonso Puelles y Echevarría, 2016).[1]

Tomaremos como referencia la definición de innovación social de Mulgan (2007): «actividades innovadoras y de servicios motivadas por el propósito de dar respuesta a una necesidad social y que son desarrolladas y diseminadas predominantemente por organizaciones cuyos propósitos básicos son sociales»[2].

La innovación social en el ámbito del Trabajo Social se puede considerar como el desarrollo por parte de profesionales del Trabajo Social de acciones, servicios o productos que resultan novedosos en el contexto en el que se utilizan y tienen como objetivo satisfacer necesidades sociales o mejorar el desempeño de organizaciones dedicadas a satisfacer necesidades sociales. Destacaremos dos elementos en esta definición: novedad y mejora. También hace referencia a mejorar el desempeño entendido en términos de necesidades de eficacia, eficiencia y fiabilidad, ya que nuestras vidas se desarrollan es un espacio y en un tiempo donde existe una limitación considerable de los recursos disponibles.

---

1 Alonso Puelles, A. y Echeverría Ezponda, J. (2016). ¿Qué es la innovación social? El cambio de paradigma y su relación con el Trabajo Social. *Cuadernos de Trabajo Social,* 29(2): 163-171.

2 Mulgan, G., Tucker S., Rushanara, A. y Sanders, B. (2007). *Social innovation: what it is, why it matters and how it can be accelerated.* Oxford Said Business School.

La innovación social se puede considerar como un importante motor de cambio positivo en tanto que desarrolla e implementa ideas transformativas. Ello implica identificar necesidades no atendidas, procurar soluciones creativas y movilizar recursos para desafiar y transformar sistemas, estructuras y normas existentes para crear una sociedad más inclusiva y justa (Edwards-Schachter y Wallance, 2017).[3]

La idea de este manual es abordar la conexión entre los nuevos ámbitos de intervención para el Trabajo Social, así como la necesidad de abordar los mismos con estrategias de intervención profesional innovadoras. Surgen por lo tanto nuevos escenarios en los que asentarse e innovar, y la necesidad de adaptar los recursos a ello. La innovación fomenta el trabajo en red, así como diseña nuevas estrategias de intervención en la realidad para promover sociedades cada vez más inclusivas. Es importante dotarse de nuevas herramientas mediante las cuales llevar a cabo procesos de transformación social a través de la innovación.

La gran diversidad de ámbitos de intervención del Trabajo Social, hacen que la gestión del conocimiento, así como la combinación entre la aplicación de estrategias alternativas y la innovación, pueden dar respuesta a las demandas sociales desde ópticas muy distintas, situación que sería la ideal. Sin embargo, la innovación puede generar cierta incertidumbre ya que lo nuevo puede producir miedos e inseguridades, como concepto que ha irrumpido con cierto empuje en el espacio tanto teórico como práctico del Trabajo Social, no debe ser considerado como un elemento mágico que vaya a dar respuesta a todos los males o problemas sociales. Es necesario que vaya acompañada de una actitud innovadora, actitud crítica ante el propio hacer, así como una actitud de mejora.

El Informe Goldenberg (2004) sostuvo que no son solo las compañías son las que innovan en base a objetivos económicos, sino también el sector no comercial de la sociedad: las organizaciones no gubernamentales (ONG), las asociaciones sin ánimo de lucro y el tejido social en general son capaces de innovar, y al margen de los negocios (Goldenberg, 2004). Por lo que se va desterrando la concepción lineal de innovación de I+D en la cual solo las

---

[3] Edwards-Schachter, M. y Wallace, M. L. (2017). Shaken, but not stirred: sixty years of defining social innovation. *Technological Forecasting and Social Change,* 119: 64–79.

empresas pueden generar innovación, sino también los diferentes agentes sociales.[4]

No solo los trabajadores sociales tienen algo que aportan en el terreno de la innovación social, también le incumbe a todo el ecosistema que lo sustenta: profesionales, organizaciones públicas, del tercer sector y privadas, universidades, organizaciones corporativas (Consejo General, Consejos Autonómicos y Colegios Profesionales) y personas usuarias. La innovación social en y desde el Trabajo Social será tanto más fuerte y exitosa cuantos más agentes se involucren en la misma y mayores cotas de cooperación logremos entre las diferentes partes que conforman nuestro ecosistema (Mustieles, 2020).[5]

En una sociedad que evoluciona a un ritmo vertiginoso requiriendo constantes mutaciones y sucesión de nuevos comienzos, las personas desarrollan su existencia en contextos que han dejado de estar estandarizados, definidos y ordenados, para transformarse en lo que se ha dado en denominar entornos VICA. Estos están caracterizados por cuatro rasgos, volatilidad (alta velocidad de cambio y necesidad de tomar decisiones con rapidez), incertidumbre (incapacidad para predecir el futuro inmediato), complejidad (gran número de factores y relaciones entre ellos) y ambigüedad (en la interpretación de lo que nos rodea cuando la información es incompleta, contradictoria o poco fiable). Estos rasgos se relacionan entre sí, influyéndose mutuamente e implicando una creciente dificultad en el análisis y la toma de decisiones en estos escenarios actuales (Millar et al., 2018).[6]

La labor del profesional del trabajo social en los complejos procesos de transformación social del siglo XXI es incuestionable, el enriquecimiento de la práctica profesional de los mismos, quienes desde su formación interdisciplinar y su mirada holística de los problemas pueden desempeñar su rol de agente de cambio en estas sociedades liquidas, tal como las define Bauman (2009).[7] La disciplina del Trabajo Social puede encontrar en la innovación

---

4 Goldenberg, M. (2004). *Social Innovation in Canada. How the non-profit sector serves Canadians and how it can serve them better.* Canada Policy Research Networks.

5 Mustieles, D. (2020). Innovación Social y Trabajo Social. Investigaciones e Informes del Consejo General del Trabajo Social. Consejo General del Trabajo Social.

6 Millar, C.C.J.M., Groth, O., y Mahon, J.F. (2018). Management Innovation in a VUCA World: Challenges and Recommendations. *California Management Review*, 61(1), 5-14 (2018).

7 Bauman, Z. (2009). Tiempos Líquidos: Vivir en una Época de Incertidumbre. Tusquets.

social uno de los más importantes motores de cambio, puede servir para reforzar la profesión, y por ello aumentar el valor social que se genera y se transfiere a la sociedad.

En la dualidad entre activismo y agente de las políticas sociales se encuentra el potencial innovador característico del Trabajo Social. Ante un Estado de bienestar en desaparición y la retirada de las posiciones gubernamentales, la sensación que tienen los profesionales del Trabajo Social es que es necesario *innovar* en la práctica para hacer frente a los retos presentes y futuros. Al mismo tiempo, existe una necesidad constatada de mantener una actitud más flexible ante los cambios sociales que muchas veces no pueden atenderse en unas instituciones burocratizadas y rígidas. Se puede decir, entonces, que existe cada vez más la convicción profesional de que o se innova en Trabajo Social o éste perderá el avance que ha logrado en este tiempo (Alonso Pueyes y Echevarría, 2016).[8]

Como coordinadoras de esta obra, agradecemos a los diferentes autores su implicación, motivación y el tiempo dedicado al mismo, cuyo resultado es la publicación de este libro: *Ámbitos profesionales emergentes e innovación en Trabajo Social*. Esperando cumplir con el objetivo de que el lector comprenda la importancia de innovar en los nuevos ámbitos de intervención que aborda la disciplina del Trabajo Social, tanto desde el punto de vista teórico como práctico.

---

[8] Alonso Puelles A. y Echeverría Ezponda J. (2016). ¿Qué es la innovación social? El cambio de paradigma y su relación con el Trabajo Social. *Cuadernos de Trabajo Social, 29*(2), 163-171.

Bloque I.
Problemáticas sociales emergentes

Capítulo 1.

Trabajo Social Gerontológico en la práctica profesional. Diseño de Investigación en la utilización de utilización de asistentes virtuales

ISMAEL RUIZ FIGUEROA
Doctorando en Trabajo Social
Universidad Complutense de Madrid
Mª ÁNGELES MINGUELA RECOVER
Universidad de Cádiz
Mª DEL PILAR MUNUERA GÓMEZ
Universidad Complutense de Madrid

1. INTRODUCCIÓN

El este capítulo se presenta el diseño y resultados preliminares de la investigación llevada a cabo sobre la "Experiencia desde el trabajo social de los asistentes virtuales en la soledad no deseada en personas mayores. Un estudio de casos", relacionada con la intervención del Trabajo Social Gerontológico y su posible vinculación al uso de asistentes virtuales (Alexa), como un complemento más en la intervención social con personas mayores. El enfoque utilizado ha puesto a la persona mayor en el centro de la atención, respetando la diversidad existente en este grupo de población. En este capítulo se presenta el diseño de investigación realizado en las personas mayores que reciben la ayuda de teleasistencia en Valencia con experiencia con asistentes virtuales (Alexa). Se ha utilizado una metodología mixta cualitativa-cuantitativa, a través de revisiones sistemáticas de la literatura sobre diferentes temas con la finalidad de establecer el "estado del arte", utilización de cuestionario (escala de soledad de UCLA) y entrevistas semiestructuradas. Para la tabulación de los resultados se ha utilizado Se ha utilizado el programa informático SPSS V. 24 (IBM) y Atlas.ti 24.

El conocimiento gerontológico comienza a desarrollarse a partir de conceptualizaciones teóricas producidas en el campo biomédico, y es a partir de las décadas del "50" y "60" del siglo pasado, cuando comienza a ser objeto de estudio desde distintas disciplinas, en diversos contextos sociohistóricos, ampliando el estudio y comprensión de la vejez desde diversas teorías y enfoques (Paola et al., 2011; Ray et al., 2014) desde las ciencias sociales.

Las Tecnologías de la Información y la Comunicación (TIC) están favoreciendo que las personas mayores aumenten su participación e interacción con su entorno social, con las instituciones y recursos sociales disponibles. Internet, los dispositivos digitales y las tecnologías de la información y la comunicación (TIC) han transformado muchas de nuestras prácticas diarias, desde hábitos de ocio hasta transacciones comerciales, así como las administraciones públicas y los servicios en todo el mundo (Munuera, 2016). Esta perspectiva adquiere especial relevancia frente a las oportunidades y los desafíos que presenta el actual contexto sociodemográfico mundial dado el nivel de envejecimiento de la población. Desde la década de 1990, la literatura ha descrito y pronosticado estos cambios y sus posibles influencias globales. Esta digitalización está redefiniendo las interacciones entre las administraciones públicas y los ciudadanos, así como sus demandas y necesidades transformando las organizaciones donde los trabajadores sociales intervienen.

El Trabajo Social Gerontológico, es un área de especialización del Trabajo Social en Latinoamérica (en países como Argentina), Estados Unidos y Europa. Los profesionales del Trabajo Social Gerontológico se están adaptando a este nuevo escenario tecnológico que permite ofrecer una relación de ayuda innovadora apoyada por soportes tecnológicos como pueden ser los asistentes virtuales tipo Alexa, cuyas funcionalidades digitales pueden prevenir y evitar la exclusión social, especialmente de las personas mayores y de las personas con discapacidad (Ruiz-Figueroa et al., 2024), proporcionándoles una sensación de compañía y facilitando la interacción social (Corbett et al., 2021). Estos dispositivos también permiten la intervención social del Trabajo Social en entornos digitales gracias a las siguientes características:

- Una pieza clave en la conexión social, ya que les permite estar más unidos a sus familiares, conocidos y profesionales de las instituciones en las que se encuentran vinculados.
- Uno de los ejes para hacer de los escenarios sociales en los que se está insertado un ambiente gobernable a escala humana.
- Una pieza clave para garantizar el acceso, la exigencia y el control de derechos e intereses legítimos y difundidos por parte de las comunidades (menores y/o periféricas) que no están representadas en las tradicionales estructuras de los sistemas fiscales y de seguridad social.

- Un instrumento eficaz para la gestión de la ciudadanía, en relación a las diversas pertenencias comunitarias, en concreto étnicas, culturales y religiosas.
- Un elemento para un sólido análisis de los riesgos sociales, entendidos como abismo entre los desafíos que los individuos deben afrontar y los recursos que disponen.
- Un valioso instrumento para elaborar una cultura de los nuevos derechos de vida cotidiana con fines de humanización del trabajo y de los servicios a las personas, en concreto, de las relaciones entre tiempos/ lugares de trabajo y tiempos/lugares de familia.

Los y las profesionales especializados en esta materia reciben una capacitación. Esta especialización debe avanzar hacia la incorporación de las tecnologías digitales actuales. Su utilización debe contar con la participación de equipos interdisciplinarios, para la elaboración de nuevas políticas y práctica profesional (Mois & Fortuna, 2020). La experiencia vivida durante la pandemia de COVID-19, sin duda, aceleró tanto la creación de entornos virtuales como el uso de ciertos soportes digitales, los cuales, tuvieron implicaciones directas sobre las instituciones y, en la vida cotidiana de la ciudadanía, impactando en la satisfacción de las necesidades sociales de las personas mayores.

Los soportes tecnológicos como por ejemplos los asistentes virtuales, pueden llegar a constituirse como un recurso social en la promoción de la autonomía personal y de atención a la dependencia por entender que se concibe al "servicio de" las personas. Entre los asistentes virtuales o asistentes de voz, se encuentra Alexa que desarrolla determinadas funciones predefinidas entre las que se encuentran: recordatorio de toma de medicamentos, citas médicas establecidas en el calendario, búsquedas en internet para responder a preguntas, control de domótica en el hogar, realización de compras en comercios, y un largo etcétera además de las skills. Estas skills permiten la utilización de las aplicaciones de terceros en un dispositivo móvil, que permiten mayores interacciones de las personas mayores, como pedir ayuda o asistencia en caso de necesidad. Es decir, en procesos como el envejecimiento, el cambio climático, etc. la utilización de las TIC puede favorecer el logro de los Objetivos de Desarrollo Sostenible.

1.1 Personas mayores, soledad no deseada y TIC

La soledad no deseada, dentro del ámbito gerontológico, es definida como una condición en la cual las personas mayores experimentan una falta de compañía y de apoyo social que no es voluntaria, sino impuesta por circunstancias externas (Tirado, 2019). Esta situación puede surgir debido a múltiples factores como la pérdida de seres queridos, el retiro laboral, problemas de salud, y barreras sociales o arquitectónicas que limitan la interacción social (Bekhet et al., 2008). A diferencia de la soledad voluntaria, la soledad no deseada tiene connotaciones negativas y puede afectar significativamente el bienestar físico y mental de los individuos, incrementando riesgos como la depresión, el deterioro cognitivo y enfermedades crónicas (González-Rábago, 2020). De acuerdo con los resultados de la investigación realizada por Surkalim et al., (2022) sobre la prevalencia de la soledad en personas mayores que no están institucionalizados realizado en 113 países, revela que en Europa la soledad afecta a un porcentaje que oscila entre el 14,1% y el 16,3% de las personas de edad avanzada, destacando especialmente su impacto en el caso de las mujeres, con cifras que varían entre el 21,3% y el 23,9% (Surkalim et al., 2022).

La necesidad de una (re)organización social de los cuidados se hace evidente, involucrando a los diferentes actores sociales para que trabajen de forma coordinada con el fin de paliar los niveles de soledad no deseada en los adultos mayores y en consecuencia, sus posibles efectos en la salud. Hoy en día, la investigación se centra en soluciones innovadoras donde la tecnología desempeña un papel crucial. El desarrollo de tecnologías destinadas a mejorar la atención y el autocuidado se ha convertido en una pieza fundamental en este rompecabezas (Munuera, 2016). Estas soluciones fomentan la participación activa de las personas mayores en la sociedad, empoderándolas y mejorando su calidad de vida (Álvarez et al., 2023).

2. EJEMPLO DE DISEÑO DE INVESTIGACIÓN

En la era de la digitalización, los y las profesionales del Trabajo Social son conscientes de la incorporación de una diversidad de dispositivos tecnológicos que actúan como medio para conseguir que las personas se mantengan conectados con su entorno social habitual y, en la medida de lo posible, no generen sentimiento de soledad no deseada. Ahora bien, la práctica profesional diaria también está incorporando dispositivos digitales, como los asistentes virtuales tipo "Alexa", que actúan como facilitadores para conseguir una la relación de ayuda efectiva y respondan a las demandas de la ciudadanía, en nuestro caso prevención y reducción del sentimiento de soledad no deseada en personas mayores. El éxito de la intervención requiere de la adquisición, desarrollo o perfeccionamiento de las competencias digitales, así como de implementación de los protocolos internacionales elaborados por NASW y ASWB sobre uso de la tecnología y las prácticas éticas en Trabajo Social en la era digital (NASW and ASWB, 2017).

En este contexto, las hipótesis de partida de la investigación realizada son:

- Los asistentes virtuales son una herramienta eficaz para reducir la percepción de soledad no deseada en personas mayores de 65 años.
- Los asistentes virtuales son considerados como una herramienta potencialmente complementaria y de apoyo en el proceso de intervención social por parte de los Trabajadores Sociales.

2.1. Objetivos

En esta línea, los objetivos de la investigación fueron, como objetivo general trazado fue:

- OG1- Analizar desde el Trabajo Social la eficacia de los asistentes virtuales tipo "Alexa" como complemento en la prevención e intervención contra el sentimiento de soledad no deseada en personas mayores de 65 años.

Así, los objetivos específicos que nos van a permitir dar respuesta al objetivo general planteado son:

- OE1- Analizar los modelos teóricos de comportamiento sobre el uso y aceptación de la tecnología en las personas mayores identificando que factores actúan como facilitadores o barreras.
- OE2- Estudiar como los asistentes virtuales pueden influir en el proceso de prevención e intervención contra el sentimiento de soledad no deseada por las personas mayores de 65 años usuarias del servicio de Teleasistencia en la provincia de Valencia (España).
- OE3- Evaluar la efectividad del asistente virtual tipo "Alexa" por parte de los profesionales de Trabajo Social del servicio de Teleasistencia como apoyo en el proceso de intervención social contra la soledad no deseada por las personas mayores de 65 años en la provincia de Valencia.
- OE4- Sistematizar la experiencia de las trabajadoras sociales del servicio de Teleasistencia que incorpora como apoyo del asistente virtual

"Alexa" en el proceso de intervención social para la reducción de la soledad no deseada en personas mayores de 65 años en la provincia de Valencia.

2.2. Fases de la investigación

Esta investigación se desarrolló en el marco del Programa de Doctorado de Trabajo Social de la Universidad Complutense de Madrid, con la aprobación del Comité de Ética de la Investigación de la Universidad Complutense de Madrid con referencia CE_20231214_07_SOC. Se trata de una investigación de carácter mixto.

Fase cualitativa

La investigación cualitativa "tiene el propósito de comprender e interpretar a profundidad los casos para reconocer sus atributos e interacciones" (Vives y Hamui, 2021, p. 98).

En esta fase se han realizado varias revisiones sistemáticas de la literatura desde septiembre de 2022, según los criterios establecidos por Arksey & O'Malley (2005), perfeccionado por Levac et al. (2020). Los hallazgos de esta revisión complementan las dos revisiones previas realizadas. La primera revisión titulada "A Social Work Analysis of Facilitators of and Barriers to Adopting Technology in Older Adults: A Systematic Literature Review", tuvo la finalidad de conocer los factores habilitantes y barreras que influyen en el uso y la aceptación de la tecnología por parte de las personas mayores desde su propia perspectiva. La segunda revisión, "Diverse Digital Responses to Unwanted Loneliness in Older Adults: A Systematic Review from a Social Work Perspective", se centró en analizar y sistematizar las investigaciones previas sobre la eficacia de diversos dispositivos tecnológicos para mitigar el sentimiento de soledad no deseada en personas mayores. Estas revisiones se informaron de acuerdo con la lista de Verificación de Elementos de Informe Preferidos para Revisiones Sistemáticas y Meta análisis de Extensión para Revisiones del Alcance (PRISMA-ScR) (Tricco et al., 2018). Todas ellas han seguido las siguientes etapas que incluyen: 1) identificar la pregunta de investigación, 2) identificar estudios relevantes, 3) selección de estudios y 4) tabular los datos. La quinta etapa, incluida en la sección de resultados, implica recopilar, resumir e informar los resultados.

En un segundo momento, entre marzo y abril de 2024 se realizaron entrevistas semiestructuradas de 22 preguntas donde se incluyeron cuestiones sobre actualidad, nuevo conocimiento, viabilidad, factibilidad, precisión y ética. Se realizaron a 10 trabajadoras sociales de las 17 profesionales que participan en el proyecto de Teleasistencia (dispositivo Alexa). Este proyecto fomenta entre las personas mayores de 65 años la participación social, la creación de nuevas redes y la reducción de la soledad no deseada a través de las nuevas tecnologías.

Fase cuantitativa

Se desarrollo a partir de marzo de 2024, a través de la realización de un cuestionario a las personas mayores que reciben el servicio de teleasistencia en la provincia de Valencia, con preguntas sociodemográficas. Para ello se utilizó la escala de soledad de UCLA (University of California at Los Angeles) creada por Russell et al. en 1980 y de la que existen 3 versiones. En la presente investigación se utilizó la versión 3, traducida y validad por Velarde-Mayol et al., 2016. La escala consta de 10 preguntas puntuables entre 10 y 4 puntos, lo que permite una puntuación mínima de 10 y máxima de 40.

* Puntuaciones < 20 pueden indicar un grado severo de soledad.

* Puntuaciones entre 20-30 pueden indicar un grado moderado de soledad.

La muestra ha sido intencional y representativa de la población a estudiar, 7000 personas atendidas por el servicio de teleasistencia. Para calcular el tamaño muestral, utilizamos la fórmula para el tamaño de muestra en poblaciones finitas. La fórmula aplicada ha sido:

$$n = \frac{N \cdot Z^2 \cdot p \cdot q}{e^2 \cdot (N-1) + Z^2 \cdot p \cdot q}$$

El análisis arrojó un resultado de 42-44 personas, con un nivel de confianza del 95% y un margen de error del 15%. Se establecieron los siguientes requisitos de inclusión: vivir solas en la provincia de Valencia; vinculadas al servicio de Teleasistencia; tener reconocida una discapacidad; disponer de internet y disponer de asistentes virtuales. Finalmente, la muestra estuvo formada por 40 personas mayores. La edad media los participantes fue de 74,2 años y con el mismo número de mujeres que de hombres. La muestra fue dividida en dos subgrupos de 20 individuos cada uno: el primer grupo participaba en el proyecto de Teleasistencia, donde recibían llamadas de seguimiento cada 15/30 días y podían activar el servicio de emergencia según su necesidad y un segundo grupo estaba integrado en el proyecto de Teleasistencia con la incorporación del dispositivo Alexa, lo que pretendía promover la creación de redes sociales y la reducción de la soledad no deseada a través de actividades virtuales apoyadas por el asistente virtual, permitiendo además el uso de sus diversas aplicaciones según lo consideraran necesario.

2.3. Resultados de la Revisión sistemática de la literatura: Trabajo Social Gerontológico

Esta revisión sistemática tiene la finalidad de presentar el nivel de investigación en Trabajo Social Gerontológico. Para ello se realizó con una búsqueda en la Web of Science con las palabras “Digital Gerontological social work” con el booleano (and). Los resultados obtenidos se presentan en la figura 1, que aparece a continuación:

Procedimiento de la selección de artículos según protocolo PRISMA

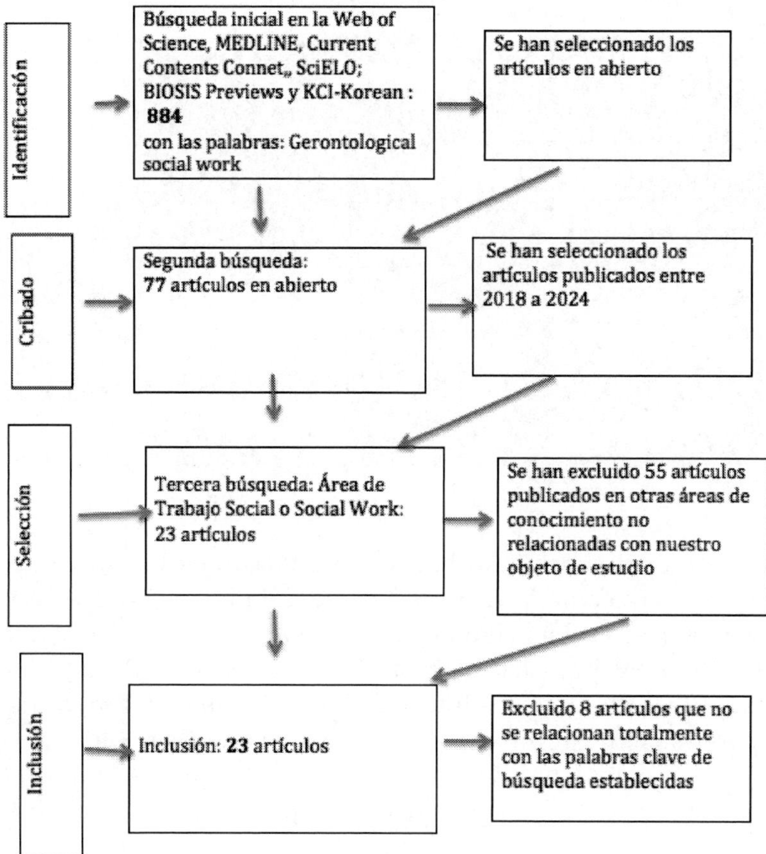

Figura nº1. Elaboración propia

Los criterios de inclusión fueron: 1) estudios publicados entre 2018 a 2024; 2) artículos en revistas indexadas en WoS (Web Of Science), MEDLINE, Current Contents Connet, SciELO, BIOSIS Previews y KCI-Korean, y. 3) publicaciones que contaran con las palabras clave de búsqueda "Gerontological social work", 4) artículos redactados en inglés o español, 5) Publicaciones revisadas por pares. Los criterios de exclusión: 1) No tener las palabras clave de búsqueda establecidas. 2) No guardan relación con el objeto de estudio. 3) fecha de publicación. Los operadores boléanos utilizados han sido (""). En total se ha contado con una muestra compuesta por 884 artículos, que tras una minuciosa evaluación han quedado 23, que han sido publicados en el área de Social Work o Trabajo Social en las siguientes revistas.

Figura nº 2. Identificación de las Revistas donde se han seleccionado los artículos seleccionados

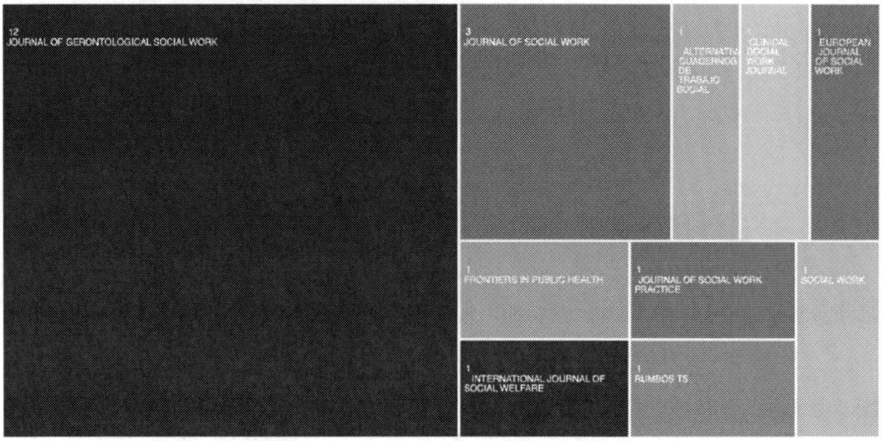

Figura nº2. Resultados Web of Science

La mayoría de los artículos han sido publicado en Journal of Gerontological Social Work con 12 artículos y seguida de Journal of Social Work con 3, el resto de revistas han sido entre otras Alternativas, Clinical Social Work Journal, European Journal of Social Work, Journal of Social Work Practice; Rumbo TS, International Journal of Social Welfare y Frontiers in Public Health, todas ellas con un artículo. La mayoría de las publicaciones se han realizado en Estados Unidos (11). Este análisis nos ha permitido constatar las investigaciones realizadas en torno al Trabajo Social Gerontológico.

3. RELACIÓN ENTRE TRABAJO SOCIAL Y NUEVAS TECNOLOGÍAS

Los resultados cualitativos obtenidos sobre la relación entre Trabajo Social y las Nuevas Tecnologías. Cabe señalar que estas trabajadoras sociales tenían experiencia previa con personas mayores, aunque ninguna relacionaba la experiencia con las nuevas tecnologías. La mayoría de ellas habían trabajado previamente en otros proyectos de personas mayores y colectivos vulnerables, en residencias o centros de día. También había 3 personas que habían trabajado en servicios de emergencia sociosanitaria como la Teleasistencia. Entre los resultados obtenidos en las entrevistas destaca la respuesta a la reacción de las personas mayores al uso de "Alexa" en sus intervenciones con la respuesta del TS_8:

"Generalmente la respuesta ha sido positiva, aunque cada persona ha necesitado tiempos diferentes. Muchas personas se han adaptado rápidamente a la tecnología, pero en algunos casos han necesitado más tiempo para familiarizarse. Hemos recibido comentarios positivos sobre la utilidad de "Alexa" y sugerencias constantes para adaptar su uso a las necesidades específicas de cada persona. Varias personas "pidieron" la integración de funciones de salud y bienestar en el futuro, mientras que una persona se mostró muy preocupada por su privacidad y la seguridad de los datos (TS8)."

Entre los resultados obtenidos del estudio cuantitativo realizado a las personas mayores cabe señalar el entusiasmo y curiosidad por aprender a usar Alexa, en la mayoría de los mayores de 65 años. A la vez que cabe señalar que en un primer momento tenían desconfianza y rechazo por desconocimiento y cambio sustancia respecto a sus costumbres. Sin embargo, en general, se observó una tendencia positiva, con una gradual aceptación y adaptación a la tecnología, pero siempre acompañadas de necesidades de apoyo y formación adicionales para garantizar su pleno beneficio. También destaca la efectividad de los asistentes virtuales, como Alexa, en la reducción de la soledad no deseada entre personas mayores. Los datos cuantitativos se presentan en la tabla nº 1, y revelan que los participantes del proyecto que utilizaron Alexa mostraron niveles más bajos de soledad no deseada en comparación con aquellos que no contaban con este dispositivo.

Pregunta	Proyecto	Mínimo	Máximo	Media	DE	Asimetría	Curtosis
¿Con qué frecuencia se siente infeliz haciendo tantas cosas solo?	Teleasistencia	1	4	2,55	1,10	-0,273	-1,205
	Alexa	2	4	3,1	0,64	-0,080	-0,250
¿Con qué frecuencia siente que no tiene a nadie con quien hablar?	Teleasistencia	1	4	2,55	0,76	-0,587	0,151
	Alexa	2	4	3,1	0.64	-0,080	-0,250
¿Con qué frecuencia siente que no puede tolerar sentirse solo?	Teleasistencia	1	4	2,25	1,02	0,435	-0,755
	Alexa	2	4	3,15	0,67	-0,177	-0,548
¿Con qué frecuencia siente que nadie le entiende?	Teleasistencia	1	4	2,45	0,83	0,176	-0,212
	Alexa	2	4	3,05	0,76	-0,086	-1,154

¿Con qué frecuencia se encuentra a sí mismo esperando que alguien le llame o le escriba?	Teleasistencia	1	4	2,75	0,85	-0,606	0,239
	Alexa	2	4	3,25	0,72	-0418	-0,826
¿Con qué frecuencia se siente completamente solo?	Teleasistencia	1	4	2,86	0,81	-0,358	-0,008
	Alexa	2	4	3,35	0,59	-0,212	-0,552
¿Con qué frecuencia se siente incapaz de llegar a los que le rodean y comunicarse con ellos?	Teleasistencia	1	4	2,65	1,04	-0,133	-1,069
	Alexa	2	4	3,45	0,69	-0,887	-0,240
¿Con qué frecuencia se siente hambriento de compañía?	Teleasistencia	2	4	2,75	0,72	0,418	-0,826
	Alexa	2	4	3,2	0,62	-0,120	-0,207
¿Con qué frecuencia siente que es difícil para usted hacer amigos?	Teleasistencia	1	4	2,6	0,94	0,101	-0,798
	Alexa	2	4	3,05	0,69	-0,062	-0,630
¿Con qué frecuencia se siente silenciado y excluido por los demás?	Teleasistencia	1	4	2,8	0,89	-0,059	-0,859
	Alexa	2	4	3,4	0,75	-0,851	-0,609
Total	Teleasistencia	18	35	26,2	5,76	0,160	-1,063
	Alexa	25	38	32,1	4,06	-0,467	-0,913

Tabla nº 2. Validez de constructo. Estadísticos descriptivos de los ítems.

En la tabla se presentan los índices de asimetría y curtosis que indican una distribución más equilibrada y normalizada en las respuestas de los usuarios de Alexa, sugiriendo una menor variabilidad y, por ende, una mayor consistencia en la percepción de alivio de la soledad no deseada. Estos resultados subrayan la importancia de integrar tecnologías innovadoras en las intervenciones sociales, pues proporcionan una plataforma efectiva para mejorar la conectividad social y emocional de los mayores.

El número de artículos encontrados en las bases de datos utilizadas muestran al Trabajo Social Gerontológico "alejado" del progreso de las prácticas digitales. En el contexto sociosanitario ha aumentado la demanda de atención de salud digital, especialmente tras la pandemia por el COVID-19.

(López Peláez, & Marcuello-Servós, 2018; Castillo de Mesa, 2021; Tickner et al., 2023) consideran que si bien los trabajadores sociales reconocen las fortalezas y oportunidades para ampliar el alcance de su práctica (Minguela et al., 2022), siguen preocupados de que la utilización de las nuevas tecnologías pueda no ser congruente con los valores y enfoques de la profesión.

La transformación digital está suponiendo un reto para las organizaciones, los profesionales y la comunidad científica dentro del Trabajo Social Gerontológico (Ruiz-Figueroa et al., 2024). La participación de los trabajadores sociales en equipos puede ayudar a involucrar e inspirar a poblaciones de adultos mayores a las que es difícil llegar al mejorar el acceso a tratamientos basados en evidencia, mejorar el acceso a recursos e incluir la voz del paciente/persona/comunidad en el desarrollo de intervenciones (Goldkind et al., 2019; Ruiz-Figueroa et al., 2024). Hasta ahora, las soluciones digitales se han incorporado de forma espontánea y arbitraria, sin modelos que contemplen y guíen su incorporación. Esto ha generado una gran incertidumbre entre los trabajadores sociales, que no saben qué medios adoptar, de qué forma y en qué circunstancias. En este artículo revisaremos tres modelos de solución digital que el Trabajo Social ha ido adoptando de forma evolutiva: adaptación, transición y disrupción digital.

La adaptación digital ha supuesto la incorporación espontánea de medios digitales que no estaban específicamente pensados para la práctica profesional (McInroy, 2019). La transición digital ha contribuido a la digitalización de servicios y procedimientos, incluso al cambio de conductas. La disrupción digital propone un cambio radical en las formas de hacer.

4. VENTAJAS DE LA RELACIÓN ENTRE TRABAJO SOCIAL GERONTOLÓGICO Y LAS NUEVAS TECNOLOGÍAS

El análisis de las publicaciones realizado nos permite concluir que el Trabajo Social Gerontológico Digital, favorece la intervención social con las personas mayores en su proceso de envejecimiento activo y las personas con discapacidad, puedan con un adecuado uso de los avances tecnológicos, satisfacer sus necesidades sociales y aumentar su autonomía, en especial su relación familiar o institucional. Entre estos soportes se encuentran los asistentes virtuales como Alexa, que favorecen una menor percepción de soledad no deseada y una coordinación con las actividades de seguimiento profesional de los trabajadores/as sociales en el contexto gerontológico.

Existen muchos beneficios en la utilización de tecnologías para mejorar la práctica del Trabajo Social Gerontológico. En la utilización de estos dispositivos tecnológicos los trabajadores sociales deben tener en cuenta las implicaciones éticas de su uso, la calidad de acceso a esta tecnología, el sesgo en el diseño de la tecnología y la necesidad de la participación de los usuarios en el desarrollo de la tecnología.

La incorporación de tecnologías a la práctica del trabajo social facilitara el desarrollo del Trabajo Social y especialmente de un Trabajo Social Gerontológico Digital. Esta especialidad tiene que hacerse un espacio en la academia y en la vida profesional. Para ello, es necesario la consolidación de una especialización en el Trabajo Social Gerontológico que minimice "la brecha digital" existente y coordine la aplicación y utilización de las nuevas tecnologías en la minimización de la soledad no deseada en personas mayores de 65 años. Siempre con el objetivo de "mejorar" la calidad de vida de la ciudadanía.

La formación y utilización de los asistentes virtuales puede aumentar la inclusión social "digital" de las personas mayores. El desconocimiento informático y/o digital provoca un aislamiento inicial que puede desembocar en una barrera social que fractura ampliamente la cohesión social y la vida de las personas mayores de 65 años y de determinados grupos sociales.

Se propone la necesidad de una especialización del Trabajo Social Gerontológico a un Trabajo Social Gerontológico Digital- actúe como catalizador del cambio, de forma que pueda impulsar la disrupción digital del Trabajo Social desde una visión transdisciplinar (Cutler, 2019; McInroy, 2019; Ruiz-Figueroa et al, 2024). Esta propuesta parte de un análisis reflexivo de lo que ha ocurrido y hacia dónde nos dirigimos. Se pretende arrojar luz sobre el camino a seguir, para que la disciplina-profesión del Trabajo Social no se vea desplazada, ni se convierta en irrelevante en el futuro.

5. BIBLIOGRAFÍA

Álvarez, I., Venturiello, M., & Rodríguez, J. (2023). Technocare, the Elderly and Disability: A Study of Transformations in Models of Care. *Italian Journal of Sociology of Education, 15*(07/2023), 75-94. https://doi.org/10.14658/PUPJ-IJSE-2023-2-5

Arksey, H., & O'Malley, L. (2005). Scoping studies: Towards a methodological framework. *International Journal of Social Research Methodology*, 8(1), 19–32. https://doi.org/10.1080/1364557032000119616

Castillo de Mesa, J. (2021). Digital social work: Towards digital disruption in social work. *J. Soc. & Soc. Welfare,* 48, 117. DOI: 10.15453/0191-5096.4558

Corbett, C., Wright, P., Jones, K., & Parmer, M. (2021). Voice-Activated Virtual Home Assistant Use and Social Isolation and Loneliness Among Older Adults: Mini Review. *Frontiers in Public Health,* 9. https://doi.org/10.3389/fpubh.2021.742012.

Cutler, N. E., & Kwon, S. (2017). Isolation and gerontechnology: Computer-assisted social engagement. *Gerontechnology: Research, practice, and principles in the field of technology and aging,* 417-428. DOI: 10.1891/9780826128898.0020

Gibbs, G. (2007). *El análisis de datos cualitativos en Investigación Cualitativa.* Ediciones Morata.

Goldkind, L., Wolf, L., & Freddolino, P. P. (2019). *Digital social work: Tools for practice with individuals, organizations, and communities* (Main 5th floor HV11.D564 2019). Oxford University Press.

González-Rábago, Y. (2020). Unwanted loneliness, health and social inequalities throughout the life cycle. *Gaceta Sanitaria,* 35(5), 432-437.

Levac, D., Colquhoun, H., & O'Brien, K. K. (2020). Scoping studies: Advancing the methodology. *Implementation Science,* 5(69). https://doi.org/10.1186/1748=5908-5-69

López Peláez, A., & Marcuello-Servós, C. (2018). e-Social work and digital society: re-conceptualizing approaches, practices and technologies. *European Journal of Social Work,* 21(6), 801-803.

Lozares, C., Martín, A., y López, P. (1998). El tratamiento multiestratégico en la investigación sociológica. *Papers,* 55, 27-43. http://doi.org/10.5565/rev/papers.1931

McInroy, L. B. (2019). Teaching technology competencies: A social work practice with technology course. *Journal of Social Work Education,* 1–12. https://doi.org/1080/10437797.2019.1671272

Mena Martínez, L. (2018). La muestra cualitativa en la práctica: una propuesta. *Eixo.* 8 (3), 5-15. https://doi.org/10.19123/eixo.v8i3.646

Minguela-Recover, M. ª. Á., Munuera, P., Baena-Pérez, R., & Mota-Macías, J. M. (2022). The role of 360° virtual reality in social intervention: a further contribution to the theory-practice relationship of social work studies. Social Work Education, 1-21. DOI :10.1080/02615479.2022.2115998

Mois, G., & Fortuna, K. L. (2020). Visioning the future of gerontological digital social work. *Journal of gerontological social work,* 63(5), 412-427. DOI:10.1080/01634372.2020.1772436

Munuera, P. (coord.) (2016). *Impacto de las Nuevas Tecnologías en discapacidad y envejecimiento activo.* Tirant lo Blanch. Valencia

NASW, & BASW. (2017). *NASW & ASWB Standards for Technology and Social Work Practice.* Washington: National Association of Social Workers and Association of Social Work Boards.

Paola, J; Manes, R; Samter, N. (2011). T*rabajo Social en el campo gerontológico. Aporte a los ejes de un debate.* Espacio. Bs. As.

Quintero, B. (2001). Ética del cuidado humano bajo los enfoques de Milton Mayeroff y Jean Watson. *Ciencia y Sociedad,* Vol. XXVI (1). 16-22.

Ray, M., Milne, A., Beech, C., Phillips, J., Richards, S., Sullivan, M., Tanner, D., & Lloyd, L.(2014). Gerontological social work: Reflections on its role, purpose and value. *British Journal of Social Work,* 45(4), 1296–1312. https://doi.org/1093/bjsw/bct195

Ruiz-Figueroa, I. Minguela, M. A y Munuera, P. (2024). A Social Work Analysis of Facilitators of and Barriers to Adopting Technology in Older Adults: A Systematic Literature Review. Journal of Gerontological Social Work. *Journal of Gerontological Social Work.* Pendiente de publicación. https://doi.org/10.1080/01634372.2024.2339977.

Surkalim, D. L., Luo, M., Eres, R., Gebel, K., van Buskirk, J., Bauman, A., & Ding, D. (2022). The prevalence of loneliness across 113 countries: Systematic review and meta-analysis. *BMJ,* e067068. https://doi.org/10.1136/bmj-2021-067068

Tickner, C., Heinsch, M., Brosnan, C., & Kay-Lambkin, F. (2023) "Another tool in our toolbox": a scoping review of the use of eHealth technologies in health social work practice, *Social Work in Health Care,* 62:1, 1-18, DOI: 10.1080/00981389.2022.2163450

Tirado, R. Y. (2019). La soledad no deseada en el ámbito de la Gerontología. *Trabajo social hoy,* (88), 25-42.

Tricco, A. C., Lillie, E., Zarin, W., O'Brien, K. K., Colquhoun, H., Levac, D., Moher, D., Peters, M. D. J., Horsley, T., Weeks, L., Hempel, S., Akl, E. A., Chang, C., McGowan, J., Stewart, L., Hartling, L., Aldcroft, A., Wilson, M. G., Garritty, C., Straus, S. E. (2018). PRISMA extension for scoping reviews (PRISMA-ScR): Checklist and explanation. *Annals of Internal Medicine,* 169(7), 467–473. https://doi.org/10.7326/M18-0850

Vives, T., y Hamui, L. (2021). La codificación y categorización en la teoría fundamentada, un método para el análisis de los datos cualitativos. Investigación en educación médica, 10(40), 97-104. https://doi.org/10.22201/fm.20075057e.2021.40.21367

Capítulo 2.

El Trabajo Social en el sistema educativo

JOSÉ SÁEZ-OLMOS
Universidad de Murcia

1. INTRODUCCIÓN AL TRABAJO SOCIAL EN EL SISTEMA EDUCATIVO

La relación entre el Trabajo Social y la educación constituye un amplio campo de estudio y práctica de vital importancia en la sociedad contemporánea. Esta correlación trasciende el mero ámbito académico para abordar cuestiones fundamentales relacionadas con el bienestar social, la igualdad de oportunidades y el desarrollo integral de las personas. En este capítulo, exploraremos la compleja red de interacciones entre el Trabajo Social y la educación, destacando su evolución histórica, sus desafíos actuales y su potencial transformador en la construcción de una sociedad más justa e inclusiva.

Desde sus inicios, el Trabajo Social ha estado estrechamente ligado al ámbito educativo, siendo una herramienta crucial para abordar las necesidades sociales y emocionales de los estudiantes, así como para promover la equidad y la inclusión en las instituciones educativas. A lo largo del tiempo, esta relación ha evolucionado y se ha diversificado, adaptándose a los cambios sociales, políticos y culturales. Hoy en día, el Trabajo Social en el ámbito educativo abarca una amplia gama de funciones y actividades, que van desde la intervención directa con estudiantes y familias hasta la formulación de políticas públicas y la investigación académica. Sin embargo, a pesar de los avances realizados en este campo, persisten numerosos desafíos, como la falta de recursos, la burocracia institucional y las desigualdades socioeconómicas, que continúan afectando negativamente a la experiencia educativa de muchos estudiantes. En este contexto, el Trabajo Social emerge como una disciplina clave para identificar, analizar y abordar estas problemáticas, promoviendo la participación activa, el empoderamiento y la resiliencia de los individuos y comunidades. En última instancia, este capítulo sienta las bases para explorar en profundidad las futuras líneas de actuación complejas en la relación entre el Trabajo Social y el sistema educativo, destacando su importancia en la construcción de una sociedad más justa, inclusiva y solidaria.

En el contexto educativo, el Trabajo Social se debe enfocar en identificar y abordar las barreras que impiden el acceso equitativo a la educación y el éxito académico. Esto puede incluir factores socioeconómicos, emocionales, familiares, culturales y comunitarios que influyen en el aprendizaje y el desarrollo de los estudiantes. Los trabajadores y trabajadoras sociales colaboran estrechamente con educadores, equipos directivos, profesionales especializados, familias y por supuesto el propio alumnado para crear un entorno que fomente el crecimiento personal, académico y social de toda la comunidad educativa.

Además de proporcionar apoyo directo al alumnado, los trabajadores y trabajadoras sociales también desempeñan un papel decisivo en la promoción de la equidad y la justicia social en el sistema educativo. Respaldan políticas y prácticas que reconocen y abordan las diferencias existentes en el acceso a recursos y oportunidades educativas, trabajando para crear un ambiente educativo que promueva la inclusión de todos los estudiantes, independientemente de su origen, diversidad o circunstancias.

La importancia del Trabajo Social en las instituciones educativas se manifiesta en diversos aspectos. Por ejemplo, los trabajadores y trabajadoras sociales actúan como agentes de cambio, identificando y abordando las barreras que obstaculizan el acceso en igualdad de condiciones a la educación y el bienestar del alumnado. Desde la detección temprana de problemas de conducta hasta la provisión de recursos y servicios de apoyo, su labor contribuye directamente a la construcción de comunidades educativas inclusivas y equitativas.

Asimismo, el Trabajo Social desempeña un papel esencial en la prevención y el manejo de situaciones de crisis, como el acoso escolar, la violencia doméstica y las emergencias emocionales. Los trabajadores sociales y trabajadoras sociales deben estar capacitados para ofrecer apoyo inmediato y a largo plazo al alumnado y familias que se puedan encontrar en estas situaciones, en coordinación con otros profesionales especializados para garantizar una respuesta efectiva ante cualquier situación de riesgo.

Resumidamente, es objetivo primordial para el Trabajo Social en el ámbito educativo fortalecer la colaboración y coordinación entre las entidades educativas, las familias, alumnado y profesionales de la enseñanza para garantizar que toda la comunidad educativa reciba el apoyo integral para su bienestar y desarrollo personal.

2. UN BREVE RECORRIDO HISTÓRICO

En primer lugar, es crucial destacar cómo el perfil del profesional del Trabajo Social ha experimentado una evolución notable en las últimas décadas dentro del ámbito escolar. Para entender estos cambios, es imprescindible revisar brevemente la trayectoria histórica de este rol tanto dentro del contexto educativo en España como desde una perspectiva global.

La relación entre el Trabajo Social y la educación tiene raíces históricas profundas que se remontan a los primeros esfuerzos por abordar las necesidades sociales de los estudiantes y sus familias dentro del entorno escolar a finales del siglo XIX y principios del siglo XX, un período marcado por cambios significativos en la estructura social y económica de muchas sociedades. La industrialización y la urbanización aceleradas llevaron consigo condiciones de vida precarias para muchas familias, incluidos los niños, quienes enfrentaban una serie de desafíos, desde la pobreza hasta la explotación laboral y el acceso limitado a la educación (Subirats i Humet et al., 2005)

En este contexto, surgieron varias organizaciones y movimientos sociales dedicados a abordar las necesidades de las comunidades más vulnerables, y entre ellos se encontraban las casas de acogida. Estas instituciones, ubicadas en áreas urbanas densamente pobladas, ofrecían una amplia gama de servicios sociales y educativos destinados a mejorar las condiciones de vida de los habitantes, especialmente de los menores y las familias inmigrantes. Uno de los aspectos más innovadores de estas casas de acogida fue su enfoque holístico hacia el bienestar de las personas, reconociendo la interconexión entre diferentes aspectos de la vida cotidiana, como la vivienda, el empleo, la educación y la salud. Esta perspectiva se reflejó en los programas de intervención desarrollados en colaboración con las escuelas locales, que buscaban abordar no solo las necesidades académicas de los estudiantes, sino también sus necesidades sociales, emocionales y físicas.

Además de las casas de acogida, otras organizaciones como las caritativas también desempeñaron un papel importante en el desarrollo de programas de intervención en las escuelas. Estas organizaciones adoptaron un enfoque más estructurado y científico hacia la prestación de servicios sociales, utilizando métodos de investigación y evaluación para identificar las necesidades de las comunidades y desarrollar intervenciones efectivas.

La evolución del rol del Trabajo Social en el ámbito educativo ha sido un proceso dinámico que ha respondido a los cambios en la sociedad, la política educativa y la comprensión del desarrollo humano. A medida que el

Trabajo Social se iba consolidando como una profesión reconocida y vital a lo largo del tiempo, su presencia en las instituciones educativas ha avanzado para abordar una gama más amplia de necesidades y desafíos que enfrenta la comunidad educativa.

Durante las primeras décadas del siglo XX, el Trabajo Social en las escuelas se centraba principalmente en la prestación de asistencia directa a estudiantes y familias en situación de necesidad. Los/las trabajadores/as sociales trabajaban en estrecha colaboración con profesorado y equipos directivos para identificar y abordar problemas individuales, como la pobreza, el abuso infantil, la falta de vivienda y la malnutrición, que afectaban el rendimiento académico y el bienestar general del alumnado. Con el tiempo, el Trabajo Social en las escuelas comenzó a adoptar un enfoque más amplio y sistémico, reconociendo que los problemas individuales de los estudiantes muchas veces están enraizados en contextos sociales más amplios, como la comunidad y la familia. Este cambio de paradigma llevó a una mayor coordinación profesional y al desarrollo de enfoques holísticos para abordar las necesidades complejas del alumnado y sus familias. A mediados del siglo XX, el papel del Trabajo Social en el entorno educativo se expandió aún más para incluir actividades de prevención, intervención temprana y promoción del bienestar general de la comunidad educativa. Los y las profesionales del Trabajo Social comenzaron a desempeñar un papel activo en la planificación e implementación de programas de educación para la salud, prevención del abuso de sustancias, manejo del estrés y desarrollo de habilidades para la vida, entre otros.

En España, la introducción de perfiles profesionales no docentes, como los profesionales del Trabajo Social, en los centros educativos españoles se remonta a los años setenta del siglo pasado. En ese entonces, su función era atender las diversas necesidades de la población estudiantil. Inicialmente, el Trabajo Social se asociaba principalmente con la educación especial. De hecho, en el Plan Nacional de Educación Especial de 1978, se establecía al trabajador social como el primer profesional a contactar, con el objetivo de equiparar la enseñanza especial y la regular. Sin embargo, no fue hasta los años ochenta cuando el Trabajo Social se incorporó de manera efectiva al sistema educativo, formando parte de equipos multidisciplinarios en el ámbito de la educación especial. A principios de la década de los noventa, con el desarrollo normativo de la LOGSE (Ley Orgánica 1/1990, de 3 de octubre, de Ordenación General del Sistema Educativo de España), surgieron los equipos de orientación educativa y psicopedagógica, integrados por psicólogos, pedagogos, trabajadores sociales y maestros especializados en audición y lenguaje, según fuera necesario (Valero Errazu et al., 2019).

Esta evolución normativa implicó que los trabajadores sociales accedieran al sistema educativo a través de los cuerpos docentes, específicamente como profesores técnicos de formación profesional en la especialidad de servicios a la comunidad (PTSC). Esto condujo a una homogeneización de especialidades, independientemente de la formación y titulación de los profesionales. A partir de este punto, comenzó un declive en la presencia y el papel de los trabajadores sociales en los centros educativos, hasta su virtual desaparición en los organigramas educativos, como señala Fernández-Fernández (2014). No obstante, algunas Comunidades Autónomas siguen contando con el perfil o lo han incluido en los servicios de Orientación Educativa.

3. SISTEMA EDUCATIVO Y EDUCACIÓN, CONCEPTUALIZACIÓN

Antes de comenzar con la relación entre el Trabajo Social y el sistema educativo debemos tener en cuenta que este también tiene relación directa con los diferentes tipos de educación existentes. Para poder entender bien a que nos referimos con "sistema educativo" tenemos previamente que mostrar en que se diferencian los distintos tipos de educación ya que en todo puede incidir el Trabajo Social, pero evidentemente de diferente forma según Puyol Lerga y Hernández-Hernández (2009):

- Educación formal: Es el tipo de educación estructurada y organizada que se imparte en instituciones educativas reconocidas, como escuelas, colegios y universidades (y en la que nos centramos en este capítulo). Suele seguir un plan de estudios establecido por las autoridades educativas y conduce a la obtención de títulos o certificados reconocidos oficialmente. Está sujeta a normativas y estándares educativos, y suele estar dividida en niveles (educación primaria, secundaria y superior). Los estudiantes reciben instrucción por parte de docentes calificados, y se utilizan métodos de enseñanza formales y evaluaciones sistemáticas para medir el progreso del aprendizaje.
- Educación no formal: Se refiere a actividades educativas organizadas fuera del sistema educativo formal, pero que tienen objetivos educativos específicos. No necesariamente conduce a la obtención de títulos académicos, aunque puede ofrecer certificados o reconocimientos de participación. Puede incluir programas de capacitación laboral, cursos de habilidades técnicas, talleres de arte, programas de educación para adultos, entre otros. A menudo, la educación no formal es flexible en términos de horarios y ubicaciones, y puede ser ofrecida por

una variedad de instituciones, como organizaciones comunitarias, empresas, ONGs o centros de formación profesional.

- Educación informal: Se produce a través de experiencias cotidianas y no estructuradas de aprendizaje que ocurren fuera de los entornos educativos formales. No sigue un plan de estudios predeterminado ni está sujeta a evaluaciones formales. Se adquiere a través de la interacción con la familia, amigos, medios de comunicación, experiencias de vida y la participación en actividades sociales, culturales y recreativas. Puede incluir la transmisión de conocimientos, valores y habilidades a través de la observación, la imitación, la práctica y la participación en actividades informales como conversaciones, juegos y pasatiempos.

En síntesis, la educación formal se lleva a cabo en instituciones educativas reconocidas y sigue un plan de estudios formal, la educación no formal implica actividades educativas organizadas, pero fuera del sistema educativo tradicional, mientras que la educación informal se produce a través de experiencias de aprendizaje no estructuradas en la vida diaria. Aunque el Trabajo Social puede intervenir en todas estas es habitual articularlo con la educación no formal e informal.

Por lo tanto, cuando nos referimos a sistema educativo evidentemente hablamos de la educación formal y con ello aludimos que es un conjunto organizado de instituciones, políticas, procesos y recursos diseñados para facilitar la transmisión de conocimientos, habilidades, valores y cultura de una generación a otra. Su objetivo principal es proporcionar oportunidades de aprendizaje y desarrollo personal a individuos de todas las edades, desde la infancia hasta la edad adulta.

El sistema educativo español estar compuesto por los siguientes niveles:

- Educación Infantil: Dirigida a niños 0 a 6 años, para estimular su desarrollo cognitivo, social y emocional antes de ingresar a la educación primaria.
- Educación primaria: Es la etapa inicial y obligatoria de la educación formal, donde se imparten los conocimientos básicos de lectura, escritura, matemáticas, ciencias y otras materias fundamentales. Abarcar desde los 6 hasta los 12 años.
- Educación secundaria: Se divide en dos etapas: la educación secundaria obligatoria y el bachillerato. Obligatoria hasta los 16 años. Esta formación va encaminada hacía los estudios superiores o profesionalizadores.

- Educación superior o universitaria: Es opcional y se ofrece en instituciones como universidades, institutos técnicos, escuelas de arte, entre otros. Se centra en carreras profesionales, especializaciones académicas y programas de investigación.

El sistema educativo también incluye aspectos como el currículo (los contenidos y objetivos de aprendizaje), los métodos de enseñanza, la evaluación del aprendizaje, la formación docente, la infraestructura escolar, la financiación y las políticas educativas. Todo ello queda incluido en los instrumentos, proyectos o planes, que tratan de organizar las instituciones educativas con el fin de racionalizar la respuesta educativa, coordinar actuaciones, dar pautas que eviten la improvisación, como, por ejemplo: El Proyecto Educativo, el Proyecto Curricular, la Programación General o la Memoria Anual.

4. EL ROL DEL PROFESIONAL DEL TRABAJO SOCIAL EN LAS INSTITUCIONES EDUCATIVAS

Visto que ya hemos comentado en el segundo apartado de este capítulo que los profesionales del Trabajo Social no tienen cabida como tales en el sistema educativo en la Comunidad Autónoma de la Región de Murcia, estos pueden acceder a los centros de educación formal a través de otras vías o roles profesionales compatibles con el ejercicio del Trabajo Social, como suele ser el profesorado técnico de servicios a la comunidad (PTSC)

El PTSC desempeña sus responsabilidades en el campo de la orientación educativa, ya sea integrado en un Equipo de Orientación Educativa y Psicopedagógica o en un Departamento de Orientación de una institución educativa, forma parte esencial de estos grupos institucionalizados. Por lo tanto, debe llevar a cabo su labor profesional conforme a los principios, modelos, procedimientos y directrices que orientan tanto la orientación educativa institucional como el equipo específico en el que trabaja. Pero antes, expliquemos las diferencias de ambos grupos:

- Equipos de Orientación Educativa y Psicopedagógica (EOEP): Están dirigidos a la etapa de Educación Primaria. Estos equipos trabajan por zona geográfica. Las funciones generales son:
  - Apoyo directo a los centros a través de un representante.
  - Admisión-escolarización, realizando dictamen de los alumnos con necesidades educativas especiales (ACNEE).

   - Asesoramiento en las tareas de planificar, programar y poner en marcha los temas transversales (ej. educación en valores).
   - Coordinación entre los centros en cambio de etapas (EI-EP-ESO)
   - Coordinación con los servicios sociales y de salud
- Las unidades o departamentos de orientación, las primaras para la etapa de educación primaria y los segundos para la etapa de educación secundaria. Estos equipos trabajan por centro educativo. Las funciones generales son:
   - Prestar apoyo especializado.
   - Colaborar en la prevención y detección de dificultades o problemas de desarrollo personal, social y de aprendizaje que pueda presentar el alumnado.
   - Realizar evaluaciones psicopedagógicas, dictámenes de escolarización y otros informes.
   - Prestar atención individualizada al alumnado.
   - Favorecer la interacción entre los integrantes de la comunidad educativa.
   - Facilitar la coordinación entre los profesionales de la orientación de los distintos centros

El o la profesional del Trabajo Social, ya sea dentro de su perfil, o como PTSC, despliega un papel multifacético y esencial dentro del entramado de las instituciones educativas. Este rol se fundamenta en la promoción del bienestar integral de los estudiantes, la atención a las necesidades sociales y emocionales, y la construcción de entornos inclusivos y propicios para el aprendizaje y el desarrollo personal. Estas son algunas de las funciones que ejerce en el centro educativo:

- Promoción del Bienestar: El profesional del Trabajo Social actúa como un agente clave en la promoción del bienestar emocional, social y psicológico de los estudiantes. A través de intervenciones individuales y grupales, brinda apoyo y orientación para enfrentar situaciones de conflicto, estrés o crisis. Fomentando de esta manera el desarrollo de habilidades de afrontamiento y resiliencia.
- Atención a las Necesidades Sociales: El Trabajo Social en las instituciones educativas se centra en la identificación y abordaje de las diversas necesidades sociales que puedan afectar el rendimiento académico y

la participación educativa del alumnado mediante la implementación de estrategias de intervención y la coordinación de recursos comunitarios.

- Fomento de la Inclusión y la Diversidad: Trabajar para eliminar barreras sociales y estructurales que puedan limitar la participación equitativa de todo el alumnado, independientemente de su origen étnico, cultural, socioeconómico o de sus capacidades para promover una cultura inclusiva y respetuosa de la diversidad en el entorno escolar.
- Colaboración Interdisciplinaria: El Trabajo Social en las instituciones educativas se desarrolla en estrecha colaboración con otros profesionales, dicha colaboración interdisciplinaria permite una atención integral y coordinada de las necesidades de los estudiantes, así como la formulación de estrategias y programas de intervención efectivos.
- Promoción del Empoderamiento y la Participación: El profesional del Trabajo Social fomenta el empoderamiento de los estudiantes, promoviendo su participación activa en la vida escolar y en la toma de decisiones que afecten su bienestar y desarrollo.

5. PROSPECTIVA Y NUEVOS RETOS DEL TRABAJO SOCIAL EN EL SISTEMA EDUCATIVO

El Trabajo Social en el ámbito educativo se enfrenta a una serie de desafíos y oportunidades en el contexto actual, que requieren una mirada prospectiva y una adaptación continua a las demandas cambiantes de la sociedad y del propio sistema educativo el cual es cambiado sistemáticamente. En este apartado, exploraremos algunos de los principales retos y áreas de desarrollo para el Trabajo Social en las instituciones educativas.

Uno de los principales retos para el Trabajo Social dentro del sistema educativo es la promoción de la inclusión y la equidad, garantizando el acceso y la participación de todos los estudiantes, independientemente de sus características individuales, necesidades especiales o circunstancias socioeconómicas. Esto implica desarrollar estrategias y programas de intervención inclusivos, sensibles a la diversidad cultural, lingüística y de género, que puedan abordar las barreras y desigualdades existentes en el ámbito educativo. Lo cual también supone ajustar la respuesta educativa a las necesidades particulares del alumnado, mediante las oportunas adaptaciones curriculares y metodológicas, adecuando el centro educativo a los alumnos y no los alumnos al centro educativo.

Otra área de desarrollo es fortalecer las estrategias de prevención e intervención temprana, dirigidas a identificar y abordar los factores de riesgo y protección que pueden afectar el bienestar y el desarrollo de los estudiantes, evitando, en lo posible, fenómenos indeseables como los del abandono, del fracaso y de la inadaptación escolar. Esto incluye la detección precoz de problemas sociales, emocionales o de aprendizaje, así como la implementación de programas preventivos y de apoyo psicosocial en las escuelas. Es habitual ver profesionales del Trabajo Social como Técnicos de Absentismo en los ayuntamientos de la Región de Murcia para prevenir el abandono escolar de forma coordinada entre las administraciones.

Otro reto es la promoción del Trabajo en Red, el Trabajo Social en el ámbito educativo requiere una colaboración estrecha y coordinada con otros profesionales y servicios, tanto dentro como fuera de la institución escolar. Esto implica fortalecer las redes de colaboración interdisciplinaria, establecer alianzas con entidades gubernamentales, organizaciones comunitarias, diferentes administraciones y por supuesto Servicios Sociales. Evidentemente, esto no solo supone una intervención eficaz y una concentración de los recursos, sino que, además fomenta la participación de las familias y la comunidad en el proceso educativo.

Otro reto es la formación y el desarrollo profesional, ya que es esencial invertir en la capacitación de los y las trabajadoras sociales. Esto implica actualizar conocimientos y habilidades en aspectos como la mediación y resolución de conflictos, la gestión del estrés y el trauma, la intervención con familias y comunidades, así como el dominio de herramientas y tecnologías innovadoras en la práctica laboral. Esta actualización constante no solo fortalece la calidad de la atención, sino que también permite la adaptación a demandas cambiantes de la población joven. Además, la formación continua y un desarrollo profesional sólido pueden contribuir significativamente al bienestar personal y profesional, aumentando la satisfacción laboral y la capacidad para enfrentar los desafíos inherentes a la profesión.

Finalmente, el Trabajo Social en el ámbito educativo necesita fortalecer su base de conocimientos y evidencia empírica, a través de la promoción de la investigación aplicada y la evaluación de programas y prácticas. Esto permitirá identificar buenas prácticas, evidenciar el impacto del Trabajo Social en la mejora de los resultados educativos y desarrollar estrategias basadas en evidencia para abordar los desafíos emergentes en el ámbito educativo.

Recapitulando, los retos del Trabajo Social en el sistema educativo requieren un enfoque proactivo y colaborativo, orientado a promover la inclusión, la prevención, la colaboración en red, el desarrollo profesional y la evidencia basada en la práctica. Mediante la implementación de estrategias innovadoras y el fortalecimiento de la base de conocimientos y habilidades, el Trabajo Social puede desempeñar un papel crucial en la promoción del bienestar y el éxito educativo de todos los miembros de la comunidad educativa.

6. CONCLUSIONES

La aproximación entre el Trabajo Social y el sistema educativo se presenta como un ámbito vital de estudio y práctica, esencial para fomentar el bienestar y el desarrollo integral de los menores, así como para mejorar hacia una sociedad más justa, inclusiva y equitativa. A lo largo de este capítulo, hemos explorado diversos aspectos vinculados al Trabajo Social en el ámbito educativo, desde su evolución histórica hasta los desafíos y oportunidades emergentes en el contexto actual.

En un comienzo, hemos examinado cómo el rol del profesional del Trabajo Social en entornos educativos formales ha evolucionado notablemente en los últimos años, adaptándose a los constantes cambios en las políticas educativas, las necesidades sociales y las demandas de la sociedad. Desde su asociación inicial con la educación especial hasta su función actual en la promoción del bienestar estudiantil y la inclusión, el trabajo social ha sido esencial en la creación de ambientes educativos más saludables y equitativos. No obstante, es importante recordar que en muy pocas Comunidades Autónomas los y las profesionales del Trabajo Social poseen un perfil laboral propio y no se encuentran dentro del perfil del PTSC junto con otros perfiles profesionales.

También hemos analizado la interrelación entre el sistema educativo y la educación como conceptos fundamentales que moldean el desarrollo humano y social. El sistema educativo representa la estructura organizativa y normativa que regula la enseñanza y el aprendizaje, mientras que la educación se entiende como un proceso completo de formación y desarrollo que abarca todas las dimensiones del ser humano, más allá del ámbito escolar. No olvidemos por tanto que el objetivo de este capítulo era centrarse exclusivamente y de manera superficial en el ámbito de la educación formal, dejando para otros autores la transversalidad de la educación no formal y la informal.

En cuanto a las perspectivas y los nuevos desafíos hemos identificado diversas áreas de crecimiento y acción, como la promoción de la inclusión y la diversidad, la prevención e intervención temprana, la colaboración en red, el desarrollo profesional y la promoción de la investigación y la evidencia. Aunque puedan parecer clichés que se repiten en el tiempo siempre están en constante cambio. Y, por lo tanto, requieren de un enfoque proactivo y colaborativo, dirigido a fortalecer las capacidades y habilidades de los trabajadores y las trabajadoras sociales, y también a desarrollar estrategias innovadoras para abordar las necesidades emergentes de los estudiantes y las comunidades educativas. Para finalizar, el Trabajo Social en el sistema educativo desempeña un papel crucial en la promoción del bienestar y el éxito educativo de todo el alumnado, así como en la construcción de una sociedad más justa, inclusiva y solidaria, ya que los que ahora son estudiantes de primaria o secundaria mañana serán ciudadanos y ciudadanas. A través de la colaboración interdisciplinaria, la participación activa de las comunidades educativas y el compromiso con la equidad y la justicia social, el Trabajo Social contribuye significativamente a la transformación positiva de los sistemas educativos y al empoderamiento de las personas y las comunidades que las forman.

7. BIBLIOGRAFÍA

Fernández Fernández, D. (2014). El trabajo social en la red de orientación educativa. *Padres Y Maestros / Journal of Parents and Teachers,* (358), 5–8. https://doi.org/10.14422/pym.y2014.n358.001

Ley Orgánica 1/1990, de 3 de octubre, de Ordenación General del Sistema Educativo de España. *Boletín Oficial del Estado, 11,* de 4 de octubre de 1990. https://www.boe.es/eli/es/lo/1990/10/03/1

Puyol Lerga, M. B. y Hernández-Hernández, M. (2009). Trabajo social en educación. *Revista Qurriculum,* 22; 97-117. http://riull.ull.es/xmlui/handle/915/13919

Subirats i Humet, J.; Gomà Carmona, R., y Brugué Torruella, J. (2005). *Análisis de los factores de exclusión social.* Fundación BBVA

Valero Errazu, D., Romea, A. C., y Palain Pescador, A. (2019). Análisis de las funciones del trabajador social escolar en España: evolución legislativa y niveles de intervención. *Acciones E Investigaciones Sociales,* (40), 9–26. https://doi.org/10.26754/ojs_ais/ais.2019404194

Capítulo 3.

El problema de la vivienda y la ocupación

CARMEN MARÍA GÓMEZ NAVARRO
Universidad de Murcia

1. JUSTIFICACIÓN

El Trabajo Social, el urbanismo y la vivienda son tres dimensiones que se articulan para configurar el modelo de sociedad que queremos. La vivienda no es solo un derecho humano, sino, también, un elemento clave para el desarrollo personal y comunitario. Por eso, el Trabajo Social interviene en los procesos de planificación urbana y gestión de la vivienda, buscando garantizar el acceso a una vivienda digna y adecuada para todas las personas.

El Trabajo Social es una profesión comprometida con la defensa y la promoción de los derechos humanos y la justicia social. Por ello, los trabajadores y las trabajadoras sociales tienen un papel fundamental en la prevención, el acompañamiento y la intervención ante los problemas de vivienda y exclusión social, como un ámbito significativo de intervención profesional. Su labor consiste en apoyar a las personas y familias en situación de vulnerabilidad o riesgo social, facilitar su acceso a los recursos y servicios disponibles, favorecer su autonomía y su integración social, y contribuir al cambio social desde una perspectiva crítica y transformadora.

La Ley 12/2023, de 24 de mayo, por el derecho a la vivienda, reconoce el carácter multidimensional de este derecho y establece las bases para garantizar su efectividad. Esta ley de carácter reciente supone un avance legislativo y un marco de referencia para el desarrollo de políticas públicas de vivienda que respondan a las necesidades y demandas de la ciudadanía. Asimismo, esta ley implica un reto y una oportunidad para el trabajo social, que debe adaptarse a las nuevas realidades sociales y a las nuevas formas de exclusión social relacionadas con la vivienda.

2. DERECHOS FUNDAMENTALES Y VIVIENDA

La vivienda es un derecho fundamental de la persona, de ahí que el problema de la ocupación ilegal de viviendas en España sea un tema complejo que implica varios aspectos del derecho civil y penal, ya que se reconocen derechos tanto al propietario como al ocupante.

En este epígrafe se recoge la normativa para tener en cuenta para la intervención social en el ámbito de la vivienda, así como derechos de las personas.

2.1 Normativa

- Declaración Universal de Derechos Humanos, adoptada y proclamada por la 183.ª Asamblea General de la Organización de las Naciones Unidas, de 10 de diciembre de 1948. Su artículo 25.1 prevé que toda persona tiene derecho a un nivel de vida adecuado que le asegure, tanto a él o ella, como a su familia, la vivienda.
- Constitución Española, artículo 148.3, todas las Comunidades Autónomas tienen asumida en sus Estatutos de Autonomía, sin excepción, la competencia plena en materia de vivienda. También en su artículo 47 reconoce, el derecho al disfrute de una vivienda digna y adecuada y el derecho a la intimidad personal y familiar (artículo 18 CE).
- El Pacto Internacional de Derechos Económicos, Sociales y Culturales, de Nueva York el 19 de diciembre de 1966, reconoce en su artículo 11.1 el derecho de toda persona a un nivel de vida adecuado, incluyendo, entre otros, una vivienda adecuada.
- Carta Social Europea revisada en 1996, según la cual las partes se comprometen a adoptar medidas destinadas «a favorecer el acceso a la vivienda de una calidad suficiente; a prevenir y paliar la situación de carencia de hogar con vistas a eliminar progresivamente dicha situación y a hacer asequible el precio de las viviendas a las personas que no dispongan de recursos suficientes».
- Carta de los Derechos Fundamentales de la Unión Europea aprobada por el Parlamento, el Consejo y la Comisión Europea el 7 de diciembre de 2000 establece en su artículo 7 el derecho a la vida privada y familiar; en el art. 17 el derecho al respeto de sus bienes y a no ser privado de sus propiedades más que por causa de utilidad pública; y resaltamos también que en el art. 34.3 que «con el fin de combatir la

exclusión social y la pobreza, la Unión Europea reconoce y respeta el derecho a una ayuda social y a una ayuda de vivienda para garantizar una existencia digna a todos aquellos que no dispongan de recursos suficientes, según las modalidades establecidas por el Derecho comunitario y las legislaciones y prácticas nacionales»

- La Convención Internacional sobre los Derechos de las Personas con Discapacidad (2006) sigue en la misma línea, reconociendo que todas las personas, sin importar sus diferencias, deben ser tratadas de manera justa y tener las mismas oportunidades, que se debe garantizar la accesibilidad como presupuesto fundamental para el disfrute de una vivienda adecuada.
- La Ley 12/2023, del 24 de mayo, garantiza el derecho a la vivienda, especialmente para aquellos con dificultades de acceso. Obliga a los Servicios Sociales a ofrecer soluciones habitacionales para evitar desamparos por desalojo. Esta ley, que enfatiza la función social de la vivienda, refuerza el compromiso estatal con los derechos humanos y la igualdad.

2.2 Derechos de la persona propietaria

De entre los distintos derechos de la persona propietaria resulta relevante para este documento hablar del derecho al uso y disfrute de la vivienda y el derecho la posesión de la vivienda (aunque no olvidamos que existe también el derecho al alquiler y cesión o el derecho a realizar obras), y el consecuente delito de usurpación que nace como ataque a estos derechos.

Uso y disfrute de la vivienda

En España, el derecho de usar y disfrutar de la propiedad de manera exclusiva y excluyente se recoge en el Código Civil. Según el artículo 348 del Código Civil, "la propiedad es el derecho que corresponde a una persona para utilizar y gozar de una cosa y disponer de ella libremente, conforme a las leyes". Este derecho también está protegido por el artículo 33 de la Constitución Española (1978) "Nadie podrá ser privado de sus bienes y derechos sino por causa justificada de utilidad pública o interés social".

Derecho a la posesión de la vivienda.

El derecho a la posesión de una vivienda se refiere al derecho legal que tiene una persona o familia a habitar y utilizar una vivienda. Este derecho implica que el ocupante tiene el permiso legal para residir en la vivienda, ya sea como propietario, inquilino o de otra manera.

En ese sentido, el art. 446 del Código Civil dispone que "todo poseedor tiene derecho a ser respetado en su posesión; y, si fuere inquietado en ella, deberá ser amparado o restituido en dicha posesión por los medios que las leyes de procedimiento establecen", es decir, todo propietario tiene derecho a solicitar a la Justicia que se le devuelva la posesión de su bien o propiedad, pero no puede por sí mismo tomar acciones contra quien se lo ha usurpado.

Delito de usurpación

El art. 245 del Código Penal regula el delito de la ocupación de una vivienda, ya sea habitada (morada) o no, a través de violencia o sin ella, pero siempre sin el consentimiento de su propietario. Para que se pueda considerar este delito, se deben dar dos circunstancias: ser consciente de la ajenidad del bien y serlo de la ausencia de autorización del titular.

2.3 Derechos de la persona ocupante

La ocupación de un inmueble da lugar al delito de usurpación, consistente, como hemos explicado anteriormente, en ocupar o usurpar un derecho real inmobiliario de otra persona en contra de la voluntad de sus titulares y puede tratarse en el ámbito civil o en el ámbito penal.

Sin embargo, las personas ocupantes también tienen derechos que se deben respetar.

Protección de la vida privada y familiar e inviolabilidad del domicilio

El art. 7.1 de la Carta de los Derechos Fundamentales de la Unión Europea reconoce que "toda persona tiene derecho al respeto de su vida privada y familiar, de su domicilio y de sus comunicaciones" y la Constitución Española, en su art. 18.2, establece la protección de la inviolabilidad del domicilio.

Una propiedad (mientras no sea denunciada su usurpación y se haya confirmado la titularidad de la propiedad de la vivienda) será considerado "la legítima morada de los ocupantes (hasta que se demuestre que no tienen derecho a que lo sea). Se protege su domicilio (art. 18.2 CE) mientras no se destruya la presunción de inocencia (art. 24.2 CE)" (Ramos Martínez, 2021, p. 296).

Esto da lugar a que la irrupción en el domicilio de la persona ocupante, o sea del domicilio ocupado, debe estar justificada, motivada y exenta de cualquier arbitrariedad, pues de otro modo se vulneraría aquel derecho y también el derecho a la tutela judicial efectiva (art. 24.1 CE).

Según la sentencia 32/2019, de 28 de febrero, del Tribunal Constitucional español, un despojo ilegal de la posesión no puede ser objeto de protección, por lo que no se puede invocar el derecho a la vida privada y familiar para oponerse al desahucio.

Suspensión del desahucio

De cara a amparar la ciudadanía en situación de exclusión o en riesgo de exclusión social, la Ley de Vivienda contempla protecciones a los colectivos que por su vulnerabilidad puedan desahuciarse, y serán los profesionales del trabajo social responsables de evaluar la situación de las personas involucradas en el proceso de desahucio y determinar si se cumplen los factores de vulnerabilidad económica y/o social.

3. VIVIENDA E INCLUSIÓN SOCIAL

3.1 La vivienda como factor de inclusión

En la Declaración Universal de Derechos Humanos de 1948 y en el Pacto Internacional de Derechos Económicos, Sociales y Culturales de 1966, se reconoció la vivienda adecuada como parte del derecho a nivel de vida adecuado. Se constituye, así, como un derecho humano fundamental y una condición indispensable para el desarrollo integral de las personas y las comunidades. Sin embargo, en la actualidad, la ONU-Habitat estima que más de 1.000 millones de personas se ven privadas de este derecho por diversas causas, como la pobreza, la discriminación, la violencia, la especulación o la falta de políticas públicas adecuadas. Estas situaciones generan procesos de exclusión social que afectan a la dignidad, la salud, la educación, el empleo y la participación de las personas excluidas.

La vivienda es un elemento esencial para el progreso social, ya que ofrece un espacio de intimidad y convivencia familiar, y es el punto de partida de todas las políticas urbanas. Debe garantizar unas condiciones adecuadas de habitabilidad, accesibilidad, seguridad y sostenibilidad, y contribuir a la cohesión social y territorial.

Desde las políticas sociales públicas, se están implementando diversas estrategias para abordar la inclusión social a través de la vivienda. Están diseñadas para asegurar que todas las personas tengan acceso a un hogar adecuado y condiciones habitacionales que contribuyan a su bienestar.

A continuación, abordaremos algunos enfoques relevantes recogidos en el Plan Estatal de acceso a la vivienda 2022-2025 del Ministerio de Vivienda y Agenda Urbana:

I. Acceso a la Vivienda Digna:

1) Ayudas al alquiler de vivienda, que busca facilitar el acceso y la permanencia en una vivienda en régimen de alquiler a sectores de población con escasos medios económicos.

2) Programa de ayuda a los jóvenes, destinado a jóvenes de menos de 35 años, ya sea en régimen de alquiler (bono alquiler joven) o mediante una ayuda directa a la adquisición de viviendas localizadas en municipios de menos de 5.000 habitantes.

3) Programa de fomento de viviendas para personas mayores y personas con discapacidad, destinado a personas jurídicas (administraciones públicas, empresas, sociedades mercantiles, fundaciones o asociaciones) que las destinen a personas mayores de 65 años o con discapacidad.

4) Fomento del parque de vivienda de alquiler

II. Condiciones de Vivienda:

Se promueve la mejora de las condiciones habitacionales existentes. Esto incluye garantizar seguridad estructural, salubridad y servicios básicos.

1) Fomento de la mejora de la eficiencia energética y la sostenibilidad en viviendas, se establecen ayudas para ejecutar obras de mejora de la eficiencia energética y la sostenibilidad de las viviendas.

2) Fomento de la conservación, de la mejora de la seguridad de utilización y de la accesibilidad en viviendas

III. Necesidades Energéticas:

La inclusión social también implica abordar las necesidades energéticas de las viviendas. Se busca garantizar que las personas tengan acceso a servicios como calefacción y electricidad.

1) Bono social eléctrico, el RD 897/2017, de 6 de octubre, por el que se regula la figura del consumidor vulnerable, el bono social y otras medidas de

protección para los consumidores domésticos de energía eléctrica establece este bono en su art. 6 como un descuento sobre el PVPC, cuyo porcentaje se determina atendiendo a la situación de vulnerable o vulnerable severo.

2) Bono social del agua, es una ayuda que se ofrece en algunos ayuntamientos de España para garantizar el suministro de agua a los hogares que se encuentren en situación de vulnerabilidad. Las condiciones para ser beneficiario del bono social del agua pueden variar en función de cada ayuntamiento o de cada compañía de agua.

3.2. Exclusión residencial

Los autores Piedra Cristóbal y Arredondo Quijada (2017) indican que se da exclusión residencial se cuándo "no se cumplen unos requisitos mínimos desde distintos aspectos relacionados con la vivienda, como el acceso a ella, la adecuación a los ocupantes, la estabilidad o la habitabilidad" (p. 21).

El art.47 CE (1978) recoge que "todos los españoles tienen derecho a disfrutar de una vivienda digna y adecuada", pero, sin embargo, no entra a definir qué se entiende por esa vivienda digna y adecuada, pero sí lo hace la vivienda adecuada debe proveer más que cuatro paredes y un techo.

La Ley 6/2015, de 24 de marzo, de la Ley de Vivienda y Lucha contra la Ocupación de la Región de Murcia, en su art.1, recoge la definición de vivienda indicando que "se entiende por vivienda la edificación habitable destinada a residencia de las personas físicas, independientemente de su titularidad jurídica, y que reúna los requisitos de calidad y diseño" pero no se define ni establecen los requisitos para ser considerada "habitable".

Infravivienda

La RAE (2014) define la infravivienda como "vivienda que carece de las condiciones mínimas para ser habitada". Sin embargo, el concepto de infravivienda es más amplio y tiene que ver también con la exclusión social ya que puede confluir con que en éstas se de situaciones de hacinamiento, falta de servicios básicos como agua y luz y problemas de saneamiento.

Además, el concepto de "habitabilidad" no es subjetivo, sino que está acotado y legislado por la Ley 5/1995, de 7 de abril, de condiciones de habitabilidad en edificios de viviendas y promoción de la accesibilidad general, que establece las condiciones de habitabilidad en edificios que contienen viviendas. Parámetros como la superficie de las estancias o la existencia de iluminación y ventilación natural, además de unas determinadas instalaciones, marcan el límite legal entre lo que es considerado habitable y lo que no.

Chabolismo

ONU-Hábitat (2003) define el chabolismo como la situación de un hogar radicado en un asentamiento informal que representa a un grupo de individuos que viven bajo un mismo techo en un área urbana y que carecen de una o más de las siguientes condiciones: acceso a agua potable y a saneamiento, durabilidad de la vivienda, área suficiente para vivir y seguridad de la tenencia, o sea los principios del derecho a la vivienda adecuada (Sugranyes, 2011, p. 29).

Debe ser objeto de estudio en el trabajo social para entender las condiciones de vida de ciertos grupos de personas, las dinámicas de la pobreza y la marginalidad, y las políticas de vivienda y urbanismo, entre otros temas.

Desahucio

La RAE define el "desahucio" como el "Acto de desalojar el propietario o titular de una propiedad a un inquilino o arrendatario, por las causas expresadas en la ley o convenidas en el contrato. "

El desahucio puede instarse en todo caso en que una persona o varias ocupen una vivienda ilegítimamente. Y se consideran ocupaciones ilegítimas:

1. La entrada sin autorización
2. La permanencia sin autorización
3. La finalización del contrato de alquiler
4. El incumplimiento de contrato, su expiración, o el impago, infracción de las condiciones o destinar la casa a otros usos o servicios no pactados (art. 1569 CC)

Desalojo y Realojo

Se entiende por desalojo al acto de obligar a un ocupante a abandonar una propiedad. Puede ser voluntario, cuando el ocupante se va por su propia voluntad, o forzoso, que es "el hecho de hacer salir a personas, familias y/o comunidades de los hogares y/o las tierras que ocupan, en forma permanente o provisional, sin ofrecerles medios apropiados de protección legal o de otra índole ni permitirles su acceso a ellos" (Comité de Derechos Económicos, Sociales y Culturales, 1997).

El realojo se refiere al proceso de proporcionar una nueva vivienda o alojamiento a las personas que han sido desalojadas. Este proceso es especialmente relevante en situaciones donde los residentes son desplazados debido a emergencias, renovaciones urbanas, o cuando se lleva a cabo un desalojo forzoso y las personas afectadas necesitan un lugar alternativo para vivir.

El derecho de realojamiento es la garantía de disponer de una vivienda que el art. 18 del Texto Refundido de la Ley del Suelo ofrece a los ocupantes legales de inmuebles que constituyan su residencia habitual en la ejecución de las actuaciones sobre el medio urbano que requieran su desalojo. Para ello, la actuación ha de ser de una intensidad tal que sea imprescindible el desalojo, puesto que no se podría llevar a cabo su ejecución con la vivienda ocupada.

La rehabilitación social de los espacios urbanos consiste en localizar y neutralizar los puntos negros urbanísticos, planteando la reconstrucción del capital social de las comunidades y los analiza desde la perspectiva de los Derechos Humanos de segunda generación. El trabajador social, como quien realiza un plan de intervención, procurará la planificación del espacio vital para proporcionar un desarrollo sostenible, incluyente e integrador (Albacete Balaguer et al, 2014)

El concepto de urbanismo social hace referencia, en un primer lugar, a las mejoras de los espacios públicos en base a una planificación que tenga en cuenta no solo la estructura física si no también el contexto, las relaciones vecinales, el comercio y el uso que se le quiere dar a zonas o barrios determinados. Se busca un impacto positivo en el diseño de una comunidad, y su planteamiento puede darse en dos momentos: en el planteamiento o diseño de un nuevo espacio urbanístico (como diseño de una urbanización o de la ampliación de la zona urbana por un cambio de calificación urbana) donde es un lienzo en blanco donde planificar y diseñar, o en el replanteamiento por una regeneración urbana, siendo este caso más complejo porque existen una mayor variedad de actores implicados y una mayor complejidad a la hora de equilibrar la balanza entre el crecimiento urbano y la realidad social de la zona afectada. Para el diseño urbanístico es preciso llevar a cabo un estudio que ofrezca una visión global de las relaciones sociales y del espacio urbano.

Hablamos de regeneración urbana para denominar las intervenciones que se hacen en una ciudad consolidada. No se refiere solo a la transformación física, sino que también provoca cambios en la vida de las personas que habitan dicha ciudad. "Las actuaciones de regeneración urbana, especialmente, implican importantes consecuencias en el hábitat de las personas incluidas en su ámbito, esto es, en su concreto derecho a la vivienda y en las condiciones específicas en que lo ejercen" (Rodríguez Toyos, 2015, p.194).

El diseño desde una perspectiva social de ciudades, barrios y viviendas implica tener en cuenta un enfoque holístico e integrador de todo el tejido social (comunidad, infraestructura y economía), y conlleva fortalecer la organización comunitaria y prevenir el deterioro del vecindario, que se implicará en el cuidado y preservación de las infraestructuras y del mobiliario urbano, en la detección de puntos negros de criminalidad y en la generación de espacios de encuentro.

3.3 Mediación en vivienda

La mediación es una de las prácticas pertenecientes a la denominada Justicia Restaurativa, definida como "filosofía que atiende en un primer plano a la víctima, sus necesidades e intereses y cuyo objetivo es el restablecimiento de la paz social mediante el empleo del diálogo" (Parreño De Lamo y Gómez Navarro, 2022, p. 124). Las partes enfrentadas pueden acudir a una tercera parte, neutral e imparcial, conocida como mediador, que, mediante el diálogo, ayudará a buscar el mutuo reconocimiento y trabajar en una solución satisfactoria de la disputa.

Como explican Conte Cuello y Machín Sanz (2017), el Trabajo Social, ante una situación conflictiva, "valora y analiza la situación de manera neutral y objetiva, para comprender las causas que la han originado y así, ofrecer una vía de solución adecuada a cada circunstancia" (p. 2), buscando, a través de la participación activa de las partes, la búsqueda de soluciones.

La mediación en vivienda se puede realizar desde distintas vertientes, ya sea a través de programas de vivienda municipal, de mediación hipotecaria o mediación en arrendamientos. Su finalidad es la de cumplir con las funciones de información y orientación y la de mediación para evitar posibles situaciones de impago y el consecuente desahucio o desalojo, y situación de exclusión en la que quedaría esa persona o familia. Y en el caso de que se lleve a cabo ese desalojo o la ejecución hipotecaria, el papel de un mediador es fundamental para facilitar la resolución de conflictos de manera amistosa y eficiente, jugando un papel fundamental como alternativa al proceso judicial.

La mediación hipotecaria busca reducir el sobreendeudamiento hipotecario y proteger la vivienda principal de los ciudadanos en situaciones económicas difíciles, evitando las ejecuciones hipotecarias. Y con el proceso de conciliación previo a admitir una demanda de ejecución hipotecaria, es especialmente beneficios, tanto para la entidad bancaria como para la persona con la hipoteca a ejecutar, y resulta obligatorio cuando el ocupante está en situación de vulnerabilidad económica y la propiedad es su vivienda habitual.

4. INTERVENCIÓN DESDE EL TRABAJO SOCIAL

"El Trabajo Social se presenta como un agente idóneo y necesario para la intervención (en vivienda), no sólo en sus consecuencias, sino también sobre sus causas" (Morán Neches y Rodríguez Suárez, 2020, p. 211)

4.1 Roles y funciones del trabajador social

- Información y orientación, tanto a técnicos encargados de las obras públicas como a los ciudadanos.
- Coordinar a los técnicos encargados de las obras públicas con las diferentes asociaciones y agentes del entorno, para la mejora del espacio público.
- Valoración y adjudicación de viviendas de protección oficial y en los procesos de integración.
- Ayuda a la mejora de las condiciones de vida y del entorno urbanístico.
- Estudio sobre la situación social, familiar, laboral y económica.
- Potenciar y garantizar a los ciudadanos sus derechos:
    - Acceso a los recursos económicos.
    - Acceso al empleo e inclusión laboral.
    - Acceso a los recursos educativos y a la formación.
    - Acceso a la vivienda, equipada y adecuada a las necesidades personales y familiares.

- Disponibilidad de equipamientos básicos del entorno residencial.
- Participación, formal e informal, en las redes sociales y grupos.
- Participación en la planificación y desarrollo de la comunidad, con especial incidencia de los recursos de compensación social de situaciones de desigualdad o diversidad de partida.
- Acceso a los recursos y posibilidades de movilidad y flujo (accesibilidad).
- Acceso a los recursos sociales, sanitarios y de promoción de la salud para el bienestar físico y emocional, personal y colectivo.
- Acceso a los sistemas de garantía, previsión y seguridad futura.

4.2 Recursos

Recursos de infraestructura

- Albergues: para transeúntes sin medios económicos y personas marginadas.
- Centros de acogida. De menores, mujer y polivalentes.
- Pisos de acogida para mujeres e inmigrantes.
- Viviendas sociales y Viviendas protegidas en alquiler.
- Viviendas de Protección Oficial

Recursos económicos

Ayudas Alquiler para inquilinos

- Renta Básica de Emancipación
- Subvención al inquilino
- Subvención para adquisición de vivienda protegida de nueva construcción.
- Solicitud de compensación por parte del arrendador o propietario afectado, recogida en el Real Decreto-ley 37/2020, de 22 de diciembre, de medidas urgentes para hacer frente a las situaciones de vulne-

rabilidad social y económica en el ámbito de la vivienda y en materia de transportes

Recursos sociales

- Oficina municipal de vivienda
- Servicio de mediación hipotecaria
- Medidas de protección se aprobaron para aquellos hogares vulnerables que se enfrenten a procedimientos de desahucio de su vivienda habitual, cuando existan personas dependientes, víctimas de violencia sobre la mujer o menores de edad a cargo.
- Programa marco de actuación y acompañamiento al realojo de familias en situación de exclusión social y residencial cronificada

4.3 Propuestas de acciones del trabajador social para promover el acceso a la vivienda

1. Promover un desarrollo urbano que elimine las barreras arquitectónicas y de comunicación, así como los puntos negros de delitos.
2. Establecer planes de lucha contra la despoblación.
3. Fomentar la convivencia intergeneracional.
4. Luchar contra la infravivienda, exigiendo que se cumpla la normativa de consumo.
5. Crear oficinas de información en materia de urbanismo, vivienda, alquiler, compra, desahucio y desalojo, que incluya atención en materia de ocupación de viviendas.
6. Establecimiento de la auditoria de accesibilidad, estudio previo de accesibilidad que deberá realizarse en toda obra o proyecto tanto de urbanismo como de arquitectura cuando haya un uso público o destinado a vivienda.
7. Creación de un plan único y estatal de ayudas a la vivienda, tanto en régimen de propiedad como de alquiler, que tenga en cuenta los colectivos más vulnerables.

8. Promover foros de participación ciudadana en donde se pueda trasladar un modelo de ciudad más habitable de acuerdo con las especiales necesidades de las distintas personas y colectivos.
9. Habilitar viviendas en régimen de cesión temporal para colectivos más vulnerables, con una revisión de la situación personal tutelada por la Administración, en el marco de la vivienda de promoción pública.
10. Garantizar una baremación objetiva en la adjudicación de las viviendas de promoción pública.
11. Ampliar la desgravación fiscal en la declaración de la renta beneficiando a los arrendatarios en los alquileres de vivienda.
12. Establecer baremos sociales de acceso a las ayudas a la rehabilitación según niveles de renta facilitando la solicitud, gestión y concesión con trámites ágiles y simplificados.

5. BIBLIOGRAFÍA

Albacete Balaguer, R., Meseguer Sánchez, V. y Gómez Navarro, CM (2014) Rehabilitación social de espacios urbanos. En Pastor Seller, E., Martínez Fuentes, MT, Avilés Hernández, M., y Domenech López, Y. (coord) *El trabajo social ante el reto de la crisis y la educación superior*, Universidad de Murcia, pp.17881-1788.

Carbonero, D, Raya, E. Caparrós, N., y Gimeno, C. (Coord) (2016) *Respuestas transdisciplinares en una sociedad global. Aportes desde el Trabajo Social.* Universidad de la Rioja.

Comité de Derechos Económicos, Sociales y Culturales, observación general, nº 7 (997), sobre el derecho a una vivienda adecuada: los desalojos forzosos

Conte Cuello, C. y Machín Sanz, M. E. (28-30 de septiembre 2017) *Estrategias de mediación del trabajo social en desahucios de vivienda de alquiler.* III Congreso de Trabajo Social de Aragón, Zaragoza. España

Hernández Leal, C. y Sánchez Santos, C. (2008) Mediación comunitaria en el ámbito de la vivienda: la experiencia del servicio de dinamización vecinal. *Trabajo Social Hoy*, 2 extra,145-152.

Morán Neches L. y Rodríguez Suárez J. (2021). Trabajo Social Comunitario en materia de vivienda: redefinición y desafíos a partir de un estudio de caso. *Cuadernos de Trabajo Social*, 34(1), 211-221. https://doi.org/10.5209/cuts.68947

Parreño De Lamo, J., Gómez Navarro. C.M., (2022) Mediación penitenciaria: Estado actual en España En Fariña Rivera, F., Wilhelm Wainsztein, J., Munné Tomàs, M. (coord.) *Reflexiones mediadoras en la post pandemia.* Conferencia Universitaria para el Estudio de la Mediación y el Conflicto, pp. 124-139

Piedra Cristóbal, J., y Arredondo Quijada, R. (2017). Hogar dulce hogar. Una aproximación al fenómeno de la exclusión residencial. *AZARBE, Revista Internacional de Trabajo Social y Bienestar,* (6), 17–25.

Ramos Martínez, L. M. (2021). Los derechos a la intimidad, a la propiedad y a la vivienda; una visión desde el delito de ocupación de bienes inmuebles = The rights to privacy, property and housing; a view from the crime of occupation of real estate. *Revista Jurídica de la Universidad de León,* (8), 287–296. https://doi.org/10.18002/rjule.v0i8.7084

Rodríguez Toyos, P (2015) Vivienda y derecho al realojo. *Revista Vasca De Administración Pública,* 101, 193-226 https://doi.org/10.47623/ivap-rvap.101.2015

Sugranye, A. (2011) Chabolismo indignante: el hábitat de los que sobran. *Habitat y Sociedad,* 3, 27-49

Tejero, E. :(2009) "La vivienda: factor de integración y exclusión social". Colegio de Diplomados en Trabajado Social y Asistentes Sociales de Alicante.

Torre, M. I. de la (2015). Espacio público y colectivo social. *Nova scientia,* 7(14), 495-510. http://www.scielo.org.mx/scielo.php?script=sci_arttextypid=S2007-07052015000200495ylng=esytlng=es

Vacas, V. (2022) Vivienda y exclusión social. Algunos apuntes teórico-metodológicos. *Trabajo Social Hoy* ,97, 73-93. doi: 10.12960/TSH 2022.0017

Capítulo 4.

Trabajo Social medio ambiente, ecologismo y desarrollo sostenible

SERGIO FERNÁNDEZ RIQUELME
Universidad de Murcia

1. INTRODUCCIÓN

El Trabajo Social en la dimensión ambiental y ecológica, es un área de investigación e intervención, que está cobrando gran relevancia, ante las problemáticas actuales por las que atraviesan las sociedades y el planeta en general, siendo un ámbito creciente para esta profesión.

Un nuevo campo de trabajo y la exigencia moral de una época. Son dos las dimensiones de acción del Trabajo Social ante la emergencia del Desarrollo Humano Sostenible (DHS). Cambio climático, destrucción medioambiental, consumismo desbocado y desigualdades asociadas son las señas de este tiempo. Incendios y sequias, contaminación y destrucción de los bosques, basura y más basura, que afecta sobre todo al mundo rural, a las clases más pobres y a los sectores más excluidos.

La opinión pública se estremece ante islas gigantes del plástico surcando océanos, montañas de basura que arden sin control, riadas salvajes que se llevan todo por delante, cambios en el clima que no se recuerdan, se urbaniza sin control y las grandes ciudades se expanden hasta el horizonte, crisis ecológicas que presentan cada vez más impacto.

Como apuntó Maathai, Premio Nobel de la Paz 2004, "*dentro de algunas décadas, la relación entre el ambiente, los recursos y los conflictos será tan obvia como la conexión que vemos ahora entre derechos humanos, democracia y paz*".

La intervención-investigación del Trabajo Social desde la dimensión ambiental y ecológica es un imperativo de carácter teórico, ético y político en momentos en que hablamos sobre la crisis de civilización (Quintana, 2019).

El Trabajo Social debe integrar el desarrollo sostenible, la eficiencia energética y la preservación de los recursos naturales en su práctica. Se trata de proteger el planeta y la humanidad adaptando los métodos del Trabajo Social con el objeto de promover el cambio social, hacemos referencia al Trabajo Social Ambiental y al Green Social Work. Gray et al. (2013) explican que el Trabajo Social ambiental es un nuevo paradigma en busca de garantizar la transición hacia una sociedad sustentable.

En este capítulo abordaremos a modo de contextualización la crisis ambiental en la que se encuentra inmersa el planeta, y los retos que ello plantea al Trabajo Social Ambiental. En segundo lugar, explicaremos la relación entre la ecología, en concreto la Ecología del Desarrollo Humano y el Trabajo Social, y por último analizaremos que ha implicado el concepto de desarrollo en la sociedad, centrándonos en el Desarrollo Humano Sostenible, y en el enfoque del decrecimiento como una nueva opción.

2. CRISIS AMBIENTAL Y TRABAJO SOCIAL AMBIENTAL

Desde la segunda mitad del siglo XX sufrimos una crisis ambiental, la cual plantea retos profesionales ineludibles, ya que está en juego no solo el bienestar y la calidad de vida de la población, también las bases de la propia existencia. Para algunos autores (Carrizosa 2000; Leff 2004; Morín y Kern 2006) ello hace referencia a una crisis de la civilización, de la cultura. Estamos llegando a un punto insostenible, por lo que hay que dirigir la acción tanto profesional como personal, hacia el fortalecimiento y, en algunos casos, hacia la construcción de nuevas relaciones con nosotros mismos y con la naturaleza. La crisis ambiental es el resultado del fracaso de cultura occidental, así como de la racionalidad que ha caracterizado a la modernidad, que, junto con la economía global, ha llegado a comprometer la vida.

Estos males que vive la civilización, Morin y Kern (2006), los diferencian en dos tipos: los objetivos, resultado del desarrollo económico, que se acentúan por las crisis económicas y cuyas manifestaciones, como la degradación ecológica, son percibidos por la sociedad; y los subjetivos, originados por esa carrera desquiciada por vivir y consumir el presente, por la fascinación a lo fútil, por las charlas sin comprenderse, entre otras expresiones del mundo moderno, y que se constituyen en una amenaza interna a la civilización, que dan como resultado "la degradación de las relaciones personales, la soledad, la pérdida de las certidumbres, unida a la incapacidad para asumir la incertidumbre; todo ello alimenta un mal subjetivo cada vez más extendido" (Morin y Kern 2006, p. 96).

La crisis ambiental extendida en casi todo el planeta manifestada en una reducción de la calidad ambiental a un ritmo constante y sin precedentes desde las últimas tres décadas, y que se evidencia en las altas tasas de deforestación; en procesos erosivos de grandes extensiones de tierra; en la contaminación del suelo y fuentes hídricas, principalmente por residuos domésticos e industriales, y actividades agropecuarias y mineras; en la pérdida de suelos fértiles por expansión urbana y obras de infraestructura; en la desaparición de ecosistemas como bosques, selvas, desiertos, ríos, lagos, costas, etc. en la contaminación del aire, especialmente en las grandes ciudades; y en el incremento de los riesgos y amenazas naturales.

Si tomamos como referencia la definición de Livano (2013): "La crisis ambiental no se restringe a la pérdida de bienes y servicios ecosistémicos, abarca además el sentido mismo de la vida poniendo de manifiesto la crisis de la racionalidad de nuestro proyecto civilizatorio. La crisis ambiental cosifica al mundo y tiene sus raíces en la naturaleza simbólica del ser humano".

La crisis ambiental moderna exige, pues, una nueva manera de comprender y de construir los sistemas culturales; es repensar la totalidad de las formas adaptativas de la cultura, desde la tecnología hasta el mito (Ángel, 1995).

Debemos comprender el concepto de ambiente de manera amplia, no debe ser entendido solo como ecología, si no como una expresión de la complejidad del mundo, donde se ponen en entredicho los límites del crecimiento, la insustentabilidad del proceso económico, el fraccionamiento del conocimiento y el cuestionamiento de la concentración de poder del Estado y del mercado.

2.1. Trabajo social ambiental

La asunción por parte del Trabajo Social de un nuevo paradigma que se nutrió del pensamiento sistémico y del pensamiento complejo, implico una [...] nueva forma de pensar en términos de conectividad, relaciones y contexto es por todo esto que se le considera como un pensamiento medioambiental; de tal forma que con esta manera de conocer se cambia del paradigma mecanicista a un paradigma ecológico emergente (Amorocho, 2009, p. 67).

En la disciplina del Trabajo Social desde el plano conceptual el pensamiento socioambiental se refleja en áreas como familia (Chadi, 1997); conflicto armado, violencia y desplazamiento forzado (Bello y Jiménez, 2013); atención psicosocial (Bello y Lancheros, 2005); bienestar laboral (Vigoya, 2002), entre otros tantos; y desde la investigación e intervención directa en los diferentes temas que integran la cuestión ambiental: relación sociedad-naturaleza (Gartner, 1993), desarrollo sostenible (Barranco, 2009; Kuzma,

2011), planificación territorial, problemas ambientales, y en procesos de gestión ambiental, participación y educación ambiental (Donato, 2008; Giraldo, 2007; Palacio, 2009 y Palacio y Hurtado, 2003; 2005).

El papel del profesional del trabajo social en asuntos medio ambientales, como una forma de hacer frente a los desafíos que la crisis ambiental nos plantea, debe estar en palabras de Giraldo Vélez:

> [...] orientado a educar para la participación, generar cambios de actitud, crear y fortalecer organizaciones sociales, acompañamiento de proyectos ambientales y procesos de prevención de desastres, promover el trabajo interdisciplinario, desarrollar procesos de investigación, contribuir a la divulgación de los derechos y deberes ambientales [...]. El trabajador social, como profesional de las ciencias sociales, cumple un papel vital en el mejoramiento del ambiente por el objeto de intervención y las competencias adquiridas para el trabajo con individuos, familias y comunidades (2007, p. 42-47).

El Trabajo Social ha aportado, desde los años ochenta, la comprensión e interpretación de estos problemas ambientales. No obstante, la transversalidad y complejidad de la cuestión ambiental sitúa al Trabajo Social en nuevos escenarios que requieren una resignificación de su intervención desde nuevas lecturas y procedimientos para encarar las múltiples facetas de la crisis ambiental (Liévano, 2013, p. 231).

Es necesario que los profesionales del Trabajo Social se involucren de manera directa en la búsqueda de soluciones ante la gravedad de la situación actual Ante la politización de la cuestión ambiental y las desigualdades que esto genera expresadas por sujetos en formas de demandas que evidencian la cuestión social, y que las podemos considerar como el punto de partida de la acción (Rozas, 2004):

- Problemáticas derivadas de la producción de bienes y servicios: agricultura, turismo rural, artesanías y textiles.
- Conflictos socio-ambientales: uso de recursos utilitaristas sin perspectiva de conservación futura.
- Desastres naturales: Intervención en crisis y prevención de riesgos.
- Manejo de desechos: Reciclaje, reutilización y control de procesos contaminantes.
- La Asociación Internacional de Escuelas de Trabajo Social, el Consejo Internacional de Bienestar Social y la Federación Internacional de Trabajadores Sociales formaron una coalición internacional para

desarrollar la Agenda Global para el Trabajo Social y el Desarrollo Social. Así las cuatro prioridades principales para los profesionales del Trabajo Social son:

1. promover la igualdad social y económica,
2. promover la dignidad y el valor de las personas,
3. trabajar hacia la sostenibilidad ambiental y
4. fortalecer el reconocimiento de la importancia de las relaciones humanas.

En este sentido Giraldo (2007), señala que el papel del TS está orientado a educar para la participación, generar cambios de actitud, crear y fortalecer organizaciones sociales, acompañamiento de proyectos ambientales y procesos de prevención de desastres, promover el trabajo interdisciplinario, desarrollar procesos de investigación, contribuir a la divulgación de derechos y deberes ambientales.

Es importante reflexionar acerca de los modos de intervención del trabajo social, no solo desde los ámbitos tradicionales, sino desde el escenario ambiental, que brinda nuevas miradas para comprender la complejidad de los diferentes factores que se interrelacionan en el territorio para construir tejido social.

3. ECOLOGÍA Y TRABAJO SOCIAL. ECOLOGÍA DEL DESARROLLO HUMANO

La Ecología y el Trabajo Social son dos ámbitos cuyo objeto de estudio aparentemente es muy diferente, pero que están llamados a entenderse y converger. La introducción del tema ecológico en la disciplina del Trabajo Social es relativamente reciente, pero hay quienes han llegado a vincularla como una argucia de distracción para eludir el análisis de los más candentes problemas sociales. Sin embargo, la dura realidad marcada por el deterioro del espacio vital ha permitido redefinir la inserción de la ecología en la vida social, puesto que el hábitat se deteriora aceleradamente y relama una intervención urgente de los ciudadanos, de los políticos y de los investigadores que no resisten al asedio de elementos contaminantes sobre la colectividad.

En este sentido, tal como lo expresó Mojica en 2009: "La ecología se sigue situando en el ámbito de las Ciencias de la Naturaleza. No obstante, los problemas ambientales generados por las sociedades humanas requieren ampliar el campo hacia las ciencias humanas o sociales".

Tomando como referencia la definición de Trabajo Social de Naciones Unidad en un informe publicado en 1959: "El servicio social es una actividad organizada cuyo objetivo es contribuir a una adaptación mutua entre las personas y su medio social...", podemos ver la relación de esta disciplina con la Ecología Humana.

La ecología del desarrollo humano trata de una disciplina encargada de estudiar la conexión que existe entre los diferentes ecosistemas y los seres humanos. Tomando en consideración los cambios por los que han pasado los individuos y su entorno a lo largo del tiempo. En este sentido, Monreal y Guitart (2012) hacen referencia a Bronferbrenner, quien es considerado el padre de esta corriente de pensamiento, el cual expresa que "la ecología del desarrollo humano comprende el estudio científico de la progresiva acomodación mutua entre un ser humano activo, en desarrollo y las propiedades cambiantes de los entornos inmediatos en los que vive la persona en desarrollo".

En este sentido, la ecología del desarrollo humano es la interconexión que existe entre los individuos y el entorno que le rodea, y es importante resaltar en este punto, que es el ecosistema quien ofrece toda una gama de recursos necesarios para el desenvolvimiento organizacional de los seres humanos, como energía, materias primas, alimentos, entre otros.

Se trata de un enfoque fundamental en el trabajo social, ya que nos ayuda a comprender cómo las personas crecen y cambian a lo largo de sus vidas, y cómo estos procesos pueden ser influenciados por factores sociales, culturales y ambientales, la ecología humana busca el equilibrio del sistema sujeto-ambiente, y el trabajo social actúa mediante una intervención planificada y evaluada en forma permanente para lograr un objetivo planteado que conlleva al bienestar del ser humano y por lo tanto a mejorar la calidad de vida.

El Trabajo Social utiliza la conceptualización de la ecología como una metáfora, en la cual se entiende que "la ciencia de la ecología estudia el delicado balance entre las cosas vivientes y su medio ambiente, y los modos y maneras con que ellos se mantienen" (Hatman y Laird, 1979). La metáfora está referida al balance adaptativo entre las personas y su ambiente, esto se establece entre el individuo y su ambiente tanto como humano como físico, los cuales forman un sistema que constituye el foco de intervención de la profesión. El trabajador Social puede focalizar su intervención a partir de la interconexión que existe entre los individuos y el entorno que le rodea, es decir, desde la ecología del desarrollo humano.

Desde esta perspectiva que se requiere de la detección, identificación y estudio de una variedad muy amplia de factores influyentes en una situación determinada. Factores individuales desde la familia, madres, padres, hijos, factores internos y externos, la comunidad y los factores que amenazan o dañan y que interactúan con los sistemas externos. Desde la perspectiva ecológica se pone el énfasis en la interacción entre sistemas y contextos y en identificar recursos, fortalezas y las debilidades que existen en esas interacciones y en cada uno de los sistemas, desde los más próximos a los más distantes.

Al comprender la complejidad de los factores que influyen en el desarrollo humano, los profesionales de la ecología del desarrollo humano pueden desarrollar intervenciones y políticas que aborden de manera más efectiva los problemas sociales y ambientales. Cabe destacar que la ecología del desarrollo humano es un campo en crecimiento que tiene el potencial de hacer una diferencia significativa en la vida de las personas y en el medio ambiente, esta nos ayuda a analizar cómo las desigualdades sociales y económicas pueden influir en la salud y el bienestar de las personas, así como en el acceso a recursos naturales y servicios básicos.

4. DESARROLLO, DESARROLLO HUMANO SOSTENIBLE Y DECRECIMIENTO

Nuestras sociedades occidentales, así como las comunidades progresivamente occidentalizadas, han situado al Desarrollo como la palabra mágica a partir de la cual definir todas las acciones político-sociales; había que desarrollarse, a toda costa, y especialmente en el plano material. Por ello, durante el siglo XX, dicha palabra, como paradigma de progreso, determinó las líneas maestras de la intervención ante la pobreza, exclusión y desigualdades.

Nos preguntamos ¿Qué tipo de desarrollo necesitamos? ante un "*mundo que agoniza*" material y moralmente, el Desarrollo como meta final de toda intervención social, debe contar con estos criterios integrales y sostenibles si no aparece como frugal, efímero. Criterios que subrayan la "*responsabilidad*" del profesional (rendición de cuentas) y del usuario (derechos y obligaciones), del político (rendición de cuentas) y del ciudadano (participando), de las Instituciones y las empresas. El Desarrollo, en su éxito o fracaso, no solo depende de factores externos; es nuestra elección su desenlace positivo o negativo, en sus consecuencias y efectos. Es obra y gracia de nuestras acciones y valores, no es simple causa del azar.

La Política Social, como instrumento básico al servicio de la ciudadanía en los campos fundamentales (Servicios Sociales, educativos, sanitarios) debe ligar la investigación y la acción a las necesidades reales y las exigencias vitales de las personas: hablar con ellos, escucharlos, atenderlos, haciéndoles participar. Solo con los hombres y mujeres de la comunidad (de referencia y pertenencia) se puede hacer realidad este nuevo paradigma: justificar y explicar que se puede vivir con menos, volver a la naturaleza, compartir con los demás, prescindir de tantos objetos materiales, cooperar y no competir, sentirnos orgullosos de lo nuestro, recuperando la auténtica Ecología humana y reivindicar Comunidades soberanas, cumpliendo las finalidades de la Política social (Bienestar, Justicia y Orden).

¿Es el momento de este nuevo Desarrollo? El ocio y el vicio masivo, el comprar y el tener a cualquier hora, la publicidad y las tendencias consumistas que nos rodean parecen hacer imposible una alternativa a corto y medio plazo. Aunque ciertas iniciativas locales y varios países demuestran que es posible conciliar modernidad tecnológica y tradición mental, bienestar económico y valores morales. Ellos son ejemplos de este Desarrollo verdaderamente humano, apenas recogido por los vigentes e importantes (pero fundamentalmente materialistas) Índices de valoración del Desarrollo (IPH, IPM, IDH o IDG), sobre los fines de la Política Social señalamos:

- Un Bienestar cifrado en necesidades reales, bajo criterios de corresponsabilidad comunitaria, sostenibilidad ambiental, y recuperación tradicional.
- Una Justicia basada en igualdad de oportunidades entre los miembros de la comunidad en base a criterios de mérito, capacidad y solidaridad.
- Un Orden compartido, ligado al respeto a las normas de convivencia democrática, desde la participación ciudadana, funcionamiento eficaz de la Administración pública, y la subsidiaridad de las comunidades naturales.

El desarrollo humano sostenible es un nuevo concepto basado en la confluencia y dependencia mutua de las variables económica, social y medioambiental. Esta nueva teoría, que supera a la del desarrollo sostenible, otorga un papel primordial al factor social, cuyo núcleo es la persona y la satisfacción de sus necesidades.

De los primeros *Objetivos del Milenio* del año 2000, se dio paso a los *Objetivos de Desarrollo sostenible (ODS)* de Naciones Unidas (2015) dentro de la

Agenda 2030. El Desarrollo adquiría ese adjetivo de sostenibilidad, cuando el 25 de septiembre de 2015, 193 países se comprometieron con los 17 ODS de Naciones Unidas en su cumplimiento para el año 2030. Los Objetivos del Desarrollo Humano Sostenible constan de tres pilares temáticos: desafíos sociales, económicos y ecológicos, que definen 17 objetivos, 169 metas y 231 indicadores para abordar el cambio. Todos los objetivos e indicadores tienen el mismo rango y están interrelacionados, pero su relevancia para la acción varía según el país y entre las regiones geográficas. La interrelación significa que en cada cambio o desarrollo los logros sociales, económicos y ecológicos deben incluirse equitativamente -por ejemplo: no hay metas económicas sin impacto social y ecológico en igual proporción.

Los ODS tienen una fuerte relación con la preservación del medio ambiente, debido a que las consecuencias del cambio climático afectan directamente a la salud, seguridad, conflictos y movimientos migratorios; en definitiva, a la calidad de vida de las personas (IASSW et al. 2019).

Este "*contrato social global*" que firmaron 193 países buscaba la igualdad entre personas, la protección del planeta y la defensa de la prosperidad para no dejar a nadie atrás: erradicar la pobreza en todas sus formas a nivel mundial, acabar con el hambre, conseguir la seguridad alimentaria y promover la agricultura sostenible; garantizar una vida saludable el bienestar para todos; una educación de calidad inclusiva y equitativa, y promover las oportunidades de aprendizaje permanente para todos; llegar a alcanzar la igualdad entre los entre hombres y mujeres, empoderando especialmente a las niñas; asegurar la gestión sostenible del agua y el saneamiento, y el acceso a energías asequibles, sostenibles y modernas para todos; fomentar el crecimiento económico sostenido, inclusivo y sostenible, buscando el empleo pleno y el trabajo decente; impulsar infraestructuras adecuadas y suficientes, promover la industrialización inclusiva y sostenible, y la innovación; reducir las desigualdades entre países y dentro de ellos; lograr que las ciudades y los asentamientos sean inclusivos; garantizar las pautas de consumo y de producción sostenible; tomar medidas urgentes contra el cambio climático y sus efectos, y conservar los océanos, mares y recursos marinos; proteger, restaurar y promover la utilización sostenible de los ecosistemas terrestres, gestionar de manera sostenible los bosques, combatir la desertificación y detener la degradación de la tierra, y la pérdida de diversidad biológica; promover sociedades pacíficas e inclusivas para el desarrollo sostenible, con acceso a la justicia para todos; y desarrollar los medios para una alianza mundial de desarrollo sostenible.

Pasamos a exponer la Teoría del Decrecimiento (la reducción de la producción material y del consumo para asegurar la supervivencia del planeta), o volver hacía atrás para ser más justos, sostenibles y pobres, ya que no aspirar a riquezas superfluas quizás nos puede hacer más felices. Así nuestro desarrollo sea interior, moral, y no tanto material. Frente a la ilusión del falso equilibrio del DH, autores alternativos señalaban que solo era posible decrecer y vivir con menos para salvar el planeta. No era posible conciliar protección medioambiental con prosperidad sin frenos y con bienestar ilimitado. La experiencia lo demostraba, porque el sistema no podía cambiar, solo esconder sus errores, como principiaron Georgescu-Roegen (1971), Schumacher en *Small is Beutifull* (2011) o Latouche, economista francés quién propondrá los pilares del modelo del decrecimiento: a) Revaluar: sustituir los valores globales, individualistas y consumistas por valores locales, humanos y de cooperación; b) Reconceptualizar: una nueva visión que se propone del estilo de vida centrado en suficiencia y simplicidad voluntaria; c) Reestructurar: adaptar el aparato de producción y las relaciones en función de la nueva escala de valores; d) Relocalizar: llamamiento a la autosuficiencia local con fines de satisfacer las necesidades, disminuyendo el consumo en transporte; e) Redistribuir: un justo reparto de la riqueza y los bienes; f) Reducir: un cambio del estilo de vida consumista; g) Reutilizar y Reciclar: alargar el tiempo de vida de los productos para evitar el consumo y el despilfarro. Como señalaba Carmen Caravaca (2012), el "*decrecimiento económico*" puede ser el motor para superar "*la adicción al crecimiento*", atacando los factores económicos y culturales que perpetúan la sociedad capitalista del consumo:

- *La publicidad:* el principal motor que crea el deseo de consumir, al estimular la adicción de adquirir lo que no tenemos y lo que no podemos conseguir, anteponiendo sobre todo "*los bienes de alta futilidad*" a los de alta utilidad.
- *El crédito:* el medio de consumo continuo que esclaviza a medio y largo plazo como potente "*dictador*" del crecimiento.
- *La obsolescencia programada* (u planificada), que renueva constantemente la necesidad de consumir, para comprar, tirar y reemplazar continuamente.

5. CONCLUSIONES

Es la hora de un nuevo planteamiento del Trabajo Social ligado a las exigencias del DHS integral y responsable, integrando, en los Servicios Sociales públicos y privados, investigaciones e intervenciones que liguen la defensa del medioambiente y la protección comunitaria cumpliendo los fines de la Política Social (justicia, bienestar y orden).

En este sentido, la disciplina debe asumir este paradigma sostenible e integral en sus protocolos de actuación, en sus procesos de intervención y en nuevos campos de actuación y trabajo:

- Defensa y promoción del mundo rural.
- Promover comunidades sostenibles en el entorno.
- Defensa activa de los derechos ecológicos-sociales.
- Apoyo y participación en la economía circular.
- Ejercer criterios de eficacia, eficiencia y calidad en los recursos y prestaciones.
- Diseño y aplicación de la innovación tecnológica para la sostenibilidad.
- Colaboración en la defensa de la soberanía nacional: agrícola e industrial, alimentaria y energética, demográfica y cultural.

Los trabajadores sociales desempeñan un papel activo en el logro de los objetivos de desarrollo sostenible; como tal, también deben ser capaces de evaluar críticamente los procesos y resultados asociados. En tal evaluación, es importante que los trabajadores sociales adopten un enfoque ecosocial que se centre en las personas y la naturaleza. Como resultado de este análisis, se recomienda el enfoque de decrecimiento como una alternativa al desarrollo sostenible.

5. BIBLIOGRAFÍA

Amorocho Pérez, A.P (2009). Del paradigma mecanicista al ecológico en Trabajo Social. *Revista Colombiana de Trabajo Social* 22: 59-74.

Ángel Maya, A. (1995). *La fragilidad ambiental de la cultura.* Universidad Nacional de Colombia, Instituto de Estudios Ambientales.

Barranco, C. (2009). Trabajo Social, calidad de vida y estrategias resilientes. *Portularia* IX (2): 133-145.

Bello, M. y Lancheros. D. L. (2005). *Acompañamiento psicosocial y atención humanitaria en el contexto colombiano.* Corporación AVRE-CODESU. Bogotá.

Bello, M. y Jiménez, S (2013). *Justicia reparativa y desplazamiento forzado desde un enfoque diferencial. Dinámicas regionales del conflicto y el desplazamiento forzado en Chocó: estudio de caso de la subregión del Medio Atrato.* Grupo de Investigación del Desarrollo Social. Universidad de San Buenaventura Cartagena, Colombia.

Caravaca Llamas, C. (2012). Más decrecimiento y menos Prozac. El decrecimiento como alternativa económica y social a la crisis actual. *La Razón histórica, 18, 81-101.*

Carrizosa Umaña, J. (2000). *¿Qué es ambientalismo? La visión ambiental compleja.* Centro de Estudios de la Realidad Colombiana.

Chadi, M. (1997). *Integración del Servicio Social y el enfoque sistémico relacional.* Espacio Editorial.

Donato Molina, L.M. (2008). Pueblos indígenas, seguridad alimentaria y cambio climático global. *Mujeres indígenas y cambio climático. Perspectivas latinoamericanas,* 135-146.

Gartner Isaza, M. L. (1993). Métodos de investigación y acción en el Trabajo Social Ambiental. *Revista Colombiana de Trabajo Social,* 6: 19-23.

Georgescu-Roegen, N. (1971). *The entropy law and the economic process.* Harvard university press.

Giraldo Vélez, L. A. (2007). El Trabajo Social y su aporte al desarrollo desde una perspectiva ambiental. Revista de la Facultad de Trabajo Social XXIII (23): 43-50.

Gray, M., Coates, J. y Hetherington, T. (2013). *Environmental Social Work.* Routledge.

Hartman, A. y Laird J. (1979). Family-Centered Social Work Practice .The Free Press.

IASSW; ICSW; IFSW. (2019). Reflections on the Next Global Agenda: Volume 1. Recuperado de: https://www.ifsw.org/product/books/reflections-on-the-nextglobal-agenda-volume-1/

Kuzma Zabaleta, C. (2011). *El desarrollo territorial sustentable en la base de las políticas sociales: debates éticos y perspectivas para Trabajo Social.* XI Congreso de Trabajo Social y Primera Conferencia Latinoamericana de Bienestar Social y Trabajo Social: Autonomía, Ética y Compromiso Social hacia un Piso de Protección Social. Montevideo.

Leff, E. (2004). *Racionalidad ambiental. La reapropiación social de la naturaleza.* Siglo XXI.

Liévano Latorre, Adriana (2013). Escenarios y perspectivas de Trabajo Social en Ambiente. *Revista Trabajo Social* 15: 219-233.

Monreal, M. y Guitart M. (2012). Consideraciones Educativas de la Perspectiva Ecológica de Urie Bronfenbrenner. Contextos Educativos. (11), 1, 79-92.

Morín, E. y Kern, A. B. (2006). *Tierra patria.* Nueva Visión.

Quintana Ramírez, A.P. (2019). El Trabajo Social y la dimensión ambiental. *Trabajo Social Global – Global Social Work, 9*(17), 65-88. doi: 10.30827/tsg-gsw.v9i17.8460

Palacio, D. y Hurtado, R. (2003). Redes socioambientales en tensión: el caso de la gestión ambiental de los humedales de Bogotá. *Redes. Revista hispana para el análisis de redes sociales* 4 (6). http://revistes.uab.cat/redes/article/view/45/39 (9 de septiembre del 2013)

Palacio, D. y Hurtado, R. 2005. Narrativas y redes de la gestión ambiental de los humedales de Bogotá. *Nómadas* 22: 140-150.

Palacio, D. (2009). Redes de parentesco y entorno natural: apuntes para un diagnóstico ambiental participativo. *Revista Trabajo Social* 11: 71-86.

Rozas, P. M. 2004. *La intervención profesional en relación con la cuestión social. El caso del trabajo social.* Espacio Editorial.

Schumacher, E. F. (2011). *Small is beautiful: A study of economics as if people mattered.* Random House.

Vigoya, A. (2002). *Bienestar social laboral. Una nueva propuesta.* Bogotá: Departamento Administrativo de la Función Pública.

Capítulo 5.

El Trabajo Social con las nuevas adicciones

ESTHER BÓDALO LOZANO
Universidad de Murcia

1. INTRODUCCIÓN

En los últimos años hemos asistido a un crecimiento sin precedentes de las Tecnologías de la Información y Comunicación (TIC), debido a las grandes facilidades que nos brindan, tales como la inmediatez de la información y de la comunicación, la utilización de estas como medio de ocio y entretenimiento, así como de socialización virtual.

Es un hecho evidente que el uso de las TIC ha tenido un gran peso en la forma en la cual nos comunicamos, convivimos, nos relacionamos, trabajamos, y han dado un vuelco en la forma en la cual concebimos nuestras vidas. Este mundo virtual con un ritmo de vida que nos cautiva e involucra cada día más en los aspectos tecnológicos, donde cada vez estamos más informados e interconectados, comporta el riesgo que nos desapega de la realidad y del entorno.

Se ha producido en consecuencia cambios sustanciales en la forma de entender actualmente las relaciones humanas, a la vez que se constata que algunas personas son incapaces de controlar los usos de las TIC, lo que produce que se desarrollen hábitos que interfieren en sus vínculos, su trabajo y/o su rendimiento académico (Marín et al, 2015; Sánchez-Carbonell et al, 2008). Las diferentes investigaciones nos confirman que, de los usos inadecuados de las TIC, comportan consecuencias a nivel de alteraciones afectivas y psicosociales, como desajustes del estado de ánimo, aumento del aislamiento social y deterioro de las relaciones más cercanas (García et al., 2008; Muñoz-Rivas et al, 2003).

Los patrones de ocio también se han visto modificados, más aún en las nuevas generaciones; actividades como chatear y/o navegar por internet, ver series en streaming o a la carta, hacer compras online, etc. están dibujando un tiempo libre individualizado y personalizado, desbancando a actividades como hacer deporte, salir con amigos, ir a discotecas/ir a bailar, o simplemente pasar el tiempo sin hacer nada, lo que se traduce en un aislamiento social cada mayor (Rodríguez y Ballesteros, 2019).

Las adiciones tecnológicas son consideradas en la actualidad como un problema de índole sanitario y social que merecen atención también por parte de los profesionales del Trabajo Social, en los individuos generan situaciones de pérdida de control, afectaciones en la conducta y situaciones de autoaislamiento, lo que impide un desarrollo normalizado de las personas. Se produce una adicción sin drogas o tecno adicciones. En este sentido, Bakioğlu (2020), indica que, el pasar mucho tiempo en internet puede hacer que la persona se aparte del mundo real, propiciando estados de dependencia o adicción y evite iniciar y mantener relaciones sociales, afectando negativamente a la autoeficacia social.

2. LA TECNO ADICCIÓN Y SUS TIPOS, CONSECUENCIAS A NIVEL INDIVIDUAL

El uso de las tecnologías de la información y de la comunicación han producido nuevos problemas derivados de un mal uso adaptativo o adictivo, empezándose a desarrollar en la sociedad un importante problema derivado del abuso o adicción a internet, independientemente del dispositivo. En 1996 la Dra. Kimberly Young acuñó el constructo de adicción a internet (InfoAdicction Disorder, IAD). como un conjunto de síntomas adictivos al utilizar el internet.

La adicción a Internet es un deterioro en el control de su uso que se manifiesta como un conjunto de síntomas cognitivos, conductuales y fisiológicos. Es decir, la persona netdependiente realiza un uso excesivo de Internet lo que le genera una distorsión de sus objetivos personales, familiares o profesionales (Young, 1998).

Las tecno adicciones son consideradas como una búsqueda de alternativas a las frustraciones que presentan las personas en la vida real. Se presenta un síndrome de abstinencia caracterizado por intensa angustia y ansiedad, una preocupación permanente por el objeto, irritabilidad y una necesidad compulsiva de retomar la conexión, que marca lo que se considera una dependencia.

Detrás de un uso abusivo de internet, el cual se puede utilizar para diferentes fines o para satisfacer una serie de necesidades, existe es un trastorno psicológico o carencia que se expresa a través de internet. La mayoría de las veces, la adicción a Internet es un trastorno secundario a otros como la fobia social, depresión, adicción al sexo, etc. que merecen así mismo también una adecuada atención por parte de los profesionales.

Parece ser que internet por sí solo, no produce adicción, serían las conductas reforzantes que proporciona (sexo, juegos, relaciones interpersonales, etc.) las que tendrían la capacidad de producir dependencia. La gente se hace adicta a multitud de cosas (juego, sexo, compras, etc.) algunas de ellas pueden aumentar su capacidad adictiva usando Internet como medio (Luengo, 2004).

El uso desadaptativo de las TIC nos remite al concepto de tecnoestrés, el cual se refiere a una enfermedad de adaptación causada por la falta de habilidad para tratar con las TIC de manera saludable (Hsiao, et al., 2017; Villavicencio-Ayub, et al., 2020).

La tecno adicción es el tecnoestrés específico debido a la incontrolable compulsión a utilizar TIC (tecnologías de la Información y la Comunicación) en 'todo momento y en todo lugar', y utilizarlas durante largos períodos de tiempo. Los tecno adictos son aquellas personas que quieren estar al día de los últimos avances tecnológicos y acaban siendo 'dependientes' de la tecnología, siendo el eje sobre el cual se estructuran sus vidas (Salanova, 2003).

Según esta definición, la tecnoadicción es un tipo de tecnoestrés que hace referencia a un estado psicológico negativo relacionado con el uso de TIC o amenaza de su uso en un futuro. Dicho autor explica que ese estado psicológico viene condicionado por la percepción de un desajuste entre las demandas y los recursos relacionados con el uso de las TIC que lleva a un alto nivel de activación psicofisiológica no placentera y al desarrollo de actitudes negativas (Caravaca Llamas, 2016).

El abuso de internet y las nuevas tecnologías producen importantes cambios a nivel conductual en las personas, quienes de manera progresiva pierden en el control. Al producirse interrupciones de conectividad aparecen síntomas de ansiedad, agresividad o ira (Tur-Porcar et al., 2019). También su uso genera entre otros síntomas como problemas de sueño, todas estas manifestaciones pueden causar un síndrome clínico, semejante a las adicciones por consumo de sustancias (Terán-Prieto, 2020).

Los diferentes estudios nos llevan a afirmar que las tecno adicciones se encuentran relacionadas con el estrés y niveles sintomatológicos de depresión. A ello se le asocian una serie de patologías como la hiperactividad, trastorno obsesivo compulsivo, déficit de atención, abuso de alcohol, trastornos de la conducta alimentaria y como hemos señalado del sueño. También se relaciona con una mayor impulsividad cognitiva y una baja autoestima, así como con la dificultad de establecer relaciones interpersonales (Monteiro et al., 2023).

Un aspecto en el cual debemos poner nuestro foco de atención y que emerge como un ámbito de actuación para los profesionales de lo social en las sociedades actuales, es la existencia de una relación muy importante entre los inadecuados usos de las TIC y ciertos desajustes en habilidades sociales, manejo del estrés, autoestima y satisfacción vital, que van a tener repercusiones en todas las esferas de la vida de los individuos, y más en los que esta situación se convierte en algo patológico.

En lo que respecta a los tipos de tecno adicciones haremos referencia de manera breve a las que consideramos más significativas: los juegos on line y videojuegos, la nomofobía, el síndrome FOMO y el sexting.

2.1 Juegos on line

La posibilidad de adicción a juegos on line, y a los juegos de rol *online*, se han convertido en un tema de interés, los llamados *Massively Multiplayer Online Role-Playing Games* (MMORPG). Estos juegos son claros exponentes de lo que puede suceder cuando jugar se convierte en adicción. Hay una serie de características como la facilidad para acceder al juego, la inmediatez de la recompensa y la falsa sensación de control del sujeto sobre sus resultados que hacen que el juego suponga una conducta con riesgo de transformarse en adictiva.

En este sentido como señala Uchuypoma (2017), el juego *online* tiene una serie de peculiaridades diferentes al juego presencial que pueden hacerle potencialmente peligroso, como es el fácil acceso a través de Internet, redes sociales y otras herramientas tecnológicas.

El juego online exacerba y aumenta la velocidad de los efectos negativos de la adicción, las repercusiones sobre la salud tanto psicológica como fisiológica pueden ser muy graves Son tres los factores que están relacionados significativamente con el uso patológico del juego online: el uso de juegos para escapar de la vida cotidiana, el uso de juegos como salida social y las actitudes positivas hacia la acumulación constante de recompensas en el juego (Hilgard et al., 2013).

Los youtubers a través de la retrasmisión de sus partidas en plataformas de streaming tipo Twitch o Kick, hacen que aumente ese poder de enganche, los creadores de contenido se muestran jugando a los videojuegos para ser vistos por un multitud de usuarios Ello significa que la importancia de los videojuegos se ha generalizado a unos niveles, que ya no sólo se basa en jugar físicamente, sino también, pasar horas consumiendo contenido sobre éstos, con las consecuencias que ello conlleva en los individuos (Redondo Piñas, 2018).

2.2 Síndrome FOMO

La expresión Fear of Missing Out significa miedo a estar ausente o a perderse algo. Es un tipo de ansiedad social caracterizada por un deseo de estar continuamente conectado con lo que otros están haciendo, se origina por la aparición de angustia a consecuencia de una falta de experiencias gratificantes. Las personas que poseen esta patología buscan constantemente estar en interacción a través de las redes sociales porque sienten inseguridad al estar "ausentes".

Como lo definen Elhai et al (2020) es la necesidad de mantenerse conectado al uso de las Tecnologías de la Información y Comunicación (TIC) y Redes Sociales (RRSS), para observar cómo lo están pasando el resto de los familiares, amigos y/o conocidos, mediante sus publicaciones en los diferentes perfiles virtuales (Facebook, Twitter, Instagram, Ning, Tiktok, etc.).

2.3 Nomofobia

La nomofobia es la abreviatura del término británico No-mobile-phone-phobia refiere a la dependencia al teléfono móvil y describe el miedo irracional a no tener acceso a este recurso disponible a la hora de interactuar, además de que su uso continuo e inadecuado genera problemas de adicción y dependencia (Quesada Varela y Carballo Pintos, 2017).

Ante la falta de este dispositivo la persona entra en un alto grado de estrés, lo que provoca cambios en la conducta y una pérdida de la capacidad para establecer relaciones interpersonales (Sosa, 2020). Se generan estados de miedo nerviosismo, ansiedad en la persona si el móvil no puede ser utilizado inmediatamente.

2.4 Sexting

Las redes sociales son consideradas en la actualidad no son solo un medio para la socialización, sino también para expresar la sexualidad, el sexting es la expresión de la sexualidad por medio de conversaciones personales con contenido sexualmente sugestivo a manera tanto de texto, imagen o video.

El sexting genera un problema cuando los sujetos (sobre todo los jóvenes), se exponen a diversos riesgos que derivan de un mal uso por parte de los otros de los contenidos sexuales que son enviados. Estos riesgos están íntimamente relacionados con la facilidad de trasmitir fotos o videos de una persona a otra en Internet, la ilimitada permanencia de este material en la red y el hecho de que cualquiera pueda acceder a esos contenidos en el futuro (Gámez-Guadix y Mateos-Pérez, 2019).

Entre las consecuencias de esta conducta se encuentran la pérdida de privacidad, el grooming, distribución de pornografía infantil, vulneración del derecho a la intimidad, el bullying o ciberbullying y la sextorsión.

La generalización de las TIC en la vida de los jóvenes se puede considerar como alarmante lo que conlleva el favorecimiento de una educación que fomenta la conducta rápida dejando de permitir la reflexión y el pensamiento crítico en los/as mismos/as (Pérez de Albéniz Garrote, 2013).

Se trata una generación que ha crecido alrededor de las nuevas tecnologías, sus vidas giran alrededor de estas. El tiempo de ocio, su educación/formación, y sus formas de relación están condicionadas por ellas. Los adolescentes que hacen un uso problemático de las tecnologías presentan ciertos rasgos psicosociales comunes como insatisfacción vital, insuficiente cohesividad grupal y apoyo familiar, tendencia a la introversión, pensamientos negativos, incomodidad con las relaciones sociales reales y conflictos identitarios (Fioravanti et al, 2012; Gómez et al, 2014 y Kuss et al, 2013). También coincide con perfiles de jóvenes con baja autoestima, niveles altos de neuroticismo, y personalidades impulsivas.

Un dato a tener en cuenta según la Organización Mundial de la Salud es que la segunda causa de muerte entre las edades de 15 a 29 años son la ideación suicida y las conductas suicidas, estas conductas están relacionadas con el abuso de sustancias y el uso abusivo de internet (Bousoño et al, 2017).

3. UN NUEVO ÁMBITO DE INTERVENCIÓN PARA EL TRABAJO SOCIAL Y EL PAPEL DESARROLLADO POR LOS PROFESIONALES DEL TRABAJO SOCIAL EN LAS MISMAS

El Trabajo Social es una disciplina que tiene una trayectoria de más de medio siglo en el ámbito de las adicciones. Actualmente, en el plano internacional, el Trabajo Social en el campo de adicciones se ha ido relacionando con los ámbitos de prevención, tratamiento y reinserción social a través del trabajo con jóvenes, familias, personas privadas de libertad, mujeres o personas vulnerables (Sixto-Costoya y Olivar, 2018). Por su carácter tanto asistencial como holístico el Trabajo Social, emerge como disciplina idónea y necesaria en el tratamiento de adicciones a las TIC.

La prevención respecto a la adicción a las nuevas tecnologías se considera un factor clave, podríamos hacer referencia a las medidas relacionadas con la alfabetización, información y concienciación respecto al uso de internet y sus consecuencias para la salud, implementar estrategias tales la prohibición de la utilización de teléfonos inteligentes en determinados contextos como el educativo, supervisión del uso y acceso a los contenidos en línea y su duración, trabajar en relación al contenido creado y encontrado en línea y encontrar un equilibrio entre el aspecto recreativo del uso de las TICS y sus objetivos (Throuvala et., 2021).

Otra medida, sobre todo enfocada a los adolescentes, aunque extensible a otros colectivos de población es impulsar la práctica deportiva regular que implicará importantes beneficios a nivel de salud actuando como un elemento protector frente al uso abusivo de las tecnologías.

El trabajo preventivo realizado con las familias también es fundamental respecto a un control a la hora de restringir el uso de las tecnologías unas determinadas horas, y sobre todo a la hora de dormir ya que ello tiene importantes repercusiones en la calidad del sueño. Mejorar la calidad de las amistades de los adolescentes podría actuar como elemento preventivo ya que su comportamiento y pensamiento se ven influenciados por ello. La interacción con amistades con trastornos de la adicción es factor que predispone a ello.

En este sentido es necesario capacitar a los padres para que adquieran los instrumentos adecuados para dirigir a sus hijos hacia una crianza digital responsable y basada en evidencia, donde se incluyan los tiempos, los contenidos y que estén dentro de contexto (Viteri-Oñate et al., 2023).

Otros aspectos que pueden actuar como elemento preventivo son la implementación de programas formativos relativos a la mejora de la regulación de las habilidades emocionales y sociales, así como el entrenamiento en técnicas de control de la impulsividad frente a los patrones tecno adictivos. Se trata de adquirir con la ayuda profesional nuevos hábitos y conductas y lograr que estas se mantengan en el tiempo.

La prevención, por lo tanto, puede actuar como un instrumento valioso para evitar el impacto negativo, aunque no podemos olvidar la labor de tratamiento del trabajador social en la intervención con estas nuevas problemáticas y cuyas consecuencias derivadas del abuso de las TIC estamos empezando a conocer. Por otra parte, la acción rehabilitadora llevada a cabo por los trabajadores sociales en cuando a la problemática generalista de las adicciones pretende la superación de dicha adicción y la adquisición de nuevas pautas y modificaciones de conductas que reduzcan la ansiedad y determinen el autocontrol.

Una de las características principales a tener en cuenta para el desarrollo de programas enfocados a la rehabilitación de las personas con esta problemática, debe ser su flexibilidad y adaptación a las características del individuo, enfocando un tratamiento psicológico y social.

El Trabajo Social como disciplina ha aportado al tema de las adiciones desde su campo de conocimiento una visión socializadora, además de estar presente en muchos equipos de trabajo, lo cual es imprescindible en la actualidad para la rehabilitación e incorporación social de los sujetos afectados por las llamadas tecno adicciones.

Se trata de cambiar el estilo de vida de la persona que sufre adicción, para que pueda obtener beneficios como la satisfacción por el desempeño otro tipo de actividades más beneficiosas como ver cara a cara a los amigos o promocionar nuevas amistades ante la posibilidad de haberse encerrado en el exceso de las TIC por carecer de redes de amistad. Debemos recuperar o volver a generar las esferas de la vida de la persona adicta que se han visto dañadas a consecuencia de la adicción generada: laboral, amistades, familia, etc., además de saber gestionar el tiempo y el autocontrol.

Por lo tanto, se hace indispensable trabajar en la línea de propuestas tanto de prevención como de tratamiento (Greenfield, 2009; Marco y Chóliz, 2013; Mayorgas, 2009) al objeto de proponer intervenciones integrales (psicoeducación, intervención psicosocial, entrenamiento en técnicas de autocontrol y manejo del estrés, reeducación emocional, etc.) que promuevan un uso adaptativo de estas nuevas tecnologías.

Las principales aportaciones de las intervenciones del Trabajo Social en las nuevas adicciones destacan sobre todo en el área educativa y de la prevención de dicha problemática, mediante la promoción del sentido crítico hacia los nuevos estilos de vida que están emergiendo basados en las relaciones digitales y, por ello, recuperar el contacto humano de las relaciones sociales.

4. BIBLIOGRAFÍA

Bakioğlu, F. (2020). Adicción a internet y autoeficacia social: El papel mediador de la soledad. *Anales de Psicología, 36*(3), 435-442. https://doi.org/10.6018/analesps.36.3.394031

Bousoño, M., Al-Halabí, S., Burón, P., Garrido, M., Díaz-Mesa, E. M., Galván, G., García-Alvarez, L., Carli, V., Hoven, C., Sarchiapone, M., Wasserman, D., Bousoño, M., García-Portilla, M. P., Iglesias, C., Sáiz, P. A., y Bobes, J. (2017). Uso y abuso de sustancias psicotrópicas e internet, psicopatología e ideación suicida en adolescentes. *Adicciones,* 29(2), 97-104.

Caravaca Llamas, C (2016). Los nuevos ámbitos de Intervención desde el ejercicio libre en Trabajo social. *La Razón histórica: revista hispanoamericana de historia de las ideas políticas y sociales,* 33, 181-202.

Elhai, J.D., Gallinari, E.F., Rozgonjuk, D., y Yang, H. (2020). Depression, anxiety and fear of missing out as correlates of social, non-social and problematic smartphone use. *Addictive Behaviors,* 105, 1-7. https://doi.org/10.1016/j. addbeh.2020.106335

Fioravanti, G., Dèttore, D. y Casale, S. (2012). Adolescent Internet addiction: Testing the association between self-esteem, the perception of Internet attributes, and preference for online social interactions. *Cyberpsychology, Behavior, and Social Networking, 15,* 318-323.

Gámez-Guadix, M., y Mateos-Pérez, E. (2019). Longitudinal and reciprocal relationships between sexting, online sexual solicitations, and cyberbullying among minors. *Computers in Human Behavior,* 94, 70-76.

García, J., Terol, M., Nieto, M., Lledó, A., Sánchez, S., Martín-Aragón, M. y Sitges, E. (2008). Uso y abuso de Internet en jóvenes universitarios. *Adicciones, 20*(2), 131-142.

Gómez, P., Rial, A., Braña, T., Varela, J. y Barreiro, C. (2014). Evaluation and early detection of problematic Internet use in adolescents. *Psicothema, 26,* 21-26.

Hamilton, W. A., Garretson, O., y Kerne, A. (26 de abril de 2014). *Streaming on twitch: fostering participatory communities of play within live mixed media.* Conference on human factors in computing systems, Toronto, Canadá.

Hilgard, J., Engelhardt, C. R., y Bartholow, B. D. (2013). Individual differences in motives, preferences, and pathology in video games: the gaming attitudes, motives, and experiences scales (GAMES). *Frontiers in Psychology,* 4, Article 608. https://doi.org/10.3389/fpsyg.2013.00608

Hsiao, K. L., Shu, Y., y Huang, T. C. (2017). Exploring the Effect of Compulsive Social App Usage on Technostress and Academic Performance: Perspectives from Personality Traits. *Telematics and Informatics.* 34(2), 679-690. https://doi.org/10.1016/j.tele.2016.11.001

Kuss, D. J., Griffiths, M. D. y Binder, J. F. (2013). Internet addiction in students: Prevalence and risk factors. *Computers in Human Behavior, 29,* 959- 966

Luengo López, A. (2004). Adicción a internet: conceptualización y propuesta de intervención. *Revista profesional española de terapia cognitivo-conductual,* 2 (1), 22-52.

Marco, C. y Chóliz, M. (2013). Tratamiento cognitivo-conductual en un caso de adicción a Internet y juego patológico. *International Journal of Psychology and Psychological Therapy, 13*(1),125-141.

Marín, V., Sampedro, B. E., y Muñoz, J. M. (2015). ¿Son adictos a las redes sociales los estudiantes universitarios? *Revista Complutense de Educación, 26*(1), 233-251.

Monteiro, A. P., Sousa, M., y Correia, E. (2023). Adição à Internet e relação com ansiedade, depressão, stress e tempo online em estudantes universitários. *CES Psicología,* 16(1), 45-61. https://doi. org/10.21615/cesp.6255

Muñoz-Rivas, M. J., Navarro, M. E. y Ortega, N. (2003). Patrones de uso de Internet en población universitaria española. *Adicciones, 15,* 137-144.

Quesada Varela, V. J., y Carballo Pintos, I. C. (2017). Nomofobia ¿Qué es? *Cadernos de atención primaria,* 23(1), 37-39.

Pérez de Albéniz Garrote, G. (2013). *Uso y abuso de tecnologías en adolescentes y su relación con algunas variables de personalidad, estilos de crianza, consumo de alcohol y autopercepción como estudiante.* [Tesis Doctoral, Universidad de Burgos]. RIUBU.

Redondo Piñas, C. (2018). *Comportamiento de los consumidores de plataformas de vídeo en streaming.* [Trabajo de Fin de Grado, Universidad Complutense de Madrid]. DOCTA.

Rodríguez, E. y Ballesteros, J. C. (2019). Jóvenes, ocio y TIC. *Una mirada a la estructura vital de la juventud desde los referentes del tiempo libre y las tecnologías.* Centro Reina Sofía sobre Adolescencia y Juventud. Fundación de Ayuda contra la Drogadicción (FAD).

Salanova, M. (2003). Trabajando con tecnologías y afrontando el tecnoestrés: el rol de las creencias de eficacia. *Revista de Psicología del Trabajo y de las Organizaciones,*19, 225-247.

Sánchez-Carbonell, X., Beranuy, M., Castellana, M., Chamarro, A. y Oberst, U. (2008). La adicción a Internet y a móvil: ¿moda o trastorno? *Adicciones,* 20(2), 149-160.

Sixto-Costoya, A, y Olivar, A. (2018). Educación social y Trabajo social en adicciones: Recuperar el territorio colaborando. *Revista de Educación Social,* (26), 141-158.

Sosa Manchego, L. (2020*). Factores problemáticos relacionados a la nomofobia.* Sinergias educativas. https://doi.org/10.37954/se.vi.267

Terán Prieto, A. (2020). Ciberadicciones. *Adicción a las nuevas tecnologías de la información y la comunicación (NTIC).* Congreso de actualización en Pediatría, Madrid. https://docplayer.es/182648765-Ciberadiccionesadiccion-a-las-nuevas-tecnologias-de-lainformacion-y-la-comunicacion-ntic.html

Throuvala, M.A.; Griffiths, M.D.; Rennoldson, M. y Kuss, D.J. (2021). Policy Recommendations for Preventing Problematic Internet Use in Schools: A Qualitative Study of Parental Perspectives. *Int. J. Environ. Res. Public Health,*18, 4522. https://doi.org/10.3390/ijerph18094522

Tur-Porcar, A. M., Doménech, A., y Jiménez, J. (2019). Eficacia académica percibida, crianza, uso de internet y comportamiento en la adolescencia. *Revista Latinoamericana de Psicología, 51*(1). https://doi.org/10.14349/rlp.2019.v51.n1.5

Uchuypoma, D. (2017). Juegos online: una mirada desde el juego patológico. *Hamut´ay 4*(2), 55-64.

Villavicencio-Ayub, E., Ibarra Aguilar, D. G., y Calleja, N. (2020). Tecnoestrés en población mexicana y su relación con variables sociodemográficas y laborales. *Psicogente, 23*(44), 1–27. https://doi.org/10.17081/psico.23.44.3473

Viteri-Oñate, H., Cazar-García, J., Fuenmayor-González, L., Andrade-Mafla, J., Freire-Erazo, A., y Guayasamín-Tipanta, G. (2023). Adicción al internet y su efecto, nocivo en adolescentes. Una mirada desde la prevención. *Revista De La Facultad De Ciencias Médicas (Quito), 48*(2), 131–143. https://doi.org/10.29166/rfcmq.v48i2.5863

Young, K. S. (1998). Internet addiction: The emergence of a new clinical disorder. *CyberPsychology & Behavior, 1*(3), 237–244. https://doi.org/10.1089/cpb.1998.1.237

Bloque II.

Nuevas estrategias de intervención desde el Trabajo Social

Capítulo 6.

Uso y desarrollo de las TICs en Trabajo Social

SERGIO FERNÁNDEZ RIQUELME
Universidad de Murcia

1. INTRODUCCIÓN. EL TRABAJO SOCIAL ANTE LA REALIDAD DIGITAL

Una nueva sociedad necesita de la innovación en el Trabajo Social, porque el progreso técnico marca, y transforma, las formas de vivir y convivir. En el siglo XXI han mutado las maneras de relacionarnos y comunicarnos, tanto en los consensos posibles como en los conflictos emergentes. De esta manera, la acción social y sus procesos de intervención, como instrumento básico de integración, deben conocer y confrontar el funcionamiento de las nuevas tecnologías digitales que tanto nos marcan y nos cambian, atendiendo el impacto individual y colectivo en las comunidades donde trabajan y donde actúan, midiendo tanto su función al servicio de resolución de los problemas y necesidades sociales objeto de atención, como su papel en la génesis o en las consecuencias de los mismas a corto y largo plazo.

Así, el Trabajo Social y otras disciplinas político-sociales tienen que incluirlas, integralmente, en sus métodos y protocolos (interrelacionando investigación, organización, inserción y divulgación) en beneficio de la mejora de los medios y niveles de inserción de los usuarios de los Servicios Sociales, y como fuente básica para conocer la raíz de las demandas, explícitas o escondidas, que ellas muestran o provocan. Por ello, es imprescindible el aumento del conocimiento y uso por instituciones, profesionales y usuarios, participando incluso en los procesos de la creación y diseño de las tecnologías de impacto social, desde la innovación y el desarrollo (I+D-i). Y, asimismo, reivindicando su utilización primordial para mejorar el bienestar ciudadano y los derechos sociales, ante los cambios presentes y futuros del Estado del bienestar que aparecen, como oportunidades o riegos, en el horizonte histórico.

Cambia el mundo y debe cambiar el Trabajo Social. Lo tecnológico afecta, como a cualquier esfera de la vida y como a cualquier otra disciplina, a los medios de la Política Social, metodológica e institucionalmente. La mudanza de ideas y herramientas es parte consustancial de la vida individual y colectiva, y lo debe ser de la disciplina, siempre bien entendida y controlada: en los usuarios con los que trabaja, en las comunidades de referencia y de pertenencia donde interviene y en las organizaciones para las que actúa. Por ello, hay que estudiar, conocer y participar en esta realidad que influye, especialmente, en su acción científica y profesional ante la propia idiosincrasia de la problemática del Trabajo Social respecto a este fenómeno globalizado: la desigualdad y la exclusión que puede crecer o puede reducirse ante el impacto de la llamada "brecha digital", en las instituciones de los Servicios Sociales y en los ciudadanos a los que debe acompañar ante la situación o el riego de exclusión.

Un proceso de adaptación, eso sí, que conlleva atender, siempre, la dimensión ética de *lo tecnológico* en su uso y abuso, evaluando continuamente sus oportunidades y límites (Cabezas, 2013), ante el impacto de la innovación en todas las esferas de convivencia social (bajo estrictas normas deontológicas, como ya estableció la *National Asociation for Social Workers* o NASW en 2005). Porque nuevas palabras e ingenios se suceden rápidamente, y a veces son de fácil uso y a veces de complicado entendimiento. Robótica y domótica, inteligencia artificial y Big data, nubes virtuales y comunicación instantánea (Treré, 2015); un universo de infinitas posibilidades tecnológicas se abre en la era de la globalización, y del que hay que aprender en las competencias necesarias para el ejercicio profesional y para la integración de los usuarios de los Servicios Sociales (Ayala, 1999; Colón, 2000). En este sentido, el Trabajo Social debe evitar que esa "brecha" se traduzca en nuevas desigualdades, en la radicalización de las heredadas y en se quede atrás como disciplina y que lo hagan aquellos que más necesitan su participación igualitaria en la comunidad, como se advirtió en la pionera revista sobre el tema, *Computing and Social Services* (1985).

Trabajo Social 3.0, Trabajo Social online, Trabajo Social digital... Estas son algunas de las definiciones sobre la incorporación de los instrumentos digitales para investigar el mundo que nos rodea (cualitativa y cuantitativamente), marcados por cuatro grandes dimensiones: investigar desde la red (en sus fuentes y con sus medios), integrar de manera adaptada (individual y colectivamente), organizar la labor (conectados en vivo y en directo) y difundir en la red (académica y socialmente). Cuatro dimensiones que el Trabajo Social debe conocer, comprender y usar, modificando el rol de la disciplina a nivel de procedimientos, pero no en su esencia transformadora y reivindicativa. Porque la "*innovación social*" no le debe costar tanto a esta ciencia tan aplicada, desde la academia o en la profesión, ya que nuestros pioneros han estado en la vanguardia del estudio e intervención, creativamente, de los derechos, las necesidades y las soluciones reclamadas por la colectividad.

2. INVESTIGANDO

No hay acción social real y de impacto sin una fundamentación suficiente, que la justifique y legitime. Por ello, Intervenir conlleva siempre investigar, desde la ciencia (como en la producción académica) y desde la práctica (como en el clásico trabajo de campo). Pero ahora es el tiempo del mundo digital, donde casi todo se publica y casi todo se relaciona, por lo que el Trabajo Social debe imperiosamente conocer como acceder y como tratar la información generada en repositorios e instrumentos tecnológicos virtuales tales como Publicaciones digitales, Bases de datos, Recursos estadísticos, Recogida de datos y el novedoso mundo del Big Data.

2.1 Publicaciones digitales

Muy poca cosa se publica ya en papel. El conocimiento académico y divulgativo encuentra su espacio de publicación e investigación en las revistas digitales. En especial las publicaciones científicas (generalmente ejecutadas a través del modelo *Open Journal System*, OJS) se han convertido en una de las grandes fuentes de información y de divulgación de la investigación: de ellas extraemos información contrastada y en ellas aportamos aquello que estamos estudiando. Revistas donde se encuentra la novedad y la innovación en la investigación, en este caso en el Trabajo Social y los Servicios Sociales, siendo el punto de partida para saber si el trabajo ya está realizado, qué se sabe del mismo, qué se puede aportar o revisar, y dónde se puede publicar.

Pero publicaciones que deben acreditar su calidad científica, tanto en su constitución (aceptando normas de publicación homologadas, revisión por pares, comités científicos públicos, periodicidad estable), como en los trabajos que publica (bajo criterios de calidad como el uso de normas APA de citación, de una metodología homologada o de capacidad de innovación). Así deben aparecer recogidas y evaluadas en su impacto, por ejemplo, en la Web of Science (WOS) de Thomson Reuters, en Scopus de Elsevier, o en Google Scholar Metrics (GSM), o en el caso español en Latindex, Miar o Redib. En este campo podemos aportar los principales repositorios para acceder a las revistas científicas más destacas en su prestigio, impacto o relevancia (nacional e internacionalmente), tanto del Trabajo Social (en España *Cuadernos de*

Trabajo Social, Azarbe, Portularia, Trabajo Social hoy, Alternativas, Margen, Trabajo Social y Salud, Revista de Servicios Sociales y Política Social, etc.) como de áreas interrelacionadas o auxiliares (desde la sociología a la antropología), y que deben encontrarse indizadas, por ejemplo, en:

- Dialnet. *Portal de difusión de la producción científica hispana.*
- DOAJ. *Directorio de revistas Open Access.*
- e-Revist@s. *Plataforma Open Access de Revistas Científicas Electrónicas.*
- ISI Web of Knowledge. ThomsonReuters-ISI (acceso vía FECYT).
- ISOC-CSIC. Base de datos de la producción científica española.
- LATINDEX. *Sistema de Información en Línea para Revistas Científicas.*
- Redalyc. *Portal de revistas de Latinoamérica, España y Portugal.*
- SciELO. *Scientific Electronic Library Online.*

Pero no todo no acaba en las revistas digitales (y mucho menos en portales wiki sin certificación. desde no debería ni siquiera empezar). También se puede obtener información digital, cuantitativa o cualitativamente contrastada, desde diferentes fuentes documentales, como libros, tesis doctorales, o informes especializados. Para ello se pueden consultar, a nivel cualitativo portales como los siguientes: Agencia Española del ISBN. Bases de datos de libros y de editores españoles; APA Databases. Bases de datos de la Asociación Americana de Psicología; Biblioteca Nacional de España. Bibliografía Española en línea; EconLit. American Economic Association. Base de datos de economía; Teseo. Base de datos de tesis doctorales españolas; o las diferentes encuestas de opinión realizadas por el Centro de Investigaciones sociológicas (CIS), amén de otras instituciones nacionales e internacionales. Y a nivel cuantitativo, y también a través de la red, aunque no siempre en acceso abierto, podemos destacar las siguientes instituciones que permiten establecer la amplitud y calidad del proceso: CEPAL. Comisión Económica para América Latina y el Caribe; EuroStat. Estadísticas de la Unión Europea; Fundación FOESSA: Informes Análisis y Perspectivas; INE. Instituto Nacional de Estadística; OMS. Organización Mundial de la Salud; y, especialmente, trabajando sobre los informes de los Servicios Sociales, los Padrones municipales y las estadísticas sectoriales de los programas, servicios y prestaciones de las Consejerías regionales.

2.2 Bases de datos

En el campo del Trabajo Social destaca la creación y uso de la Base de datos del sistema SIUSS (Gil, 1996). Una aplicación informática que, mediante una ficha social digital e individualizada, recoge las actuaciones profesionales de la Intervención de los Servicios Sociales a nivel centralizado, como conjunto de acciones planificadas que se desarrollan a través de un proceso de interacciones entre el profesional y el usuario, con el objeto de prevenir, o, en su caso paliar, remediar o resolver, situaciones o necesidades. Ficha que permite el seguimiento y la comparación, en tiempo real, de las acciones y servicios en una zona determinada, al contener los siguientes elementos: a) El usuario; b) La valoración social, c) La demanda, d) El recurso idóneo, y e) El recurso aplicado.

2.3 Recolección de información

Recoger, seleccionar y sistematizar la información es fundamental en Trabajo Social. Para ello existen métodos de investigación basados en técnicas de recolección directa de información útil, valiosa y de primera mano. Son herramientas de recogida de información propias de la metodología de investigación en ciencias sociales, teóricas y aplicadas, cuantitativas y cuantitativas (o mixtas), que se adaptan a las posibilidades y exigencias de la Sociedad de la Información. Modernos métodos y técnicas para el trabajo de campo y el documental, en los llamados "*entornos virtuales*" en los que afronta su intervención el Trabajo Social (Verd y López-Roldán, 2008), como:

- Entrevista personal asistida por ordenador (CAPI).
- Encuesta telefónica asistida por ordenador (CATI).
- Grupos focales virtuales con sesiones on-line y plataformas (de Skype a Chats).
- Netnografía: método virtual de recogida de información etnográfica desde la observación participante o no participante.
- Análisis digital de contenido.
- Medios audiovisuales de registro sistemático.
- Documentos producidos en entornos virtuales (textuales, hipertextuales, multimedia e hipermediales).

2.4 El mundo del Big data

Aunque no directamente, pero si mediante profesionales preparados para ello, la investigación en Trabajo Social puede acceder a conocer y usar la enorme información obtenida en el Big Data, que resulta de las enormes relaciones socioeconómicas del tiempo presente en redes y plataformas (de comercio electrónico, por ejemplo) y de la que participan nuestros usuarios e instituciones (desde lo que se compra hasta lo que se vende, de cómo nos relacionamos y con quién nos relacionamos). Un moderno sistema para analizar estos datos masivos de nuestra convivencia digital (extrayendo la "*inteligencia de los datos*"), los cuales superan la capacidad del software convencional para ser capturados, administrados y procesados en un tiempo razonable; y que se vinculan a la gestión de los mismos desde la recolección y el almacenamiento, búsqueda, compartición, análisis y visualización (Mejía, 2015). Supone, así, un tratamiento sistemático y sintético que permite estudiar, así, gran cantidad de datos vinculados, en ciencias sociales, a tendencias y problemas comunitarios que es preciso investigar por su urgencia o impacto, como demuestra análisis pioneros bajo este instrumento en Teleasistencia (Moreno y Lara, 2017). Algunos modelos que incluyen este sistema son Hadoop, NoSQL, Cassandra, inteligencia empresarial, aprendizaje automático y MapReduce, que tratan con tres tipos de Big data: estructurados, no estructurados y semiestructurados. En ellos se recogen, en sus tendencias y concurrencias, la serie de datos generados por las personas en las redes virtuales y en los correos electrónicos de especial relevancia, en este caso, para el Trabajo Social y los Servicios Sociales en sus usuarios y en sus instituciones: por las transacciones de metadatos (fecha y momento determinado, lugar concreto, entre unos usuarios registrados); por el *Marketing* electrónico y web (de la mercadotecnia a las tendencias de uso o visita); por el medio "*máquina a máquina*" (*machine to machine,* M2M), procedentes de tecnologías que comparten los mismos datos con dispositivos medidores y sensores; y por la biométrica (seguridad, defensa y servicios de inteligencia). Y los analiza a través de las plataformas "*extraer, transformar y cargar*" (ETL), que obtienen los datos de las diferentes fuentes y sistemas señalados, realizando inmediatamente transformaciones (conversiones de datos, limpieza de datos sucios o cambios de formato), y cargando los mismos en una base de datos o almacén especificado.

3. INTEGRANDO

Continuamente se diseñan, se generan (y se venden) numerosas aplicaciones técnicas y digitales que pueden servir para mejorar los itinerarios de integración de las personas en exclusión social o en riego de estarlo y de los usuarios de los Servicios Sociales en diferentes campos de actuación emergente. Por ello, el Trabajo Social no solo debe conocer dichas aplicaciones; tiene que saber usarlas socialmente y, sobre todo, tienen que abrir sus puertas académicas e investigadoras a la generación de las mismas desde la formación y la profesión, como factor de innovación y desarrollo en sus campos de trabajo. Ahora bien; las Tecnologías pueden ser instrumentos para la inclusión, pero también barreras que impidan a determinados usuarios y colectivos su plena participación en la vida comunitaria.

La integración social también tiene que ser tecnológica, superando la "brecha" por causas de discapacidad, envejecimiento o exclusión. Es fundamental el aumento del acceso igualitario a internet de banda ancha y a los instrumentos digitales de información y comunicación (desde la inversión pública y la iniciativa privada, superando las barreras por estrato y por ingresos, por región o localidad, por edad y origen); la mejora de la formación, adaptada eso sí, en el uso responsable y productivo de las aplicaciones tecnológicas y las redes sociales (desde cursos especializados a nivel comunitario, perfiles profesionales y titulaciones correspondientes al I+D+i, Bibliotecas digitales de libre acceso); e impulsar los mecanismos administrativos y empresariales digitales para el emprendimiento socioeconómico y el asociacionismo cívico (portales únicos y accesibles, marketing y responsabilidad social corporativa). En esta dimensión específica señalamos cinco campos de significada importancia (entre otros) por la penetración de la tecnología en el conocimiento de demandas y necesidades, y en la generación de recursos de integración de los usuarios.

3.1 Tecnología adaptada de acceso a la Información y Comunicación

Todos tenemos necesidades especiales, aunque unos más que otros. La revolución tecnológica puede ayudar a atenderlas o puede ser factor de crecimiento de las mismas. El Trabajo Social debe conocerlas, y aprender se está haciendo en el campo de la dependencia y la discapacidad, como sector donde más se puede comprobar el impacto digital, en sus causas y consecuencias, de las necesidades especiales. Recientes estudios demuestran que muchos usuarios de sus colectivos ya integran en sus vidas y acciones los medios técnicos normalizados. El 84% de las personas con discapacidad afirmaban que las nuevas tecnologías habían mejorado su calidad de vida, siendo los usuarios que hacían mayor uso de las nuevas Apps integradoras aquellos con discapacidad visual (77%), seguidos por los que presentaban discapacidad auditiva (73%), física (65%) e intelectual (50%).

Es un hecho que las innovaciones tecnológicas mejoran la capacidad de integración funcional de los usuarios de Servicios Sociales. Se convierten en herramienta esencial, bien adaptada e informada, para ayudar a ejercer su derecho al acceso a una vida lo más normalizada posible, en igualdad de oportunidades. Impacto integrador que se demuestra, respecto al acceso a la comunicación e información, en el innovador sector de la Tiflotecnología, en los inventos sorprendentes para la rehabilitación funcional, o en la mejora de la accesibilidad y la movilidad (De Miguel, 2016); aunque una realidad ante la que siempre hay que tener presentes las exigencias éticas propias del Trabajo Social: independencia, cuidado y autonomía (Cordero y Palacios, 2017).

La aparición de *Sistemas alternativos de mejora de la Comunicación y la relación* (con o sin ayuda) es un gran logro y un gran ejemplo: sistemas digitales de desarrollo de tecnologías del Habla, o instrumentos multimedia interactivos de rehabilitación cognitiva que efectivamente permiten una mejora de la integración de los ciudadanos con esta dependencia, discapacidad, necesidad especial. Tecnologías que se hacen cada vez más presentes en las vías normalizadas de acceso a la comunicación y a la información en ordenadores, telefonía móvil y medios digitales, resolviendo necesidades concretas y demandas específicas. Los usuarios con necesidades especiales también necesitan ser parte de este mundo tecnológico en constante cambio, para ser parte plena de la comunidad.

En lo referente a las aplicaciones móviles entre las personas con discapacidad auditiva, los recursos tecnológicos más usados son *Petralex*, un aparato auditivo artificial que adapta el nivel del sonido ambiente a las necesidades del usuario; *AVA*, una app que ayuda a transcribir en tiempo real una conversación grupal sin necesidad de leer los labios, emplear lenguaje de signos o contratar un intérprete humano; *Pedius*, que permite llamar utilizando tecnologías de síntesis y reconocimiento vocal; los audífonos de Apple, incorporados al móvil como dispositivo Bluetooth; *MyEarDroid*, donde se reciben notificaciones sobre los sonidos que se están produciendo (desde una alarma de incendios a una canción que suena); *Usound* y sus opciones de configuración de las funcionalidades del sistema operativo para terminales

Android e iOS (creando incluso un audífono improvisado que aumenta el volumen de las conversaciones).

Para las personas con discapacidad intelectual podemos citar *Pictogramas*, un sistema ayuda a la comunicación a través de iconografías o accesos guiados que limitan el teléfono a una única aplicación centrada en una única tarea; BIT, iniciativa para acercar el uso de estas tecnologías a las personas con Síndrome de Down y/o retraso mental, aumentando sus posibilidades de integración al ámbito educativo, social y laboral; el proyecto *Conectados por la Accesibilidad* (#Conecta2XAccesibilidad), que promueve que las personas con discapacidad intelectual o del desarrollo participen activamente en la sociedad a través de las TICs (con la adquisición de productos tecnológicos adaptados a sus necesidades); el proyecto APCA, o integración social a la realidad digital del colectivo de personas con parálisis cerebral a través del asesoramiento, investigación y colaboración, desarrollado videojuegos adaptados a usuarios con parálisis cerebral o sistemas de comunicación; o aplicaciones como *DILO*, para usuarios que padecen trastornos cognitivos o físicos que limitan su capacidad comunicativa, *Ablah*, diseñada particularmente para usuarios con trastornos en el lenguaje (del autismo al síndrome de Down), los profesionales y sus familias.

3.2 La Tiflotecnología o instrumentos para la deficiencia visual

El Trabajo Social ha sido pionero en muchos campos, y en campo de las nuevas tecnologías ha aportado mucho al sector desde la Tiflotecnología: un conjunto específico de técnicas, conocimientos y recursos encaminados a procurar a las personas con ceguera o deficiencia visual los medios oportunos para su correcta utilización. Numerosos dispositivos tecnológicos han sido inventados para tales colectivos o adaptados para ellos, evitando que sean un factor más de desventaja o segregación para determinados ciudadanos (Boix et al, 2007), mejorando su accesibilidad desde el mismo momento de su concepción, diseño y producción, o revisión, en la búsqueda de soluciones para las personas con ceguera y deficiencia visual en distintos ámbitos de su autonomía y bienestar: cultura, vida diaria, educación, empleo, movilidad, ocio, etc. (Sánchez-García, 2017).

Las personas con deficiencia visual y necesidades especiales en este campo pueden encontrar aplicaciones del lenguaje Braille o instrumentos funcionales como los asistentes (Siri, Cortana, etc.). Además, las invenciones se suceden, con aplicaciones diversas: *VoiceOver* describe de forma audible todo lo que aparece en la pantalla, *Google Talk Back* permite interactuar con el móvil a través de comentarios por voz, *Dragon Dictation* ayuda a dictar y ver al instante el mensaje o correo electrónico que se desea enviar, *Talkback* permite navegar por las aplicaciones y herramientas al describir cada uno de los elementos que son seleccionados o activados: *BrailleBack* aumenta la accesibilidad para utilizar los dispositivos braille; *Mobile Accesibility* ayuda al uso del teléfono de manera intuitiva y fácil, como lector de pantallas que facilitar la navegación; *Tap Tap See* identifica los objetos de una habitación o los colores de una imagen para reconocer el entorno en el que nos encontramos; el *Anillo lector*, con su sistema de vibración, facilita a las personas con deficiencia visual leer en voz alta el texto de un libro; o las gafas inteligentes *eSight* permiten a las personas con visibilidad reducida ampliar la visión periférica.

3.3 Nuevas tecnologías para las personas mayores

Cada vez vivimos más y con más calidad de vida, los datos lo demuestran. Este aumento de la esperanza de vida y el consecuente envejecimiento progresivo de la sociedad se convierte en reto para las políticas públicas, y privadas (como inevitable campo de negocio), y en especial para el Trabajo Social al tratan con las necesidades sociales derivadas. Tenemos más tiempo para aprender y reciclarnos, pero también surgen nuevas problemáticas físicas, psíquicas y sociales asociadas a este fenómeno contemporáneo (Ceres, 2006). Así podemos aportar, entre otras, las siguientes innovaciones tecnológicas aplicadas a la satisfacción de necesidades y a la mejora de la calidad de vida de los mayores (Agudo, 2015):

- Formación en nuevas tecnologías y alfabetización digital de la Tercera edad (cursos, charlas, actividades), destinada a personas mayores que no pudieron tener acceso a las mismas, con limitaciones respecto a determinadas aplicaciones y servicios, o con necesidad de adaptación y reciclaje social.
- Teleasistencia 24H: sistema de atención personalizada y de respuesta inmediata que permite a las personas mayores recibir ayuda sociosanitaria o apoyo psicológico.
- Tarjetas inteligentes, dotadas de chip y banda magnética acerca los recursos, prestaciones y descuentos a las personas mayores en Servicios sociales.

- Nuevas tecnologías en Terapia ocupacional: programas informáticos que trabajan aspectos de atención visual, memoria o rapidez perceptual, y pizarras digitales e interactivas para la estimulación cognitiva.
- Sistema de Control de Errantes.
- O iniciativas como el Proyecto Piloto Enred@te: red social digital para personas mayores y voluntariado desarrollada por Cruz Roja Española.

3.4 Apoyo tecnológico ante la violencia contra la mujer

Frente a la persistente lacra colectiva de la violencia contra la mujer, toda innovación es poca. Las nuevas tecnologías deben ser instrumentos valiosos para ayudar directamente a las víctimas (y a sus familias), para que la violencia machista se supere (o reduzca), para que se puedan salvar vidas, para que el problema se convierta en responsabilidad colectiva, y para que nazcan continuamente iniciativas que aporten remedios viables y accesibles.

En primer lugar, podemos hacer referencia tanto a las campañas de concienciación en medios y redes sociales de internet, como a modernas *aplicaciones móviles* que informan y denuncian sobre el problema, desde un acceso rápido, fácil y sin dejar rastro, a los organismos encargados de proteger a las víctimas y perseguir esta lacra, como el Botón de pánico *#Niunamenos* (medio urgente para que el usuario pueda mandar una alerta por SMS), y canales de información, denuncia o seguridad como *Pormí, Ygualex, Libres, Trusted Circles, Ligando de Buen Rollo* (LBR o videojuego sobre igualdad) o *Pillada por ti* (aplicación desarrollada mediante un cómic con lenguaje cercano a adolescentes y jóvenes).

Y, en segundo lugar, nos encontramos con diversas *soluciones técnicas,* como los dispositivos telemáticos de vigilancia y control de la orden de protección a las víctimas de la violencia machista: las pulseras o brazaletes electrónicos para el seguimiento de maltratadores, y los dispositivos estáticos de protección para las víctimas (desarrolladas a partir de la Ley Orgánica 1/2004, contra la violencia de Género). Sistemas de seguimiento articulados en función de las pautas y reglas que, en su caso, establezca la Autoridad Judicial sobre su utilización, y de conformidad con lo dispuesto en dos Protocolos de Actuación: a) *Protocolo de actuación del sistema de seguimiento por medios telemáticos del cumplimiento de las medidas y penas de alejamiento en materia de violencia de género* (2013): b) *Protocolo de actuación en el ámbito penitenciario del sistema de seguimiento por medios telemáticos del cumplimiento de las medidas y penas de aleja-*

miento en materia de violencia de género (2015). Los Dispositivos que componen el sistema de seguimiento son:

- Dispositivos para el inculpado/condenado: 1) *Transmisor de radiofrecuencia (RF)* o brazalete ligero y pequeño que emite una señal de radiofrecuencia que es recibida por la unidad 2Track: 2) *Unidad 2Track* o dispositivo de localización GPS que lleva las funcionalidades básicas de un teléfono móvil.
- Dispositivo para la mujer: integra una antena exterior RF que permite detectar la señal de radiofrecuencia del transmisor del inculpado/condenado.

3.5 Para la búsqueda de empleo

Cada vez se usan más las páginas y plataformas de búsqueda de empleo para encontrar trabajo y encontrar trabajadores, que complementan o sustituyen a las tradicionales formas y redes (Campos et al, 2013). Ante las necesidades frente a la exclusión social o el riesgo de estarlo por no encontrar trabajo o no estar preparado para ello (empleabilidad), los procesos de Intervención donde la orientación socio-laboral y la búsqueda laboral son un elemento fundamental, las soluciones digitales se convierten en instrumento imprescindible. Ya desde 2012, el 80% de los reclutadores de las empresas buscaban a los profesionales en las redes sociales y digitales (Informe Infoempleo-Adecco de 2012).

Existen diferentes páginas web especializadas en el campo de selección de personal y en las ofertas de trabajo: en el área pública aparecen páginas como Empléate o diferentes iniciativas de los servicios autonómicos y municipales; y en el privado plataformas generales como Infojobs, Infoempleo, Laboris, LinkedIn, Trabajemos, y especializadas como Empleomarketing, TicJobs, Tecnoempleo o Domestika. Una serie de páginas que poseen, casi siempre, sus respectivas Apps, y a las que se pueden sumar, como recursos sociolaborales, las aplicaciones Nubelo, Jobandtalent y Jobtoday. Para los colectivos sociolaboralmente vulnerables se encuentran, por ejemplo, los Programas C-Test 39 y Óptima 40 para mujeres; los Proyectos Merc@dis, Disc@pnet, Red REDAR 43 e INFOREDAR para la formación y el teletrabajo en discapacidad; o el proyecto HOPE 44 para jóvenes reclusos.

Asimismo, se puede utilizar las redes más generales para buscar contactos y oportunidades, mediante alertas de búsquedas personalizadas de trabajo con el buscador de Twitter; crear columnas de búsqueda de palabras clave usando Hootsuite.com o Tweetdeck.com; y el uso en Facebook de aplicaciones como Branchout.com, que seleccionan los contenidos profesionales de los perfiles para crear un subportal de empleo, o de LinkedIn para establecer relaciones profesionales. También cabe la posibilidad de realizar directamente CV digitales personalizados para y por los usuarios, agregando enlaces de las experiencias laborales o creaciones profesionales, mostrando los perfiles virtuales, generar un código QR para el portfolio digital, subrayando las competencias tecnológicas y digitales adquiridas, sincronizando el Currículo con la cuenta de LinkedIn, usando con formatos estandarizados (en PDF o WORD), adaptándose a las necesidades de cada empresa, o realizándolo de manera innovadora en formato Video o Blog.

4. ORGANIZANDO

Los usuarios necesitan organizaciones sociales eficaces, eficientes y de calidad adaptadas a las exigencias digitales y tecnológicas del tiempo presente. Hay que conocer, aprender y usar esas herramientas de información y comunicación que creen equipos, que maximicen recursos, faciliten la gestión, que obtengan ayuda, que creen redes.

4.1 La gestión desde las TICs

Es necesario una formación del profesional y una formación para el usuario desde y en las TICS, desde la excelencia profesional posible en el conocimiento de esos recursos, partiendo, en primer lugar, de siguientes líneas prioritarias de acción:

- Equipamientos suficientes y actualizados en las Instituciones, de acuerdo a criterios de oportunidad y necesidad (como planteó la pionera Red Conecta).
- Formación digital profesional flexible, relacionada con las competencias a alcanzar, y siempre adaptada a las capacidades y habilidades.
- Desarrollo de servicios y contenidos multimedia de calidad, desde la innovación y el desarrollo, centrados siempre en las personas y sus realidades.
- Interconexión entre los Servicios Sociales y los centros formativos.

Y se debe continuar, en segundo lugar, en perfilar la formación en las TICs más usuales o modernas (dependiendo en todo momento del contexto), seleccionadas en función de prioridades y competencias perdónales y colectivas, ligadas a la naturaleza específica del Trabajo Social, conectadas con los medios de difusión más adecuadas y/u óptimas, y centrada en un trabajo colaborativo y participativo que dé a conocer qué se hace, cómo se hace y para qué se hace para el bienestar social:

- Medios y sistemas de gestión digitales de la Intervención social, más eficientes y participativos, desde una nueva cultura organizativa y ampliando las formas de trabajo: calendarios compartidos (google calendar, nyabag), reuniones online (doodle, skype, hangout, Dimdim, zoom, etc.), mapas mentales y tableros colaborativos (gliffy, dabbleboard), edición colaborativa de documentos (Google Docs, entre otros), o planificación de proyectos.
- Trabajo Social en red (Networking), que permita la colaboración interregional, la conciliación familiar y la participación cooperativa en las diferentes áreas de profesionales y usuarios.
- Aprendizaje y enseñanza digital en Trabajo Social, adaptada tanto a las exigencias cambiantes de conocimiento como a las necesidades personales: enseñanza a distancia, alfabetización digital, reciclaje profesional.
- Gestión y difusión del conocimiento obtenido en las investigaciones y acciones profesionales del Trabajo Social, de manera sistemática y compartida: mapas colaborativos, atlas digitales, blogs de comunicación (microblogging), wikicontenidos, almacenamiento online (Cloud, Dropbox, Drive, etc.).
- Digitalización, exposición y difusión de la información en Trabajo Social, profesional e institucionalmente: diseño gráfico, comercio electrónico y marketing digital, SEM (Search Engine marketing) y SEO (Search Engine Optimization), estrategias de Landing Pages y de Landing Domain. creación de páginas web, gestión de reputación, optimización de los medios sociales (SMO), y herramientas para la presentación pública de la información (canva, emaze, pow toon, prezi, videoscribe, etc.).

4.2 La solidaridad en red: Micromecenazgo o Crowdfunding

La solidaridad social también puede ser digital. Nuestras relaciones personales y colectivas vienen marcadas casi de manera dominante por las redes y la comunicación virtual, en sus virtudes y defectos. Y a la hora de la concienciación y la movilización crecen iniciativas en red como el *Crowdfunding*: un mecanismo colaborativo de financiación colectiva o micromecenazgo de proyectos, a través de plataformas digitales y redes sociales, prescindiendo de la tradicional intermediación financiera. En su dimensión político-social, apoya a los promotores de proyectos solidarios e integradores que demandan fondos, a través de la emisión de valores y participaciones comunitarias o mediante la solicitud de préstamos. Micromecenazgo virtual que puede convertirse en un instrumento destacado en el campo de la intervención como sistema de apoyo a ciertas iniciativas de integración, de difusión pública del proyecto solidario o empresarial-social buscando la financiación mancomunada por parte de prestamistas independientes que simplemente simpatizan con la causa. Y lo encontramos plataformas como Kickstarter, Indiegogo, Rockethub, Lánzanos, Verkami, Ulule, Pantreon, etc.

5. DIFUNDIENDO

Por desgracia, lo que no aparece en la red, lo que no se publica, lo que no se convierte en viral, no suele existir para el gran público. El Trabajo Social tiene la obligación, como cualquier otra disciplina de responsabilidad ciudadana, de dar a conocer lo que estudia (investigación) y lo que trabaja (intervención), encontrando su sitio en el mundo digital. Se deben usar de manera profesional los instrumentos tecnológicos al alcance para dar a conocer su labor, sus proyectos, sus objetivos, sus demandas. Y lo puede hacer por medio de dos ámbitos: plataformas de peticiones y redes sociales.

5.1 En las plataformas de peticiones

La solidaridad y la movilización también pueden organizarse en las redes, bien pública o bien anónimamente, bien desde la cercanía o bien desde la distancia. Por ello existen diferentes plataformas de peticiones colectivas para la reivindicación y la presión, a través de la obtención de firmas de apoyo por medio de correos electrónicos y redes, como Change.org, Guiaongs, Éxodo, HagamosEco, Osoigo o Avaaz. Plataformas en red y ligadas a determinadas instituciones que permiten visibilizar problemas sociales a nivel micro o macrosocial, movilizar a los usuarios de redes, y conseguir reformas o cambios normativos y administrativos respecto a esos problemas. Desde ellas se puede luchar contra las injusticias, promover los derechos humanos, visibilizar a colectivos olvidados, recuperar causas que se creían perdidas y unir a personas de todo el mundo. Aunque pese a su gran éxito en determinados casos y causas, siendo instrumento valioso para obtener recursos, apoyo y visibilidad, también existen críticas por tomar partido por determinados movimientos, por supuestamente esconder intereses empresariales y lucrativos, por quizás desvincular la solidaridad del terreno local y real a golpe de clic, o por poder llegar ser una "*aspiradora de datos*".

5.2 Desde las redes sociales

Los usuarios y los profesionales tienen una vida; una vida cada vez más determinada por las redes que tanto nos controlan, y la aceptación inevitable de nuestra forma de ser y pensar en las mismas para ser y para estar. Influimos en ella (o soñamos con ello) y somos influidos por la misma (más de lo que creemos), lo que inevitablemente determina buena parte del sentido de nuestra identidad y del significado de nuestra convivencia. Y los procesos de socialización e integración colectiva también se ven afectados (como medio de normalización o como factor de exclusión) por unas redes que crecen sin parar, y propias de los actuales "nativos digitales" (Prensky, 2001). Pero como todo invento humano, tiene su lado negativo y su lado positivo: capaz de marginar o capaz de integrar. Por ello, las Redes sociales (RRSS) son, en primer lugar, una fuente de información primordial para la Investigación tanto a nivel micro (para qué y cómo las usan las personas) como macrosocial (cómo se relacionan a nivel grupal y colectivo), y herramienta destacada para la intervención, la organización y a la difusión, ya que en ellas los profesionales pueden crear grupos para compartir información y experiencias y los usuarios pueden colaborar para denunciar o moviliza (Torres, 2012). Aunque son bien conocidas, podemos señalar una clasificación de las mismas en función de criterios básicos:

- Redes Generales (horizontales) y abiertas a toda la población donde crear grupos categorizados por sectores: Badoo, Dopplr, Facebook, Google+, Myspace, X, Instagram, Whatsapp, VK.
- Redes Temáticas o especializadas para una mayor integración: profesionales como LinkedIn o Xing; académicas como Academia.edu

o Researchgate; económicas como Unience; educativas como RedAlumnos o Schoology, etc.

- Redes Audiovisuales para crear y difundir: Flickr, Instagram, Soundcloud, Spotify, Youtube, TikTok, Twich y Vimeo.
- Redes Mediáticas para dar voz: Blogger y Wordpress.

Asimismo, son redes desde las cuales obtener información sobre problemas y necesidades, en su impacto, realidad e intensidad. Porque en ellas se pueden conocer nuevas demandas sociales (o no tan nuevas, salvando las distancias técnicas) que afectan a los usuarios, especialmente jóvenes/menores (los citados "nativos digitales"), y de tanto impacto actual:

- Brecha digital entre clases, generaciones y regiones.
- Noticias faltas y discurso de odio (*fake news* y *hate speech).*
- Ciberacoso (*cyberbullying*).
- Engaño pederasta en la red *(grooming).*
- Robo de información *(phishing).*
- Palizas grabadas y difundidas (*happy slapping).*
- Publicación de imágenes privadas de contenidos sexual *(sexting).*
- Chantaje con imágenes sexuales *(sextortion),* etc.

6. BIBLIOGRAFÍA

Agudo, S. (2015). Personas mayores y tecnologías emergentes. En J.J. Gázquez Linares, (Coord.), *Calidad de vida, cuidadores e intervención para la mejora de la salud en el envejecimiento,* pp. 207-214. ASUNIVEP.

Ayala, R. (1999). Reflexiones en torno a la relación entre el trabajo social y las nuevas tecnologías para la información. *Documentos de trabajo social: Revista de trabajo y acción social,* 18, 91-106.

Boix, S., Corbella, M.T., y Melchor-Sánchez, L. (2007). Tecnología y educación en el campo de la discapacidad visual. *Novática: Revista de la Asociación de Técnicos de Informática,* 186, 39-42.

Cabezas, J.L. (2013). Trabajo social y ética ante las nuevas tecnologías: reflexiones ante los retos del tercer milenio. En L.M. Rondón García y M. Taboada González (Coord.), *Voces para la ética del Trabajo social en tiempos trémulos,* pp. 225-240. Paraninfo.

Campos, R., Arrazola, M., y De Hevia, J. (2013). Internet en los procesos de búsqueda de empleo y selección de personal en España. *Papeles de economía española,* 136, 258-272

Ceres, R. (2006). La tecnología en la discapacidad y la dependencia de personas mayores. *Revista española de geriatría y gerontología,* 41/1, 1-6.

Colón, R. (2000). Aplicación de las nuevas tecnologías en la formación en Trabajo Social. Cambio social, relaciones humanas, nuevas tecnologías: enfoques para una formación de futuro [3º Congreso, Escuelas Universitarias de Trabajo Social]/coord. por Dolors Colom Masfret, Miguel Miranda, Vol. 1, 513-524.

Cordero, N., y Palacios, J.E. (2017). Claves éticas para el trabajo social: dependencia, cuidado y autonomía. *Cuadernos de Trabajo Social* 30/1, 65-75.doi: 10.5209/ CUTS.52504

De Miguel, R. (2016). Tecnología más accesible: TIC y las personas con discapacidad. *Personal computer & internet,* 170, 72-75.

Fundación Addeco. (2017). *Informe Tecnología y discapacidad.* Madrid: Addeco

Mejía, M. (2015). *Open data y big data, para un modelo de Innovación social y sostenibilidad para Colombia.* [Tesis doctoral, Universidad Pontificia de Salamanca].

Moreno, A., y Lara, J.A. (2017). Análisis de actividad de un servicio de teleasistencia social mediante Big Data y Data Mining. *Revista Tecnología, Ciencia y Educación,* 6, 88-102.

Prensky, M. (2001). *Digital Natives, Digital Immigrants. On the Horizon.* MCB University Press.

Sánchez -García, J. (2017). Tiflotecnología. *La Acción social,* I/5, 97-107.

Torres Albero, C. (2012). Redes sociales, nuevas identidades y conflictos sociales. En F. Tezanos Tortajada (Coord.), *Los nuevos problemas sociales: Duodécimo Foro sobre tendencias sociales,* pp. 557-577. Sistema.

Treré, E. (2015). Redescubriendo el poder transformador de la comunicación para el cambio social en la era del Big Data. *Comunicación y sociedad,* 23, 261-265.

Verd, J. M., y López-Roldán, P. (2008). La eficiencia teórica y metodológica de los diseños multimétodo. Empiria. *Revista de Metodología de las Ciencias Sociales,* 16, 13-42

Capítulo 7.

Gamificación en la Intervención Social

JOSÉ SÁEZ-OLMOS
Universidad de Murcia

1. INTRODUCCIÓN

La gamificación es un campo que ha atraído la atención de muchos académicos y profesionales resultando una estrategia innovadora que ha ganado prominencia en diversos ámbitos, utilizando elementos característicos de los juegos para motivar y comprometer a las personas en contextos no lúdicos. A través de la aplicación de mecánicas, dinámicas y elementos propios de los juegos, la gamificación busca transformar experiencias, potenciar el aprendizaje, impulsar la productividad y mejorar la participación en una variedad de campos (Mallitasig y Freire, 2020).

Aunque la gamificación ha ganado popularidad en los últimos años, sus fundamentos pueden rastrearse a varias influencias a lo largo del tiempo. En las décadas de los 80 y 90, el uso de programas de lealtad, puntos y recompensas en el ámbito empresarial para incentivar la fidelidad del cliente, se considera un precursor temprano de la gamificación (Brasó, 2018). Más tarde, algunas empresas comenzaron a implementar estrategias para mejorar la participación de los empleados, la productividad y la formación, pero no fue hasta la década de 2000 cuando empieza a popularizarse el concepto y sus usos más allá del ámbito empresarial. Otra de las contribuciones clave para el desarrollo de la gamificación fue el libro de Jane McGonigal (2011) titulado "Reality is Broken: Why Games Make Us Better and How They Can Change the World". Esta diseñadora de juegos y futurista fue una figura influyente en la promoción de la idea de que los juegos pueden tener un impacto positivo en la vida real, ya que su libro exploró cómo los principios de los juegos podrían aplicarse a desafíos del mundo real. En el inicio del nuevo siglo, también se popularizó el término de *Serious Games* o "juegos serios" para describir aquellos diseñados con propósitos más allá del entretenimiento puro, pues se hace precisión a juegos software o aplicaciones TIC destinados a la educación, formación y la resolución de problemas del mundo real (Michael y Chen, 2005). Como define Abt (1987: 9), los *serious games* son "juegos con un propósito educativo explícito y cuidadosamente planeado, y no concebidos para ser jugados solo como distracción o mero entretenimiento". Otro hito fundamental en el auge de la gamificación fue en 2011 con la primera conferencia GSummit, organizada por Gabe Zichermann y dedicada exclusivamente a la gamificación (Alves, 2015). Esto contribuyó a consolidar la gamificación como un campo de estudio y práctica. A medida que la tecnología avanzaba y se comprendían mejor los efectos psicológicos y motivacionales de los juegos, la gamificación se expandió a diversos campos, especialmente en la educación y en la salud, y se convirtió en una herramienta estratégica para conseguir objetivos específicos (Huertas Muñoz, 2021).

Sus resultados exitosos se han demostrado en una amplia variedad de ámbitos: educación, salud, recursos humanos y selección de personal, participación ciudadana, marketing, etc. (Hamari et al., 2014; Huotari y Hamari, 2012; Borensztein y Álvarez Sobrado, 2022). Es más, entre sus principales características y bondades destacan su versatilidad y su capacidad para adaptarse a diversos contextos con el fin de mejorar la participación, la motivación y el logro de objetivos en una variedad de áreas (Mallitasig y Freire, 2020). Por tanto, la gamificación no está limitada a un sector específico y puede ser aplicada en una amplia variedad de áreas. En conjunto, la gamificación en el Trabajo Social representa un enfoque innovador y dinámico que puede mejorar la efectividad de las intervenciones, empoderar a las personas y hacer frente a los desafíos sociales de manera más comprometida y creativa. A continuación, se presenta la gamificación como una metodología innovadora que puede estar al servicio del Trabajo Social.

2. GAMIFICACIÓN: CONCEPTO Y CARACTERÍSTICAS

El concepto de gamificación tiene sus raíces en la aplicación de elementos de juego y técnicas de diseño de juegos en contextos no lúdicos. Werbach y Hunter (2014) afirman que la gamificación es "el uso de mecánicas, elementos y técnicas de diseño de juegos en contexto que no son juegos para involucrar a los usuarios y resolver problemas". Aunque algunas publicaciones puedan hacer distinciones teóricas entre gamificación y ludificación, en la práctica, los términos se utilizan comúnmente de manera intercambiable para describir el uso de elementos de juego en contextos no lúdicos con el objetivo de mejorar la participación y la motivación (Huertas Muñoz, 2021).

Varios de los elementos clave que sustentan la gamificación son: a) Las dinámicas del juego, que tienen que ver con las emociones y motivaciones de los participantes a la hora de jugar, es decir, es la forma como se pone en marcha las mecánicas de la gamificación y constituye la estructura implícita del juego; b) Las mecánicas, que hacen referencia a los componentes básicos del juego, entre los que están las reglas, es decir los procesos que estimulan la ejecución del juego, puntos, niveles, insignias y desafíos, que proporcionan un marco para guiar el comportamiento y estimular la participación; y c) los componentes: son las herramientas y recursos que se van a utilizar durante la ejecución del juego (Werbach y Hunter, 2014). Por otro lado, las dinámicas de juego se centran en la experiencia del usuario, incorporando elementos narrativos, progresión y retroalimentación para hacer la experiencia más atractiva y envolvente (Fernandez-Rio y Flores, 2019). En cambio, los elementos de juego son características específicas de los juegos, como avatares, tableros y clasificaciones, que se integran en entornos no lúdicos. Estos elementos añaden un toque lúdico, haciendo que las actividades cotidianas se perciban como desafíos estimulantes (Werbach y Hunter, 2012). Las recompensas son un componente crucial de la gamificación. Ya sean tangibles o intangibles, sirven como incentivos para motivar a los participantes a alcanzar objetivos específicos. La gamificación aprovecha la psicología humana al proporcionar recompensas inmediatas y tangibles, lo que estimula la repetición de comportamientos deseados (Huilcapi et al., 2017).

En resumen, las principales definiciones de gamificación comparten la idea central de incorporar elementos de juego en contextos no lúdicos con el propósito de mejorar la participación, motivación y logro de objetivos específicos. La convergencia en estos aspectos fundamentales ayuda a establecer una comprensión coherente de lo que implica la gamificación en diversos contextos.

3. GAMIFICACIÓN EN TRABAJO SOCIAL

La innovación en la intervención del Trabajo Social no solo es una respuesta estratégica a los cambios en la sociedad, sino una herramienta esencial para mejorar la efectividad y relevancia de las intervenciones sociales. Al abrazar la innovación, los profesionales pueden cultivar entornos dinámicos y adaptativos que aborden las necesidades de las personas y las comunidades de manera integral y significativa. Una manera de innovar en el proceso de intervención social es la gamificación. Esta estrategia, recientemente adoptada en diversos ámbitos, presenta un cuerpo de elementos asequibles a la metodología de intervención con individuos, grupos y comunidades desde el Trabajo Social. Así pues, la gamificación puede ser una herramienta efectiva para adaptar, mejorar y renovar la intervención social de los trabajadores sociales. Esto implica la creación de entornos que permitan a las personas tomar decisiones informadas y activas sobre sus vidas, tomando dinámicas lúdicas y desafiantes bajo el previo establecimiento de unas reglas y unos objetivos concretos.

La integración de los elementos de juego en el enfoque de la intervención social, como recompensas o puntos, puede establecer objetivos gamificados que refuercen comportamientos positivos, la resolución de problemas y la colaboración entre los participantes. La gamificación en la intervención social no solo puede hacer que el proceso sea más atractivo, sino que también puede contribuir a resultados más efectivos al mejorar la participación, el compromiso y la motivación de los individuos en su propio proceso de cambio. Además, los sistemas gamificados pueden motivar la colaboración entre las personas, pues al trabajar juntas hacia objetivos comunes se promueve un sentido de comunidad y logro compartido. A su vez, la competición amistosa puede inspirar a los individuos a superarse a sí mismos y a otros, llevando a un aumento en la productividad y el rendimiento.

La implementación de la gamificación requiere planificación, recursos y una finalidad concreta (Caravaca-Llamas y Sáez-Olmos, 2021). En primer lugar, hay que analizar la conveniencia de la gamificación, seleccionar el juego de acuerdo con sus características, expectativas de los destinatarios y con los objetivos marcados por el profesional. Para ello, se buscará información sobre géneros, contenidos y nivel del juego, así como y perspectivas de las temáticas, competencias digitales requeridas, en su caso, etc., y todos los aspectos relevantes que interfieran en la aplicación como recurso de intervención (espacio y herramientas necesarias, número de participantes, etc.). Se debe valorar la incorporación de los recursos necesarios porque, aunque en muchas ocasiones pueden ser prescindibles, si no hay suficientes recursos disponibles para diseñar y mantener una estrategia de gamificación efectiva, podría no ser recomendable. Es importante, al adaptar juegos para la intervención social, considerar la sensibilidad a los temas y garantizar que la gamificación sea ética y respetuosa. Además, dependiendo de los objetivos específicos, es posible que surja la necesidad de ajustar las reglas o agregar elementos para que se alineen mejor con los resultados deseados desde el Trabajo Social.

4. VENTAJAS E INCONVENIENTES DE LA GAMIFICACIÓN

La gamificación puede ofrecer beneficios significativos pero su implementación exitosa requiere un diseño cuidadoso, considerando las características específicas de la población y los objetivos. Además, es esencial abordar los posibles inconvenientes para garantizar que la gamificación mejore la intervención social de manera ética y efectiva. Así pues, las principales ventajas de la gamificación, que también pueden ser aplicadas al Trabajo Social, son las siguientes (Brasó, 2018; Oliva, 2017; García et al., 2018; Navarro, 2014; Sáez-Olmos et al., 2019, Zichermann y Cunningham, 2011; Hamari y Koivisto, 2013):

- Aumento de la motivación y compromiso al hacer que las tareas y actividades sean más atractivas y divertidas.
- Mejorar la aceptación y la relación con el fracaso
- Puede fomentar la innovación y la creatividad al plantear desafíos y problemas de manera más interactiva y estimulante.
- Facilita el aprendizaje activo al integrar conceptos educativos en entornos de juego, mejorando la retención de información y la aplicación de conocimientos.
- Puede incentivar comportamientos positivos y el logro de metas al recompensar el progreso y el esfuerzo, fomentando así la auto-superación.
- Promueve la colaboración a través de actividades grupales y puede introducir una competencia amistosa que estimula la mejora continua.
- Puede mejorar las dinámicas de grupo, la reflexión crítica y el aprendizaje significativo.
- Proporciona feedback inmediato y constante, lo que permite a los participantes comprender sus fortalezas y áreas de mejora de manera rápida.
- Facilita el seguimiento y la evaluación del progreso de manera más eficiente, lo que permite ajustar estrategias según sea necesario.

Por otro lado, algunos inconvenientes que presenta la Gamificación son (Pisbarro y Vivaracho, 2018; Foncubierta y Rodríguez, 2014; Ruiz et al., 2015):

- Si no se implementa adecuadamente, la gamificación puede percibirse como artificial o manipuladora, afectando la autenticidad de las interacciones.
- Existe el riesgo de que los participantes se centren demasiado en las recompensas en lugar de en la experiencia o el propósito original de la actividad. Es decir, puede promover la dependencia hacia las recompensas. Además, si no se diseña cuidadosamente, la gamificación puede desviar la atención de los objetivos reales, centrando la atención en la obtención de recompensas.
- La gamificación digital puede excluir a aquellos que no tienen acceso a tecnología o no están familiarizados con las plataformas digitales.
- La competencia introducida por la gamificación puede volverse desleal o generar tensiones si no se gestiona adecuadamente.

5. CONTEXTOS DE GAMIFICACIÓN EN TRABAJO SOCIAL

Debemos indagar sobre la conveniencia de su aplicación en la diversidad de ámbitos especializados de intervención desde el Trabajo Social: ¿es siempre válida la gamificación en nuestra profesión? No hay todavía una respuesta unánime sobre esta reflexión ya que resulta una metodología emergente y las investigaciones sobre su aplicación en los procesos de intervención social son muy escasas en la literatura científica. Aunque puede ser una herramienta valiosa en muchos casos, es esencial evaluar cuidadosamente la idoneidad de su aplicación en función de la naturaleza del problema, las características de la población objetivo y los recursos disponibles. La sensibilidad, la ética y el respeto hacia las necesidades individuales y comunitarias deben ser prioritarios al considerar la gamificación en el trabajo social. Por ello, hay algunas situaciones donde, debido a determinadas circunstancias, su aplicación puede ser inapropiada:

En situaciones de crisis o emergencias: donde las necesidades inmediatas de las personas son esenciales, por lo que la atención debe centrarse en la prestación de ayuda y servicios de emergencia. De igual forma, en situaciones donde los objetivos requieren enfoques directos y sin distracciones, la introducción de elementos de juego puede ser contraproducente. En algunos casos, la seriedad y la eficacia de la intervención directa pueden ser más apropiadas.

Cuando se trata de temas sensibles o traumáticos, la gamificación no es adecuada para abordar problemas emocionales o experiencias dolorosas porque el enfoque de juego puede resultar insensible o trivializar la gravedad de la situación.

En situaciones de desconfianza hacia el profesional o la institución por parte de las personas destinatarias: en los casos donde no hay confianza en la relación profesional-cliente o persona usuaria, la introducción de elementos de juego podría ser malinterpretada o percibida como manipuladora. Además, la participación y colaboración de las personas destinatarias son fundamentales para el éxito de las estrategias gamificadas.

Cuando involucren a personas particularmente vulnerables: la gamificación debe ser implementada con extrema precaución, sobre todo en colectivos como personas refugiadas o personas sin hogar. Puede ser necesario priorizar intervenciones más tradicionales y centradas en el apoyo directo e inmediato.

Cuando existen limitaciones culturales: Si las dinámicas de juego o mecánicas no son culturalmente apropiadas o relevantes, la gamificación puede ser contraproducente. Es esencial considerar las diferencias culturales y adaptar las estrategias en consecuencia.

Cuando existen problemas de accesibilidad: La gamificación a menudo implica el uso de tecnología y, si la población objetivo no tiene acceso a dispositivos o internet, la implementación puede ser ineficaz y excluyente.

Cuando repercute en temas que precisan privacidad y confidencialidad: La exposición pública a través de sistemas gamificados cuando se manejan temas que requieren un alto grado de privacidad y confidencialidad podría ser perjudicial.

6. CONCLUSIONES

La gamificación ha emergido como una herramienta versátil y efectiva para transformar experiencias en una variedad de contextos. Al aprovechar la naturaleza lúdica inherente a los juegos, la gamificación motiva a las personas y mejora la participación, el aprendizaje y la productividad. A medida que la sociedad avanza hacia un futuro cada vez más digital, la gamificación promete seguir desempeñando un papel crucial en la optimización de nuestras interacciones y la consecución de objetivos tanto individuales como colectivos.

Sin embargo, es crucial diseñar estas estrategias de manera ética, considerando la sensibilidad de los temas abordados y respetando la diversidad de las experiencias individuales.

7. BIBLIOGRAFÍA

Abt, C. C. (1987). *Serious games.* University Press of America.

Alves, F. (2015). *Gamification: como criar experiências de aprendizagem engajadoras.* DVS editora.

Borensztein, K., y Alvarez Sobrado, N. E. (2022). Gamificación y participación cívica: una revisión bibliográfica. XIV Congreso Internacional de Investigación y Práctica Profesional en Psicología. Universidad de Buenos Aires, Buenos Aires. https://www.aacademica.org/000-084/949

Brasó i Rius, J. (2018). Pere Vergés: escuela y gamificación a comienzos del s. XX. *Apunts. Educacion Fisica y Deportes,* (133), 20–37. https://bit.ly/3zxDvuH

Fernández-Rio, J., y Flores, G. (2019). Fundamentación teórica de la Gamificación. En J. Fernández-Río (coord.) *Gamificando la educación física. De la teoría a la práctica en Educación Primaria y Secundaria,* pp.11-20. Universidad de Oviedo

Foncubierta, J. M., y Rodríguez, C. (2014). *Didáctica de la gamificación en la clase de español.* Edinumen.

García Ruiz, R.; Pérez Rodríguez, A. y Torres, A. (2018.) *Educar para los nuevos medios* Editorial Universitaria Abya-Yala.

Hamari, J., y Koivisto, J. (2013). Social Motivations To Use Gamification: An Empirical Study Of Gamifying Exercise. *ECIS,* Vol. 105, No. 5, 18-19.

Hamari, J., Koivisto, J. y Sarsa, H. (2014). Does gamification work? A Literature Review of Empirical Studies on Gamification. En IEEE Computer Society (ed.). System Sciences (HICSS) (3025-3034). <http://dx.doi.org/10.1109/HICSS.2014.377>

Huertas Muñoz, L. V. M. (2021). Gamificación: ¿Nueva tendencia en los procesos de gestión de Recursos Humanos? *InnovaG,* (7), 19-24.

Huilcapi, M., Jácome, G., y Castro, G. (2017). Motivación: las teorías y su relación en el ámbito empresarial. *Dominio de la ciencia* 3 (2), 311-333 http://dx. doi. org/10.23857/dom. cien. pocaip, 2-311

Mallitasig, A., y Freire, T. (2020). Gamificación como técnica didáctica en el aprendizaje de las Ciencias Naturales. *Innova Research Journal,* 5 (3), 164–181.

McGonigal, J. (2011). *Reality is Broken: Why Games Make Us Better and How They Can Change the World.* Random House UK.

Michael, D. R., y Chen, S. L. (2005). *Serious games: Games that educate, train, and inform.* Muska y Lipman/Premier-Trade.

Navarro, V. (2014). Gamificación, videojuegos y educación. Organización y gestión educativa. *Revista del Fórum Europeo de Administradores de la Educación (OGE),* 22(4), 25-28. https://bit.ly/3uTizdz

Oliva, H. (2017). La gamificación como estrategia metodológica en el contexto educativo universitario. *Realidad y Reflexión*, 44(0), 29-47. https://doi.org/10.5377/ryr.v44i0.3563

Pisbarro, A. M. y Vivaracho, C. E. (2018). Gamificación en el aula: gincana de programación. *ReVisión*, 11(1), 8.

Ruiz, J., Sánchez, J. y Sánchez, E. (2015). *Innovaciones con tecnologías emergentes.* Universidad de Málaga.

Sáez-Olmos, J., Caravaca-Llamas, C., y Martínez López, J. Á. (2019). Gamificación: herramienta educativa innovadora y motivadora. In *Innovación Docente e Investigación en Ciencias de la Educación,* pp. 1197-1204. Dykinson.

Werbach, K., y Hunter, D. (2014). *Gamificación: revoluciona tu negocio con las técnicas de los juegos.* Pearson Educación.

Zichermann, G., y Cunningham, C. (2011). *Gamification by Design: Implementing Game Mechanics in Web and Mobile Apps.* O'Reilly Media.

Capítulo 8.

Intervenciones Asistidas con Animales

CARMEN CARAVACA-LLAMAS
JOSÉ SÁEZ-OLMOS
Universidad de Murcia

1. INTRODUCCIÓN

Las Intervenciones Asistidas con Animales (IAA) han emergido como un campo interdisciplinario que fusiona los beneficios terapéuticos de la interacción humano-animal con diferentes prácticas profesionales, entre ellas el Trabajo Social. Este enfoque innovador ha generado un interés creciente en la comunidad académica y profesional, debido a su potencial para mejorar la calidad de vida de individuos y comunidades en situaciones de vulnerabilidad. Esta metodología, que ha adquirido una relevancia especial, se basa en el vínculo humano-animal que, a su vez, es reconocida como un recurso terapéutico poderoso que puede complementar y enriquecer las intervenciones tradicionales en el Trabajo Social.

El vínculo humano animal se define como: "una relación voluntaria, bidireccional, recíproca y persistente, beneficiosa para ambos e implica que el humano atienda las necesidades del animal" (Yagë, 2017, p.19). El vínculo humano-animal, arraigado en la historia de la humanidad, trasciende las barreras del lenguaje y la cultura, y se manifiesta en diversas formas, desde la compañía afectuosa de una mascota hasta la participación en actividades lúdicas y terapéuticas con animales. Esta conexión única se caracteriza por la empatía, la aceptación incondicional y la sensación de seguridad que proporciona, elementos fundamentales en el proceso de intervención social.

En este contexto, el presente capítulo tiene como objetivo explorar la relación entre las IAA y el Trabajo Social, analizando su relevancia, beneficios y desafíos en la práctica profesional. A través de una revisión teórica se buscará profundizar en la comprensión de este enfoque innovador y su potencial para promover el bienestar individual y comunitario.

2. FUNDAMENTOS TEÓRICOS DE LAS IAA

Las IAA se basan en la incorporación de uno o varios animales al proceso de intervención profesional con el objetivo principal de mejorar la calidad de vida de las personas destinatarias y ayudar en el tratamiento y la gestión de una amplia gama de problemas educativos, pedagógicos, o de salud. Existen experiencias principalmente enfocadas en el desarrollo de habilidades sociales, emocionales y cognitivas, aumento la autoestima y la autoconfianza, manejo del estrés, la ansiedad, la depresión, el trastorno del espectro autista (TEA), el trastorno por déficit de atención e hiperactividad (TDAH), y el trastorno de estrés postraumático (TEPT), entre otros. Sin embargo, no todas las IAA son iguales, ya que varían según la finalidad de la intervención, los destinatarios, los profesionales y los animales participantes.

2.1 Definición y características

Las IAA se nutren de la conexión entre humanos y animales para promover el bienestar físico, emocional, social y cognitivo de las personas. Se clasifican, según sus objetivos, en (IAHAIO, 2013):

- Terapias Asistidas con Animales (TAA): es una de las aplicaciones más comunes de las IAA. Persigue objetivos terapéuticos (físicos, cognitivos, conductuales y/o socio-emocionales) y están dirigidas por un profesional experto en el ámbito de la salud.
- Educación Asistida con Animales (EAA): es una intervención estructurada, planificada y evaluada con objetivos educativos o formativos, cuyo profesional pertenece al ámbito educativo.
- Actividades Asistidas con Animales (AAA): pretenden motivar, amenizar y entretener a los/as participantes. Generalmente se cree que estas actividades no poseen objetivos específicos y, por lo tanto, no es necesario documentar los resultados, Sin embargo, estas actividades tienen un fin recreativo generalizado por lo que pueden ser evaluadas bajo patrones previamente establecidos. Por ejemplo, en aquellas intervenciones donde se persigue valorar aspectos relacionados con el ocio o las habilidades interpersonales, las AAA, pueden ser una adecuada opción.

Sin ser IAA, encontramos lo que se conoce por PAS o Programas de Animales de Servicio donde se los animales entrenados sirven para ayudar a personas con problemas funcionales relacionados con las actividades básicas de la vida diaria o AVDs con el fin de potenciar su autonomía cotidiana. Por su parte, los Programas de Animal Residente (PAR) conllevan la convivencia estable con el animal, el cual participa en el día a día de las personas usuarias, y la Valoración Asistida con Animales (VAA) supone que el equipo multidisciplinar valore u obtenga una serie de resultados procedentes de las distintas intervenciones (sociales, psicológicas, médicas, etc.) para comprobar la evolución durante un determinado tiempo (Domènec & Ristol, 2014).

3. ORIGEN Y ESTADO DE LA CUESTIÓN EN ESPAÑA

Las IAA se encuentran asentadas, en mayor o menor medida, a nivel mundial como un refuerzo o complemento innovador y motivador en las intervenciones profesionales enfocadas a la atención sobre determinados problemas (de salud, de educación, etc.) o para la mejora en el bienestar de las personas. Aunque este tipo de intervenciones no son exclusivas de los trabajadores sociales, pues tienen un carácter multidisciplinar, han emergido en las últimas décadas avances en su consolidación relacionada con el Trabajo Social. Algunos datos relevantes sobre los avances en el reconocimiento de la importancia del vínculo humano-animal a nivel mundial son (Walker et al., 2015): la organización estadounidense dedicada a los vínculos entre humanos y animales denominada *Social Workers Advancing the Human-Animal Bond* (SWAHAB), el Centro de Estudios Humano-Animales en la Universidad de Canterbury, *The New Zealand Centre for Human-Animal Studies* (NZCHAS), el programa de maestría en Trabajo Social Veterinario de la Universidad de Tennessee, el *Institute for Human-Animal Connection* en la Universidad de Denver, o el Certificado como *Treating Animal Abuse* (terapeuta en maltrato de animales) ofrecido por la Universidad de Arizona.

En España la IAA, empezó a desarrollarse en la década de los años 80. En 1987 nace la Fundación Purina (actualmente Fundación Affinity) que luego se incorpora a la International Association of Human Animal Interaction Organizations (IAHAIO) junto con el Centre de Teràpies Assistidesamb Cans (CTAC) y la Fundación Bocalán (Martos-Montes et al., 2015). Actualmente existen entidades y programas dedicados a las IAA en casi todo el territorio español.

3.1 Fundamentación teórica

Existen varias teorías que respaldan la integración de animales en las intervenciones sociales, entre ellas:

- La Teoría del Apego, desarrollada por John Bowlby (1980), sugiere que los seres humanos tienen una necesidad innata de establecer vínculos emocionales seguros con otros, especialmente durante la infancia. Estos vínculos afectivos son fundamentales para el desarrollo emocional y social saludable a lo largo de la vida. En el contexto de las IAA, los animales pueden actuar como figuras de apego alternativas, proporcionando un sentido de seguridad, consuelo y apoyo emocional para las personas que participan en las intervenciones. La presencia de un animal, que brinda afecto incondicional y no juzga, puede fomentar la confianza, la autoestima y la resiliencia en los individuos.
- La teoría del estrés y el afrontamiento sugiere que las personas enfrentan situaciones estresantes de manera más efectiva cuando tienen recursos adecuados para hacer frente a ellas. La presencia de animales en las intervenciones sociales puede actuar como un recurso de afrontamiento significativo, ayudando a reducir los niveles de estrés y promoviendo estrategias de afrontamiento adaptativas. La interacción con animales puede tener efectos fisiológicos beneficiosos, como la reducción de la presión arterial y el cortisol, una hormona relacionada con el estrés. Además, la conexión emocional que se desarrolla con los animales puede proporcionar a las personas una sensación de calma y seguridad, ayudándoles a afrontar mejor los desafíos y dificultades de la vida.
- La Teoría del Aprendizaje Social sostiene que las personas aprenden observando el comportamiento de otros y las consecuencias de sus acciones. En el contexto de las IAA, la interacción con animales puede proporcionar oportunidades de aprendizaje social significativas (pueden servir como modelo para desarrollar relaciones saludables y constructivas). Además, en base a este aprendizaje, las personas catalogan de forma inconsciente a los animales no humanos (comida, aliados, enemigos, etc.), a través de estrategias de condicionamiento clásico, operante y observacional/moldeado (Brickel, 1985).
- *One Health* y *One Welfare*: sostienen que la salud y bienestar de animales, personas y medio ambiente están intrínsecamente vinculados. Este enfoque aboga por reconocer la conexión entre el bienestar ani-

mal, el bienestar humano y el medio ambiente y supone mejoras en áreas tan variadas como la reducción del abuso animal y humano, la intervención en problemas sociales, la mejora de la seguridad alimentaria, entre otras (García Pinillos et al., 2016).

- La teoría de la Biofilia: Para Melson (2003), la biofilia es un interés inherente por la vida. Tiene un origen genético y es una conexión con la naturaleza causada por la evolución y adaptación del ser humano a los espacios naturales. Gran parte de las emociones que genera, aparecieron gracias a las redes simbólicas, o una composición de elementos inherentes y culturales que han ido permaneciendo a lo largo del tiempo.

4. APLICACIONES PRÁCTICAS DE LAS INTERVENCIONES ASISTIDAS CON ANIMALES

Las IAA se distinguen de otras formas de intervención por la participación de los animales como facilitadores. Estos animales son seleccionados cuidadosamente por su temperamento, habilidades de interacción y capacidad para establecer vínculos con los seres humanos.

La incorporación del animal o animales, a las sesiones individuales o grupales, facilitan el proceso de terapia. Los animales actúan como mediadores en la relación con el equipo profesional, proporcionando un ambiente seguro y de apoyo para que los clientes o personas usuarias exploren sus emociones, pensamientos y comportamientos.

Las sesiones de IAA son adaptadas a las necesidades y habilidades de los participantes, ya sean menores, adultos o personas mayores, y pueden llevarse a cabo de forma individual o en grupos pequeños. Las intervenciones pueden variar en su enfoque y objetivos, y las sesiones pueden incluir una variedad de actividades diseñadas para abordar las necesidades específicas de las personas usuarias, como el cuidado y la interacción directa con el animal, ejercicios de movilidad física, juegos estructurados, terapia de conversación, actividades al aire libre, etc. Por ejemplo, los participantes pueden participar en ejercicios de cuidado animal, como cepillar, alimentar o pasear al animal, lo que promueve la responsabilidad y el autocuidado. También pueden participar en actividades de juego estructuradas, ejercicios de entrenamiento de habilidades sociales, o simplemente pasar tiempo interactuando y conectando con el animal en un entorno seguro y de apoyo.

Las IAA son diseñadas y llevadas a cabo por profesionales de la salud como psicólogos, trabajadores sociales, terapeutas ocupacionales y educadores, en colaboración con determinados animales. Estas intervenciones tienen aplicaciones significativas en el Trabajo Social con colectivos en riesgo de exclusión y en situaciones de vulnerabilidad para proporcionar apoyo emocional, fortalecer la resiliencia y fomentar la inclusión social, entre otras. Se ha utilizado en una amplia gama de poblaciones y contextos, incluyendo niños y adolescentes, víctimas de trauma o abuso, personas mayores, personas en situación de dependencia o con diversidad funcional, personas en recuperación de adicciones o con problemas de salud mental, personas en situación de privación de la libertad, etc. Las IAA ofrecen un enfoque único y efectivo para brindar apoyo emocional a personas que han experimentado situaciones de crisis, trauma o estrés agudo. Estas intervenciones pueden desempeñar un papel crucial en la promoción de la salud mental y el bienestar emocional de individuos que han sido afectados por eventos traumáticos, como desastres naturales, accidentes, abusos, pérdidas significativas o situaciones de emergencia. Estos son sólo algunos ejemplos de los colectivos con los que se han logrado resultados positivos con este enfoque de intervención.

5. BENEFICIOS DE LAS INTERVENCIONES ASISTIDAS CON ANIMALES

Las IAA ofrecen una amplia gama de beneficios, que son el resultado del poderoso vínculo humano-animal y la conexión única que se forma durante el proceso, para las personas y colectivos que participan en ellas, así como para los/las profesionales que las implementan y las comunidades en las que se llevan a cabo. A continuación, se exploran algunos de estos ejemplos para las personas beneficiarias directas recogidas por Caravaca-Llamas y Sáez-Olmos (2019):

- Reducen el estrés, la ansiedad y propician la desconexión y la relajación. El simple acto de acariciar, abrazar o interactuar con un animal puede tener un efecto calmante y tranquilizador en el sistema nervioso, ayudando a las personas a sentirse más seguras y relajadas. Ayudan, pues, a reducir los niveles de ansiedad entre las personas y la interacción puede promover la liberación de neurotransmisores como la dopamina y la serotonina, que están asociados con la reducción del estrés y la mejora del estado de ánimo.

- Dan compañía, reducen la sensación de soledad y aislamiento, depresión, aburrimiento y proporcionan un incentivo para vivir.
- Mejoran el estado de ánimo, ofrecen risa, juego, estimulan la risa, la felicidad, sentido del humor, viveza, sensibilidad, disfrute de la vida, etc.
- Aumentan el nivel de atención y propicia la concentración y el compromiso, principalmente por ser un elemento innovador y motivador.
- Mejoran el bienestar emocional, la autoestima, la autoconfianza, el autoconocimiento y el autocontrol, ya que los participantes aprenden a autorregularse para poder interactuar con los animales. La interacción con animales puede proporcionar una sensación de empoderamiento sobre las emociones, ayudando a enfrentar el dolor y el sufrimiento de manera constructiva, así como desarrollar habilidades de afrontamiento y resiliencia, y ayudar reconstruir sus vidas de manera saludable y productiva. El apoyo emocional y el afecto incondicional proporcionado por los animales pueden ayudar a restaurar la confianza en sí mismos y en los demás, promoviendo un sentido renovado de esperanza y optimismo para el futuro.
- Incrementan las interacciones, fomentan las relaciones sociales, funcionan como catalizadores sociales, estimulan el diálogo y la creación de nuevas amistades. La presencia de animales puede servir como un punto de conexión y conversación, ayudando a romper el hielo y facilitar la comunicación entre individuos que de otro modo podrían sentirse aislados. Los animales actúan como facilitadores naturales de la conexión emocional y rompen barreras facilitando la comunicación entre el profesional y el cliente; así proporcionan un vínculo seguro y no amenazante que facilita la expresión emocional y la conexión interpersonal. Además, el vínculo compartido con el animal puede proporcionar un sentido de pertenencia y comunidad, fortaleciendo los lazos sociales y emocionales entre los participantes. Esto fomenta la adquisición del vínculo con el equipo técnico, acelerando la relación de ayuda.
- Potencian las habilidades sociales: aumentan la empatía, el contacto social, la expresividad, la adquisición de habilidades comunicativas, incluyendo la comunicación no verbal, y sirven como de tema de conversación. Los participantes aprenden a interpretar las señales emocionales de los animales y a responder de manera apropiada, lo que mejora su capacidad para relacionarse con los demás en diferentes

contextos sociales. Además, trabajar con animales fomenta la paciencia, la tolerancia y el trabajo en equipo, habilidades esenciales para construir relaciones saludables.

- Promueven o estimulan el bienestar y el desarrollo físico y cognitivo. Por ejemplo: actividades como pasear perros o cepillar caballos requieren movimientos físicos y concentración, lo que ayuda a mejorar la coordinación, la motricidad fina, gruesa y la atención. Además, las IAA estimulan el pensamiento creativo y la resolución de problemas, ya que los participantes aprenden a adaptarse a las necesidades y comportamientos de los animales.

No obstante, las IAA también pueden aportar beneficios a los profesionales que las ponen en práctica, en este caso los y las profesionales del Trabajo Social:

- Normalmente, el trabajo profesional en la intervención social suele ir anexado a situaciones emocionales complicadas, conflictos o estrés, que puede contribuir a la aparición de frustración o insatisfacción laboral. Sin embargo, los profesionales que trabajan en programas de IAA suelen experimentar una mayor satisfacción laboral y un mayor sentido de propósito al ver los impactos positivos que estas intervenciones tienen en la vida de las personas usuarias y los animales. Y es que el hecho de poder contribuir significativamente al bienestar de los demás a través de la interacción con animales puede generar una sensación de logro y gratificación personal.
- La interacción con animales puede ayudar a reducir el estrés y la fatiga laboral entre las personas profesionales del Trabajo Social, proporcionando un respiro y un apoyo emocionales de forma adicional. La intervención social puede ser emocionalmente exigente y estresante en muchas ocasiones, lo que puede llevar al agotamiento profesional y la fatiga emocional. La interacción con animales durante las sesiones de trabajo puede proporcionar un respiro emocional y un alivio del estrés para las personas profesionales del Trabajo Social. Por esta razón la presencia de animales puede ayudar a crear un ambiente de trabajo más relajado y agradable, lo que puede ayudar a reducir el riesgo de agotamiento y mejorar el bienestar general del profesional.
- Trabajar en programas de IAA a menudo requiere colaboración y trabajo en equipo entre diferentes profesionales, como terapeutas, entrenadores de animales y otros expertos en salud y bienestar. Esto puede proporcionar oportunidades para desarrollar habilidades de

trabajo en equipo, comunicación efectiva y colaboración interdisciplinaria, que son habilidades valiosas para los profesionales del trabajo social en cualquier contexto.

Además, las IAA también pueden generar una serie de beneficios comunitarios, principalmente incentivados por el poderoso y positivo impacto que puede tener el vínculo humano-animal en la promoción de comunidades más saludables, solidarias e inclusivas:

- Incrementar la conciencia, el respeto y la compasión hacia los animales. La interacción directa con animales y el conocimiento de los beneficios que nos proporcionan, puede aumentar la sensibilidad por la vida animal, lo que puede llevar a prácticas más éticas y compasivas hacia los animales en general.
- Los programas de IAA pueden contribuir al bienestar general de la comunidad al proporcionar oportunidades para la interacción social con relaciones más saludables y constructivas, el apoyo emocional y el fortalecimiento de los lazos comunitarios. La presencia de animales en entornos comunitarios, como parques, escuelas o centros de atención, puede servir como un punto de encuentro para personas de diferentes edades y trasfondos, fomentando así la cohesión social y fortaleciendo los lazos entre los residentes.
- Las IAA pueden ofrecer apoyo adicional a poblaciones vulnerables dentro de la comunidad (personas mayores, menores en riesgo, personas con diversidad funcional, etc.). La interacción con animales puede ayudar a romper barreras y prejuicios, creando un ambiente inclusivo y acogedor donde todos los miembros de la comunidad se sientan valorados y respetados por igual. Además, la presencia de animales en entornos comunitarios puede proporcionar consuelo, compañía y una fuente de alegría y apoyo emocional para aquellos que enfrentan dificultades y desafíos en sus vidas.

6. CONDICIONES BÁSICAS PARA EL DESARROLLO DE LAS IAA

Las IAA no son una panacea ni una nueva moda metodológica, sino un recurso más en la amplitud de herramientas profesionales de intervención que debe asumir una serie de requisitos que garanticen la operatividad ética y eficaz. Se debe valorar cuidadosamente las consideraciones relacionadas con el bienestar animal y la seguridad de los implicados, así como no perder de vista la sistematización que supone todo el proceso. Los requisitos mínimos que todo profesional debe respetar al optar por las IAA son: garantizar el bienestar animal; garantizar la seguridad de los participantes; y abordar las limitaciones y desafíos logísticos que determinen la idoneidad de su utilización.

En primer lugar, para garantizar el bienestar animal incluye, además de un trabajo multidisciplinar al precisar de las revisiones y recomendaciones de los especialistas veterinarios, los siguientes requisitos:

- Atender las necesidades físicas y emocionales de los animales: Durante las sesiones, es esencial monitorear a los animales participantes para detectar cualquier síntoma de estrés, incomodidad o malestar, y actuar en consecuencia para garantizar su seguridad y bienestar físico y emocional. Esto incluye proporcionarles descansos adecuados, acceso a agua y comida, y oportunidades para descansar y recuperarse del estrés.
- Prevenir la sobrecarga de trabajo y el agotamiento animal: para ello, es importante establecer límites claros sobre la cantidad y duración de las actividades, así como proporcionarles tiempo adecuado de descanso y recuperación entre sesiones.
- Garantizar un ambiente seguro y enriquecedor: Los animales deben ser alojados en entornos que cumplan con sus necesidades básicas de bienestar, incluyendo espacio adecuado para moverse, acceso a luz solar y aire fresco, y estimulación mental y física apropiada. Además, se debe asegurar que los animales estén protegidos de condiciones ambientales extremas, así como de cualquier amenaza potencial para su salud y seguridad.
- Selección cuidadosa de los animales: Los animales deben tener temperamentos adecuados, ser capaces de manejar situaciones estresantes y responder de manera apropiada a la interacción humana. Se debe valorar la elección del animal por sus características tanto etológicas como individuales o propias de sujeto, que ayuden al cumplimiento de los objetivos profesionales en la intervención.
- Garantizar el trato ético de los animales en todo momento: incluye asegurarse de que los animales sean tratados con respeto, dignidad y compasión, y que su participación en las intervenciones sea voluntaria y libre de sufrimiento innecesario. Por tanto, los programas de IAA deben adherirse a estándares éticos y de bienestar animal reconoci-

dos, como los establecidos por organizaciones profesionales y reguladoras, para garantizar el cuidado adecuado de los animales y prevenir cualquier forma de explotación o abuso.

Para garantizar la seguridad y el bienestar de los participantes durante las sesiones se debe:

- Evaluar y gestionar posibles riesgos: incluye identificar posibles alergias, reacciones adversas o miedos a los animales, así como evaluar el comportamiento y temperamento de los animales para prever cualquier posible riesgo de lesiones.
- Asegurar un entorno seguro y controlado: Las sesiones de IAA deben llevarse a cabo en entornos seguros y controlados que minimicen los riesgos para la seguridad de los participantes. Esto puede incluir el uso de áreas cercadas o delimitadas, el control del acceso a los animales y la supervisión continua por parte de profesionales cualificados.
- Supervisión profesional adecuada durante las sesiones: es fundamental contar con supervisión adecuada por parte de profesionales capacitados para garantizar la seguridad de todos los participantes, tanto humanos como animales y prevenir situaciones de riesgo facilitando, en caso necesario, una respuesta rápida y efectiva en caso de emergencia.
- Establecer de pautas de seguridad claras: Es importante establecer pautas de seguridad claras y protocolos de manejo de emergencias para todas las sesiones que incluyan instrucciones sobre cómo interactuar de manera segura con los animales, cómo reconocer y responder ante señales de malestar o estrés, y qué hacer en caso de lesiones o emergencias médicas.
- Educar y capacitar a los participantes sobre cómo interactuar de manera segura y respetuosa con los animales. Esto puede incluir información sobre cómo acercarse a los animales de manera apropiada, cómo leer las señales de comunicación de los animales y cómo actuar en caso de comportamiento inseguro o impredecible por parte del animal.
- Garantizar la confidencialidad y el consentimiento informado: Esto incluye proteger la privacidad y confidencialidad de la información personal de los participantes, proporcionar información clara y comprensible sobre los objetivos, procedimientos y posibles riesgos aso-

ciados con las intervenciones, así como obtener el consentimiento voluntario de los participantes antes de su participación.

Por otro lado, los profesionales también deben valorar una serie de limitaciones y desafíos logísticos como son:

- Capacitar y supervisar al personal de las IAA: El personal que participa en programas de IAA debe recibir capacitación adecuada en la teoría y práctica de las intervenciones asistidas con animales, así como en la seguridad y el bienestar de los animales y los participantes. La capacitación debe incluir información sobre el manejo seguro de los animales, la identificación de señales de estrés o malestar en los animales, y la respuesta adecuada a situaciones de emergencia. Además, se requiere una supervisión continua del personal para garantizar el cumplimiento de los protocolos y estándares de seguridad y bienestar.
- Evaluación y seguimiento del programa: esto es fundamental para garantizar su efectividad y eficacia en la consecución de sus objetivos. Esto puede incluir la recopilación de datos sobre el progreso de los participantes, la satisfacción del cliente, y los indicadores de bienestar animal. La retroalimentación de los participantes y los profesionales también puede ser útil para identificar áreas de mejora y hacer ajustes en el programa.
- Gestión de los recursos necesarios y financiación: se debe de prever los recursos necesarios y el financiamiento adecuado para su implementación y sostenibilidad a largo plazo. Esto incluye el costo asociado al cuidado, atención y, en su caso, entrenamiento de los animales, así como los honorarios de los profesionales.
- Coordinación y trabajo en equipo: La implementación de las IAA puede requerir una coordinación logística compleja y multidisciplinar, especialmente si implica la colaboración entre múltiples organizaciones, profesionales y ubicaciones. Coordinar las actividades, el transporte de los animales, la disponibilidad de espacios adecuados y el horario de los participantes puede ser desafiante y requerir una planificación cuidadosa y una comunicación efectiva entre todas las partes involucradas.

7. CONCLUSIONES

Las IAA representan una poderosa herramienta para el Trabajo Social pues combina la presencia de animales con intervenciones profesionales para promover el bienestar humano y animal en una variedad de contextos. La exploración de los fundamentos teóricos, las aplicaciones prácticas, los beneficios, los desafíos y las consideraciones éticas asociadas con las IAA en el campo del trabajo social nos conducen a las siguientes conclusiones: en primer lugar, se destaca la importancia del vínculo humano-animal para garantizar el éxito de las IAA. Éste proporciona una base sólida para la conexión emocional y el apoyo mutuo entre humanos y animales que produce una amplia gama de beneficios para los participantes, los profesionales, y las comunidades en general, incluyendo mejoras en el bienestar emocional, fortalecimiento de las habilidades sociales, y promoción del sentido de comunidad y cohesión social.

En el marco del Trabajo Social, los profesionales también pueden experimentar una variedad de beneficios al participar en programas de IAA, que van desde un aumento en la satisfacción laboral y el sentido de propósito, hasta una reducción del estrés laboral y el agotamiento profesional. Ofrece, además, el enriquecimiento profesional y el fortalecimiento en el vínculo terapéutico entre personas usuarias y profesionales. Por todo ello, podemos decir que las IAA son una valiosa herramienta en el arsenal de los profesionales del trabajo social porque tienen el potencial de transformar vidas al proporcionar un enfoque científicamente demostrado como efectivo, y único. Esta metodología de intervención permite abordar una variedad de desafíos sociales y de problemáticas grupales, individuales y comunitarias. Sin embargo, en las IAA también existen una serie de limitaciones logísticas y unas consideraciones éticas, así como una serie de desafíos significativos, como garantizar el bienestar animal y la seguridad de los participantes.

Para aprovechar al máximo el potencial que ofrecen, es necesario abordar los desafíos existentes y garantizar que las intervenciones se realicen por profesionales de manera ética y segura para todas las partes implicadas en el proceso. Sólo así, podremos asegurar que nuestra intervención se dirige a promover el bienestar humano y animal.

8. BIBLIOGRAFÍA

Bowlby, J (1988): *Una Base Segura: Aplicaciones Clínicas de una Teoría del Apego.* Paidós Ediciones

Brickel, C. M. (1985). Initiation and maintenance of the human-animal bond: Familial roles from a learning perspective. In *Pets and the family*, pp. 31-48. Routledge.

Caravaca Llamas, C. y Sáez Olmos, J. (24 y 25 de Octubre de 2019). *La industria de las Terapias Asistidas con Animales: revisión de los beneficios de su utilización en intervenciones profesionalizadas.* Creative Industries Global Conference 2019, Orihuela, Alicante, España.

Domènec, E., y Ristol, F. (2014). *Posiciones caninas CTAC.* Smiles CTAC.

García Pinillos, R., Appleby, M. C., Manteca, X., Scott-Park, F., Smith, C., y Velarde, A. (2016). One Welfare - a platform for improving human and animal welfare. *The Veterinary record*, 179(16), 412–413. https://doi.org/10.1136/vr.i5470

International Association of HumanAnimal Interaction Organizations (IAHAIO). (2013). The IAHAIO definitions for animal assisted intervention and animal assisted activity and guidelines for wellness of animals involved. http://www.iahaio.org/new/fileuploads/8000IAHAIO%20WHITE%20PAPER%20TASK%20FORCE%20-%20FINAL%20REPORT%20-%20070714.pdf

Martos-Montes, R., Ordóñez-Pérez, D., De la Fuente-Hidalgo, I. Martos-Luque, R. y García-Viedma, M.R. (2015). Intervención asistida con animales (IAA): Análisis de la situación en España. *Escritos de Psicología*, 8, (3), 1-10. DOI: 10.5231/psy.writ.2015.2004.

Melson, G. F. (2003). Los animales de compañía y el desarrollo de los niños: implicaciones de la hipótesis de la biofilia. En *Manual de terapia asistida por animales: fundamentos teóricos y modelos prácticos*, pp. 429-440. Fundación Affinity

Walker, P., Aimers, J. y Perry, C. (2015) Animals and social work: An emerging field of practice for Aotearoa New Zealand. *Aotearoa New Zealand Social Work* 27, (1y2), 24-35.

Yagüe, G. (2017) Intervención asistida por animales (IAA) en Trabajo Social. Aproximación teórica para la intervención social. *Ehquidad InternationalWelfare Policies and Social Work Journal*, (8), 11-42. doi: 10.15257/ehquidad.2017.0007.

Capítulo 9.

Gestación por sustitución y feminismo(s): reflexiones a partir de los discursos de gestantes por sustitución estadounidenses

ARIADNA AYALA RUBIO
Universidad de Complutense de Madrid

1. INTRODUCCIÓN

Los avances tecnológicos, las dificultades en la adopción internacional y las diferencias legislativas, han transformado el acceso y las prácticas relativas a la atención reproductiva transnacional, desarrollándose un mercado en el que circula material genético y personas con deseos reproductivos que no pueden verse cumplidos en sus países de origen (Leyra et al, 2023; Tober et al, 2023; Rivas et al, 2022; Ayala et al, 2020). La gestación por sustitución[1] transnacional asienta la constitución de nuevos de nuevos modelos familiares, basados en la participación de terceras partes en la reproducción. Además, algunos autores aducen que dado que supone intensificación de la mercantilización de los servicios reproductivos de la mujer (Hernández y Konvalinka, 2019; Deocampo, 2013; Ginsburg y Rapp 1995) plantea muchas preguntas complejas y controvertidas en la intersección de la ley, la ciencia, la ética y las políticas públicas (Leyra et al, 2023; Willians-Jones 2002; Pande 2014; Finkelstein y Finkelstein 2016). La gestación por sustitución comercial (en adelante GSC) transnacional intensifica la mercantilización del trabajo reproductivo de las mujeres (Vora 2012), habiendo surgido una importante

---

1 La gestación por sustitución (GS) es una práctica por la que una mujer gesta un embrión y, tras el parto, este es entregado a los padres comitentes o intencionales. En la gestación por sustitución tradicional la gestante aporta el óvulo. En cambio, en la gestación por sustitución gestacional la gestante no aporta su material genético. La gestación subrogada puede ser comercial cuando la mujer recibe una cantidad de dinero por sus servicios o altruista cuando solo se abonan los gastos derivados del embarazo y el parto.

alarma social en lo relativo al tema[2]. La biotecnología, junto con la globalización, proporcionan las condiciones que hacen posible, según Vora (2012, p. 689), la venta o el alquiler de la función y las partes biológicas de uno mismo. Según la mencionada autora, esta mercantilización implica el "trabajo de producir y transferir energía vital humana directamente a un consumidor, a través del trabajo del afecto y el uso intencional o dedicado de órganos y procesos corporales" (Vora, 2012, p. 682).

Este mercado internacional ha favorecido la aparición y proliferación de una serie de nuevos expertos y empresarios que actúan como intermediarios, facilitadores y proveedores de servicios reproductivos. Su papel consiste en identificar las necesidades y poner en contacto a los distintos agentes: familias previstas, agencias de gestación subrogada, bancos de gametos, clínicas y servicios jurídicos (Krawiec, 2009). Personas con experiencia en la industria de la fertilidad, como antiguas gestantes por sustitución, son contratadas por las agencias o crean sus propias agencias de gestación subrogada, convirtiéndose en expertas y profesionalizando así su propia experiencia (Ayala et al, 2024; Álvarez Plaza et al. 2020; Millbank 2018).

En todo caso, como indica Olavarría (2019), el surgimiento de la GS marca un 'antes' y un 'después' en lo que a las estructuras y formas del parentesco se refiere, si se considera que nunca antes en la historia de la humanidad se había tenido la posibilidad de que el material genético de unos pudiera ser alimentado y desarrollado en el cuerpo de otras personas.

2. FEMINISMOS Y GESTACIÓN POR SUSTITUCIÓN

La polémica en torno a la gestación por sustitución enfrenta a teóricas y a movimientos sociales que, por un lado, propugnan su prohibición por considerar que es contraria a la dignidad de la mujer (Castillo, 2023; Guerra-Palmero, 2017; Aparisi, 2017; Besteiro, 2017, en Europa Press, 2017; Ekis, 2013; *Stop Surrogacy Now*[3]) y, por otro lado, a las académicas de índole regu-

---

[2] Koppytoff (1984:84) sostiene que existe una preocupación moral perenne en el pensamiento occidental, sea cual sea la posición ideológica del pensador, acerca de la mercantilización de atributos humanos como el trabajo, el intelecto o la creatividad o, más recientemente, los órganos humanos y la capacidad reproductiva de las mujeres.

[3] https://www.stopsurrogacynow.com/. Los feminismos en contra de esta práctica aluden a que el propio mercado -o lo que denominan como mercados gestaciona-

lacionista, quienes propugnan que su reconocimiento jurídico podría evitar actitudes paternalistas y moralizantes (Igareda, 2020; Leyra, Ayala y Cubillos, 2023; Ayala et al, 2020; Lamn, 2012, 2015; Farnós, 2017)[4]. Los opositores a la figura argumentan que la gestación por sustitución atenta contra la integridad psíquica de la gestante en virtud de que "no pueden, de antemano, predecir cuáles serán sus actitudes hacia los niños que dan a luz y la entrega de los bebés las hacen sujetos posibles de sufrimientos emocionales" (Zannoni, 1978, en Lamn, 2012, p. 234). Se pone énfasis en el vínculo que se crea entre la gestante y la criatura como consecuencia del embarazo, por lo que, para esta postura, la renuncia a la criatura que nace puede dar lugar a problemas psicológicos.

Frente a esto, en primer lugar, cabe destacar que los estudios sobre la figura de la gestante por sustitución no han encontrado ningún tipo de trastorno o problema psicológico importante en las mujeres que han actuado como gestantes, así como tampoco demuestran que la GSC afecte a la salud psíquica de los comitentes (Van den Akker, 2003, 2009; Hanafin, 1987; Brindsen, 2003; Fischer, S., Gillman, 1991; Jadva et al, 2012; Blyth, 1994; Edelmann, 2004)[5].

En España, por su parte, sigue prevaleciendo en la esfera pública un debate social centrado en la noción de "explotación reproductiva" (Nuño, 2020;

---

les- cae en la contradicción de reivindicar la libertad de las mujeres cuando atañe a cuestiones de explotación de sus cuerpos, denunciando que dicho consentimiento está viciado al no corresponderse con un contrato entre iguales (Guerra, 2018).

4 Las técnicas de reproducción humana asistida con donantes/subrogantes (TRA-D) no pueden dejar de estar exentas de profundas reflexiones y encendidos debates feministas, pues sitúan el cuerpo de las mujeres como un elemento histórico de reivindicación y porque abordan toda una complejidad interpretativa, cuestionando el marco preestablecido de diferenciación dicotómica producción-reproducción (Paltasingh y Lingam, 2014).

5 A pesar de lo anterior, y de que en Europa hay nuevas regulaciones en algunos países, como Portugal, tendentes a despenalizar y regular la gestación por sustitución, recientemente, en abril de 2024, el parlamento europeo ha reconocido la gestación subrogada como "trata de seres humanos". Sin embargo, el mismo parlamento votaba en diciembre 2023 a favor del "certificado europeo de parentalidad, el cual instaura un reconocimiento automático por todos los estados miembros de la parentalidad que haya sido establecida en uno de los estados miembros. Con esta medida, los padres de intención o padres comitentes de la gestación subrogada son considerados como los padres del niño/a, incluso si la práctica está prohibida en su país de origen.

Puleo, 2017) del cuerpo de las mujeres que gestan para terceras partes[6] y, por ende, en la inmoralidad de la práctica. Tanto es así que, durante los últimos años, ha habido grandes presiones para censurar actos universitarios centrados en analizar esta práctica, incluso cuando incluían en sus programas diversos testimonios de mujeres que han sido gestantes, con diferentes experiencias (positivas y negativas) y presentaciones de académicos/as desde diferentes perspectivas teóricas[7]. Algunos/as docentes de la Universidad Complutense de Madrid publicamos en 2019 un manifiesto en contra de la censura en la universidad[8].

Algunas autoras (Álvarez Plaza y Ayala, 2022; Álvarez Plaza et al, 2017) han reflexionado críticamente sobre la hipervisibilización de los debates feministas "hegemónicos" contra la gestación por sustitución y la invisibilización de otros ámbitos en los que las capacidades reproductivas de las mujeres también son mercantilizadas (Parry, 2018). En todo caso, como recuerda Igareda (2018, citando a Horsey, 2010):

> "en aquellos países en los que la gestación por sustitución altruista se ha permitido y regulado, no hay evidencia empírica de que las gestantes hayan sido explotadas, pertenezcan a clases sociales más desfavorecidas o a grupos de población en situaciones de mayor vulnerabilidad económica o social".

---

6 En la mayoría de los casos nos encontramos con un alegato totalmente en contra de esta práctica por suponer una nueva forma de explotación, apropiación y comercialización y cosificación (Fernández Ruiz-Gálvez 2002) del cuerpo y de la vida de las mujeres. En todo caso, la propia Ministra de Igualdad, en 2022, no dudaba en hablar públicamente de los "vientres de alquiler": https://www.europapress.es/catalunya/noticia-igualdad-estudia-afinar-prohibicion-publicidad-espana-gestacion-subrogada-20220114105822.html

7 Un ejemplo de ello fue la "batalla" en torno a la celebración del I Congreso internacional de mujeres y gestación por sustitución que tuvo lugar en Bilbao en julio 2023. Grupos feministas disfrazados de "El cuento de la criada" chillaban, fuera del lugar del evento, consignas contra esta práctica, sin darse cuenta de que estaban insultando a las mujeres gestantes de diferentes países que habían venido a presentar sus experiencias, tanto positivas como problemáticas. Tal incapacidad por parte de ciertos grupos feministas de escuchar los puntos de vista de las mujeres no deja de ser preocupante. Se puede consultar el programa del congreso aquí: https://congresointernacionaldemujeresygestacionporsustitucion.es/

8 Manifiesto contra la "quema de brujas" y las prácticas inquisitoriales de ciertas plataformas feministas: https://www.pikaramagazine.com/2019/05/manifiesto-contra-la-quema-de-brujas-y-las-practicas-inquisitoriales-de-ciertas-plataformas-feministas/

En todo caso, estas alegaciones con respecto a la falta de autonomía de las mujeres que deciden gestar para terceros ponen en duda la situación en la que estas toman la decisión, así como la capacidad de consentir libremente de las mujeres en todas aquellas cuestiones que tengan que ver con su reproducción (Igareda, 2018). Además, como sostiene Farnós (2010): "negar la posibilidad de que las mujeres libremente consientan en ser gestantes para otros además contribuye a reforzar los estereotipos relativos a la imprevisibilidad de las decisiones de las mujeres y a la inevitabilidad de su destino biológico"[9].

Otras estudiosas feministas (Purdy, 1992, p. 309-311; Andews, 1990, p. 168) celebran la existencia de la gestación por sustitución como una forma de demostrar e ilustrar que gestar y criar un niño son dos actividades humanas diferentes. La maternidad, según Lamn (2018), ha sido considerada la característica fundamental, cuando no definitoria, del "ser mujer". Shanley (2003, p. 2) indica que el separar las responsabilidades parentales de los aspectos relacionados con la gestación permite visibilizar que el parto constituye una de las cosas que una mujer puede elegir, pero que, en modo alguno, debiera erigirse en la definición de su rol social o de sus derechos sociales. Así como la "subrogación" pone el acento en que no todas las mujeres han de ser conceptualizadas como madres, o como madres en potencia, "también permite a aquellas mujeres que no pueden tener hijos asumir responsabilidades parentales" (Shanley, 2003, p. 3). Pueden hacerlo como gestantes por sustitución o mediante la adopción, sin duda, pero cuando existe un contrato de embarazo de por medio, la pareja o la persona que quiere ser padre/madre asume su responsabilidad por el bebé aún antes de la concepción. "El contrato de embarazo contribuye, por ende, a que infinidad de personas, independientemente de su sexo, puedan encargar un hijo (Shanley, 2003, p. 3)"[10].

---

9 No obstante, otras autoras señalan que las mencionadas posiciones contrarias a la GS son, hoy en día, minoría, y que lo cierto es que, como indica Lamn (2012: 218), "nos encontramos con una verdad incontestable: aunque se prohíba —como en España— o no haya ley que la regule-como en Argentina-, la gestación por sustitución se practica (...)".

10 Para Carmel Shalev (1989, citada por Lamn, 2018), la obligación asumida por la gestante al comprometerse a entregar el hijo que ha concebido a quien la ha contratado a tal efecto constituye una manera de expresar su libertad para realizar cualquier tarea que elija. Shalev aduce que "negarse a reconocer la validez legal de los contratos de embarazo equivale a afirmar que la mujer, en virtud de su sexo biológico, no es competente para actuar como agente moral y racional respecto de su actividad reproductiva".

Este artículo pretende, después de dar un repaso a la literatura -en parte feminista-sobre la gestación por sustitución, centrarse en dar voz a las mujeres estadounidenses que, habiendo gestado para terceros varias veces, han tenido experiencias positivas y, algunas, han decidido hacer de la gestación por sustitución en Estados Unidos su nicho profesional. Algunas de ellas trabajan como empleadas de agencias de gestación por sustitución o como gerentes/directivas de las mismas. Se analizarán, en este sentido, las percepciones de las propias gestantes por sustitución sobre su autonomía corporal, su capacidad de elección y su visión del trabajo reproductivo que realizan.

3. UNA MIRADA RÁPIDA A LA LITERATURA SOBRE GESTACIÓN POR SUSTITUCIÓN

Se ha escrito mucho sobre los dilemas éticos de la gestación subrogada comercial en relación con la mercantilización de los cuerpos de las mujeres. Los debates académicos y feministas se han centrado en si la gestación por sustitución es explotadora o más bien sirve para promover la autonomía y la justicia reproductiva (Vora, 2012; Stuvøy 2018, Bailey 2018; Jouan 2017; Lotay 2015; Pande 2015). Parry (2018) discute los dilemas asociados con la consideración del trabajo reproductivo de las gestantes por sustitución como excepcional y explotador, señalando que en ciertos países hay dificultades para reconocer su trabajo íntimo o afectivo. Otros (Igareda 2020; Jouan 2017; Lotay 2015) identifican dilemas con relación a si la subrogación promueve la agencia y autonomía de las mujeres involucradas. Y otros autores (Lewis 2021) cuestionan la dificultad de regular la creciente industria internacional de la gestación subrogada comercial y sugieren que "las reformas de la gestación subrogada deberían basarse en la justicia reproductiva, definida como la capacidad de las mujeres para determinar sus propios destinos reproductivos" (Rudrappa 2021). Además de abordar estos debates, la literatura internacional sobre la gestación por sustitución se ha centrado en las motivaciones de las gestantes (Rivas et al, 2022; Berend, 2014; Jadva et al. 2012; Ragoné, 2014), en las características de gestar hijos para otros como una forma de trabajo (Parry, 2015; Rudrappa, 2014; Pande, 2011), y en las relaciones entre los padres de intención, las gestantes por sustitución y la descendencia (Carone et al. 2018; Jadva et al. 2012; Golombok et al. 2006; Golombok y Murray, 2004).

En cuanto a las motivaciones de mujeres que gestan para terceras partes, los resultados varían de un país a otro. En el Reino Unido, la gestación por sustitución altruista es la más relevante (Blyth, 1994; Jadva et al. 2003), mientras que en Estados Unidos predomina la gestación por sustitución comercial (Berend, 2016; Jacobson, 2016; Smietana, 2017). En ambos casos, los autores sostienen que las principales motivaciones para estas mujeres son el deseo de ayudar a crear una familia y el deseo de mejorar la propia autoestima. Todo ello unido a la metáfora del "regalo de la vida" (*gift of life*), movilizada por muchas de las agencias de gestación por sustitución (Smietana et al, 2021). En todo caso, muchas gestantes señalan que el dinero no es suficiente para explicar completamente su decisión de participar en este proceso (Ragoné, 1994), sino que se estas tienen en cuenta las recompensas emocionales y espirituales de esta práctica (Smietana et al. 2021; Berend, 2016). El conceptualizar la práctica de la gestación por sustitución como un regalo o como un "trabajo por amor" la dota de una legitimidad moral que la sitúa por encima del trabajo asalariado, que es visto como un simple intercambio de mercancías.

Otra línea de investigación ha teorizado la gestación por sustitución como un tipo de trabajo reproductivo con varias facetas. Por un lado, implica trabajo físico-biológico, ejemplificado por su dimensión clínica y por la movilización de recursos biológicos (Vora, 2009): las gestantes son supervisadas por profesionales sanitarios y agencias de gestación por sustitución para evitar hábitos perjudiciales para el feto. Por otro lado, también implica un trabajo emocional (Hochschild 1979): las mujeres que gestan se desvinculan del niño/a, distanciándose de la experiencia del embarazo que ya les es familiar tras haber dado a luz a sus propios/as hijos/as, al tiempo que animan a los futuros padres a crear vínculos parentales con el bebé (Zelizer, 2005; Weis, 2017). Y, además, supone un trabajo de cuidados (Ziff, 2017, p. 411) que debería ser reconocido como tal, a pesar de la duda general por parte de casi todos los actores implicados en considerarlo como un trabajo (Jouan y Clos, 2020)[11]. Y, para finalizar, cabe mencionar que varios son los trabajos que señalan que muchas gestantes han encontrado el trabajo de gestar para otros como gratificante, expresando orgullo, satisfacción y aprecio por la labor realizada (Ziff, 2017; Jacobson, 2016; Shaw, 2008).

---

[11] Varios estudios sobre la gestación por sustitución en EEUU (Smietana et al. 2021; Smietana, 2017; Berend, 2016; Jacobson, 2016; Ragoné, 1994) señalan que la narrativa del regalo de vida altruista coexiste con las narrativas económicas ligadas a la compensación. Así, para que la gestación por sustitución sea aceptable socialmente, ha de ser enmarcada como un intercambio mediado por el altruismo y los nexos humanos (Smietana et al. 2021: 8, traducción de la autora).

4. DISCURSOS DE LAS GESTANTES POR SUSTITUCIÓN ESTADOUNIDENSES

En este apartado se reflexiona a partir de testimonios de mujeres estadounidenses que han sido gestantes por sustitución[12]. El perfil de las gestantes (edad, estudios, y ocupación laboral) se explica en la *Tabla 1*, al final de este capítulo.

Las gestantes por sustitución estadounidenses rechazan fuertemente la idea de que hayan podido ser explotadas, y hacen hincapié en su capacidad reflexiva y en el proceso de investigación y búsqueda de información previos a la firma del contrato. Por ende, sostienen haber tomado una decisión consciente y meditada. Además, como ya señalan otras autoras (Lamn, 2015; Van den Akker, 2006), las gestantes son advertidas por las respectivas agencias de gestación por sustitución para asegurarse de que entienden de quién es el niño que están gestando y pariendo. Consecuentemente, las gestantes estadounidenses no se permiten a sí mismas aferrarse al feto, o al bebé, después del parto[13].

La firma de un contrato y el apoyo de las agencias de gestación por sustitución son elementos clave para prevenir cualquier tipo de situación incómoda o imprevista durante el proceso de gestación por sustitución.

El hecho de ser gestantes por sustitución ha sido positivo para las mujeres estadounidenses, quienes señalan el impacto favorable en sus vidas y la buena aceptación mostrada por sus parejas, hijos/as y por su entorno cercano. Casi todas las mujeres hablan de la alegría y del disfrute de gestar para terceros, así como de la importancia de la gestación por sustitución como acto

---

12 Durante los meses de julio y agosto de 2022 realicé una estancia de investigación en la Universidad de California, Berkeley, gracias a una Beca del Amo concedida por la UCM. Entrevisté a 15 mujeres que habían sido gestantes por sustitución en EE. UU. o que estaban en proceso de serlo (en tanto solicitantes o estando ya embarazadas). Las preguntas del guión de entrevista versaban sobre sus motivaciones, su experiencia personal y profesional al realizar procesos de gestación subrogada y su concepción del nivel de autonomía corporal y capacidad de decisión a lo largo del proceso de gestación por sustitución. Al final de la entrevista y, de cara a no generar grandes reacciones por su parte, se les preguntó si se habían considerado en algún momento "explotadas", de cara a poder dejarles un espacio para poder reaccionar a la visión imperante en parte del feminismo español.

13 La práctica de entregar la criatura a los padres de intención inmediatamente después del parto refuerza esta idea, y así lo confirmaron las quince mujeres entrevistadas.

humano y social (Álvarez Plaza y Ayala Rubio, 2022), aspecto este reseñado igualmente por investigadoras como Igareda (2018), Lamn (2018) o Blyth (1994).

Estas mujeres, muchas de las cuales han gestado para otras familias en más de una ocasión (ver la tabla 1), sostienen que han tenido el poder de negociar con los padres de intención y con las agencias. De hecho, varias mencionan haber tenido "más poder que los padres de intención" (Ayala Rubio, 2023) durante el proceso.

En este sentido, Ana, quien ha realizado tres gestaciones por sustitución y está embarazada para poder realizar la cuarta, subraya su capacidad de autonomía durante todo el proceso, precisando la importancia de realizarlo en EEUU, donde los procedimientos son claros.

> A: Creo que esta es la diferencia entre los EE.UU. y los países del 3er mundo con la subrogación. En Estados Unidos tenemos mucha más autonomía como gestantes. Tenemos mucho más poder y control del que tendríamos en otro país. Y, sinceramente, me siento poderosa. Creo que el nacimiento de un hijo es una de las cosas más hermosas y asombrosas y también algo muy fuerte para mí cuando doy a luz. Y he sido capaz de hacer 5 partos naturales, sin asistencia y sin epidural. Para mí eso es mi cuerpo y yo estoy poniendo a prueba lo fuerte que soy, mental y físicamente. (Ana, 37 años, 3 gestaciones por sustitución y 1 en proceso, 3 hijos y una hijastra, contratada por agencia de gestación por sustitución, profesora educación infantil)

Laura, directora de una agencia de gestación por sustitución, gestante en 2 ocasiones y madre de 6 hijos, indica que se ha sentido en una posición de poder en su relación con los padres de intención. Además, insiste en que en Estados Unidos las mujeres que eligen gestar para otras familias lo hacen porque para ellas estar embarazadas es fácil.

> L: ¡Nosotras estamos viviendo nuestras vidas de manera normal! La gestante, siendo muy honesta, está en una posición de mucho poder porque ella todavía tiene complete autonomía sobre su cuerpo y en cualquier momento, si ella quisiera, podría terminar el embarazo. Los padres no pueden hacer nada. ¡Nada! En Estados Unidos las gestantes solo están sacrificando loque pasa durante el embarazo. Y ellas eligen quedarse embarazadas porque es fácil para ellas y han decidido que esto es lo que es mejor para su familia. (Laura, 48 años, 2 gestaciones por sustitución, 5 hijos y 1 hijastra, directora de agencia de gestación por sustitución)

Las mujeres que quieren llevar a cabo un proceso de gestación por sustitución buscan intencionalmente la información para poder realizarlo, siendo el proceso de decisión consciente y reflexivo.

El aspecto voluntario e intencional de la práctica, en línea con la mencionada capacidad de autonomía, es también subrayado por Rosa, directiva de una agencia de gestación por sustitución, y 4 veces gestante por sustitución. En su testimonio insiste en recalcar que, por parte de las agencias, se verifica que las mujeres sean estables financiera y mentalmente[14]:

> R: Nos fijamos en su estabilidad financiera, su estabilidad mental. Pero lo más importante es que es voluntario y te cambia la vida. Después de mis propios hijos, la gestación por sustitución ha sido lo más gratificante de mi vida. Así que casi se siente egoísta. Muchas chicas me dicen: "sólo quiero hacer esto porque me hace sentir muy bien". Así que no veo cómo esto podría ser explotador si te dicen: "quiero hacer esto, quiero ayudar, quiero ser voluntaria". En este caso no se trata de ofrecer voluntariamente su tiempo, sino sus úteros (risas). (Rosa, 41 años, 4 gestaciones por sustitución, 2 hijos, directiva en agencia de gestación por sustitución).

Entre las motivaciones que expresan las mujeres que ha gestado para terceros, ellas inciden en su deseo altruista de ayudar a otra familia a tener descendencia, siendo este, en la mayoría de los casos, el motor inicial para la toma de la decisión. Como se comentó anteriormente, no sólo se sienten orgullosas de haber sido gestantes por sustitución, sino que consideran que ha servido de modelo o ejemplo positivo para sus hijos/as y familiares.

Susana, quien con 37 años ha realizado 4 gestaciones por sustitución, lo explica con así:

> S. ¡Si no han vivido el viaje, no pueden juzgarlo ni ponerse en los zapatos de la otra persona! Yo nunca sentí que me explotaran. Fui yo queriendo hacerlo y estando encantada de lo gratificante que fue.
>
> Y fue emocionalmente gratificante, no sólo económicamente, sino emocionalmente, y te enseña mucho; te hace más humilde. Mis hijos me vieron pasar por todos estos embarazos y mi hija de 9 años (ahora tiene 13) recuerdo que me miraba y me decía: "mamá, quiero hacer lo que tú haces algún día. Quiero ser gestante como tú. Quiero poder ayudar a otra familia. (...) Todo el mundo tiene derecho a tomar ciertas decisiones.
>
> A. ¿Así que nunca te sentiste explotada o controlada?

---

14 Cabe resaltar aquí que las mujeres entrevistadas se han ofrecido voluntariamente para hablar de las prácticas de las empresas para las que trabajan y de sus procesos de gestación por sustitución.

S. En mi caso no ha habido explotación. He tenido algunas amigas que han sido gestantes por sustitución y ninguna de nosotras se ha sentido explotada o ha tenido una experiencia que le haya impactado negativamente. Ninguna se ha sentido arrepentida. Creo que es falta de conocimiento si la gente piensa que estamos explotadas. (Susana, 37 años, 4 gestaciones por sustitución, 4 hijos, atención al público en agencia de gestación por sustitución, no acabó estudios universitarios)

Es importante clarificar que no todas las mujeres que han querido gestar para terceros lo han podido hacer. El caso de Karina es un ejemplo de ello. Durante tres años trató de gestar para una pareja de hombres española y no lo consiguió. A pesar de reconocer que fue una experiencia dura, en ningún momento expresa haberse arrepentido de su decisión de tratar de ser gestante. Según esta mujer, la agencia y los criterios que esta utiliza para evaluar a las mujeres son cruciales. Menciona los exámenes psicológicos, económicos y médicos que les hacen, y cómo gracias a ellos encaran el proceso de gestación por sustitución con la información y las protecciones adecuadas.

A: ¿Cómo respondería a las mujeres que piensan que usted ha sido explotada?

K: Me gustaría señalar que la agencia hace un gran trabajo asegurándose de que no estás siendo explotada. Tienes que hablar con un psicólogo, un trabajador social va a tu casa para asegurarse de que no vives en situación de pobreza. También creo que yo soy lo bastante inteligente como para tomar mis propias decisiones y decidir si puedo elegir gestar un bebé por mí misma o no gestar un bebé por mí misma. Yo soy pro-elección (*pro-choice*)... Eso también significa que puedo gestar un bebé en cualquier momento. Si por casualidad comparto ese deseo con alguien, creo que eso hace del mundo un lugar más amable, porque tienes que reconocer el dolor y la tristeza de otras personas para hacer algo así. Creo, sinceramente, que gestar para otros hace del mundo un lugar más amable y cariñoso. (Karina, 35 años, 2 hijos, estadounidense, 0 GS finalizadas con éxito, contratada por agencia de gestación por sustitución, arqueóloga)

Las gestantes por sustitución estadounidenses se posicionan fuertemente en contra de las perspectivas feministas que vinculan unidireccionalmente la gestación por sustitución comercial con la explotación.

A. ¿Qué les diría a algunas feministas españolas que equiparan la gestación por sustitución con la explotación?

R: Yo lo veo como un voluntariado. Estas mujeres acuden voluntariamente a nosotros, al menos a nuestra agencia, y dicen: "Vi a mi hermana pasar por la infertilidad y me rompió el corazón, y si puedo ayudar a alguien a ser madre, quiero hacerlo". Esa es su declaración general. No puedo imaginarme no ser madre, qué injusto es que esta persona no pueda experimentarlo porque nació con algo que no le permite quedarse embarazada o porque ha experimentado tantas pérdidas... estas mujeres, yo incluida, buscan voluntariamente esta información y la buscan e investigan y vienen y dicen: Quiero hacerlo. No hay ningún contrato ni acuerdo ni nada que las fuerce a hacerlo en ningún momento. Obviamente, cuando están embarazadas tienen que llevar a cabo el embarazo lo suficientemente sanas como para que el contrato también se cumpla. Pero en cualquier momento del proceso pueden decir "esto no es para mí". (Rosa, 41 años, 4 gestaciones por sustitución, 2 hijos, manager en agencia de gestación por sustitución).

La mayoría de las agencias utilizan los siguientes criterios de selección: una gestante debe tener al menos 21 años y no más de 42, ser fértil y estar sana, sin antecedentes genéticos negativos, y también debe haber tenido un historial positivo de embarazo con el nacimiento de un niño sano[15]. Debe gozar de excelente salud, tanto física como mental. No debe padecer ninguna enfermedad de transmisión sexual. Las agencias de gestación por sustitución suelen realizar comprobaciones de antecedentes penales a nivel federal y estatal, así como comprobaciones financieras para asegurarse de que las mujeres que quieren gestar para terceros puedan mantenerse a sí mismas sin depender de la compensación económica que van a recibir.

Siempre es necesario un examen psicosocial: un/a trabajador/a social de la agencia de gestación por sustitución puede entrevistar a la candidata y a su pareja, en persona y posiblemente en su casa, para evaluar su estado mental y si está emocionalmente preparada para ser gestante por sustitución.

En el siguiente verbatim vemos cómo Karina habla de los criterios usados para seleccionar a las gestantes por sustitución y explica sus motivaciones.

K: No trabajamos con mujeres que tengan que hacerlo por dinero. Sólo trabajamos con gestantes que tienen ingresos estables (porque ellas mismas trabajan o lo hacen sus parejas). Tenemos que asegurarnos de que la vivienda y los gastos de manutención mensuales están cubiertos. Nos parece bien que el dinero de la subrogación sea un extra (bonus), pero no puede ser algo de lo que la gestante vaya a vivir. Si ella dice «quiero dinero para estudiar enfermería» o «quiero dinero para ahorrar para la universidad de mis hijos», está bien. Puede ser que diga "yo quiero el dinero", pero no puede ser "Yo necesito el dinero". (Karina,

---

15 Aunque cada agencia tiene derecho a establecer su propia lista de criterios para las candidatas a gestantes subrogadas, muchas siguen las directrices fijadas por la Sociedad Americana de Medicina Reproductiva (ASRM). Estos criterios suelen publicarse en los sitios web de las agencias y en asociaciones como SEEDS, una organización sin ánimo de lucro dedicada a definir y promover el comportamiento ético de todas las partes implicadas en la reproducción para terceros.

35 años, 2 hijos, estadounidense, 0 GS finalizadas con éxito, contratada por agencia de gestación por sustitución, arqueóloga)

A partir de estas "protecciones" para que la gestación por sustitución se pueda llevar a cambio sin problemas para las partes implicadas en Estados Unidos (principalmente en los estados de los que hablan: California y Oregón), puede entenderse mejor que las gestantes estadounidenses subrayen repetidamente que esta experiencia haya cambiado para bien sus vidas, y que el proceso haya sido gratificante para ellas, tanto en su vertiente emocional (han disfrutado y se sienten orgullosas), como en su vertiente económica (les ha permitido ahorrar dinero y usarlo para mejorar los estudios de sus hijos o los suyos propios, por ejemplo) y educativa (han sido ejemplo para sus hijos y entorno cercano) (Ayala Rubio, 2023).

Veamos el testimonio de Julia, directora de agencia de gestación por sustitución, gestante en dos ocasiones y madre de dos hijos:

> J: Es algo muy bonito y me gustaría que más gente lo entendiera. No puedes entenderlo de verdad hasta que lo haces. Cuando me reúno con los padres para ayudarles a encontrar una gestante por sustitución, muchas veces me hacen estas preguntas: ¿cómo puede ayudarme una mujer que no me conoce? Lo que les digo es bastante común, y lo es desde mi propio punto de vista: nosotras ya hemos vivido la experiencia de ser padres, conocemos esa alegría que se siente cuando tienes a tu hijo en brazos por primera vez y la idea de dar esa alegría a otra persona y que la experimente y verla al entregar el bebé... Es por eso que las gestantes lo hacen una y otra vez. Es tan hermoso presenciarlo y es tan gratificante saber que lo has hecho tú, que te sientes muy orgullosa. (Julia, 41 años, 2 gestaciones por sustitución, 2 hijos, directora de agencia de gestación por sustitución)

Estas mujeres producen narrativas en positivo de ellas mismas y de las propias cualidades que las han llevado a querer gestar para terceros. Así, se presentan como mujeres cuidadoras, con vocación social, líderes en sus comunidades, personas que disfrutan del embarazo y que dan importancia a la maternidad. Se dicen inteligentes, aventureras, capaces de asumir riesgos, y con capacidad de iniciativa. Sostienen, además, la firme convicción de que toda persona es capaz de ejercer la capacidad de elegir libremente qué hacer con su cuerpo. Y, sobre todo, se presentan como mujeres que valoran la maternidad y la importancia de tener una familia en sus vidas, aspecto este que les hace reconocer lo necesarias e importantes que han sido para la creación de tantas familias que, inicialmente, tenían problemas o imposibilidad de procrear. Es importante recalcar, además, que todas ellas comprenden con facilidad el lenguaje médico.

Estas mujeres demuestran, en sus vidas cotidianas, que pueden combinar la vida laboral con la familiar, además de tener una intensa vida social y de participar frecuentemente en proyectos sociales y comunitarios. Por ello, y aunque pueda parecer curioso en el contexto capitalista estadounidense, ellas afirman con rotundidad que, a pesar de haber sido compensadas económicamente, son "personas altruistas", que dan gran importancia a los vínculos humanos y que son proclives a compartir y a pensar en los demás.

Para ellas la gestación por sustitución no se concibe, por lo general, como un trabajo o empleo. Mencionan, para referirse a la GS, las palabras "pasión, hobby, voluntariado" y "deseo de ayudar a otros"[16].

> K: No, era más como un hobby. Conseguí un trabajo, trabajé para un médico que era naturópata. Tenía un trabajo y era madre, pero sin duda era algo que me llevaba mucho tiempo y muchos recursos emocionales, y también era algo que disfrutaba y que formaba parte de lo que yo era en aquel momento. Me gustaba hablar con la gente sobre el embarazo, me gustaba hacerme amiga de otras mujeres que se convertían en gestantes por sustitución para la agencia, lo mostraba en mis redes sociales, así que era más como un hobby. (Karina, 35 años, 2 hijos, estadounidense, 0 GS finalizadas con éxito, contratada por agencia de gestación por sustitución, arqueóloga)

Estas mujeres se consideran generosas por naturaleza, lo cual no niega, en sus términos, que también pueda interesarles ser compensadas económicamente. Julia, en la siguiente frase, nos explica qué perfiles de mujeres piensa que acceden a la gestación por sustitución.

> J: Cuando lo hice me enteré de que una compañera de trabajo estaba luchando por tener hijos. Cuando empecé a darme cuenta de lo afortunada que era por haber conseguido todo lo que quería, pensé... si puedo ayudar a otras... Siempre he sido una persona generosa y ese es el tipo de mujeres que se convierten en gestantes por sustitución. O bien tienen una profesión y tienen un trabajo en lo social (*giving employment*), o son madres que se quedan en casa (*stay at home mums*) que se inscriben en la asociación de padres (*parents club*) y son líderes en su comunidad, así que ese es el tipo de mujeres que suelen hacerlo. ¡Y me vino así a la cabeza! Y me puse a tratar de ser gestante sin darle muchas más vueltas. (Julia 41 años, 2 gestaciones por sustitución -una tradicional-, 2 hijos, dueña de agencia de GS, licenciatura de gestión y política)

En un contexto capitalista, el hecho de reclamar que la gestación por sustitución sea completamente altruista es un sinsentido para las mujeres que han gestado en Estados Unidos. De hecho, consideran que la transacción econó-

---

[16] En 1 caso se menciona la llamada divina o "calling" (una "misión" que realizar)

mica tiene el beneficio de "tranquilizar" a los padres de intención, dado que se rige bajo la lógica del intercambio y, en cierto sentido, equipara las posiciones sociales de ambas partes implicadas (Ayala Rubio, 2023).

> J: En cuanto a la gestación por sustitución, me daría más miedo la gestación por sustitución altruista. Al menos da tranquilidad a los futuros padres que, como hay transacciones económicas de por medio se sienten más cómodos y seguros de que llegaremos al final y concluiremos. Mientras tanto, han podido entablar una gran amistad. (Julia 41 años, 2 gestaciones por sustitución -una tradicional-, 2 hijos, dueña de agencia de GS, licenciatura de gestión y política)

En otros lugares he expuesto (Ayala Rubio, 2023) que nos encontramos ante un equilibrio inestable, que combina visiones complejas de la donación, la compensación económica y lo que supone ser altruista en una economía capitalista. En todo caso, el recibir una compensación económica por la gestación no impide que ni estas mujeres ni las agencias que las contratan las califiquen como altruistas (Smietana, Rudrappa y Weis, 2021).

> A: Ese es el equilibrio: Quiero ayudar a una familia, sé lo importante que son mis hijos. Sé que la infertilidad puede causar dolor y yo podría ser una solución a eso. Me gusta esa sensación de ayudar a alguien y además voy a poder ayudarme a cumplir mis objetivos. (...) Hicimos una encuesta (en la agencia) hace un par de años (...) Y la gestante por sustitución media era una mujer blanca de clase media. No era pobre, no tenía problemas económicos. Era una mujer de clase media que buscaba algo más en su vida... como sentir que ha logrado cambios en este mundo. (Ana, 37 años, 3 gestaciones por sustitución y 1 en proceso, 3 hijos y una hijastra, contratada por agencia de gestación por sustitución, profesora de educación infantil)

> A: Pero hay excepciones, hay "gestantes profesionales", que quieren ser profesionales, que quieren recibir una compensación más alta... siempre van a existir estas gestantes, pero la mayoría de las gestantes por sustitución van a estar en el lado altruista (...). Así que la mayoría del mundo de la gestación por sustitución son gente normal que se une para ayudar a formar una familia. (Ana, 37 años, 3 gestaciones por sustitución y 1 en proceso, 3 hijos y una hijastra, contratada por agencia de gestación por sustitución, profesora de educación infantil)

Las mujeres gestantes indican que, cuando la relación con los padres va bien, se prima lo relacional y el respeto mutuo. Al existir actores que se ocupan de los aspectos jurídicos y financieros, la gestación por sustitución se construye como una relación conjunta con los padres de cara a gestar un bebé de forma "agradable" (se prima así la "amistad", la confianza, y el entendimiento mutuo durante "el viaje"[17]). En cambio, cuando ocurren eventos que rompen el respeto y la confianza mutua que se está estableciendo entre los padres de intención y la gestante, estas mujeres pueden ponerse en "modo "profesional" (entendiendo la gestación como un trabajo convencional o *job*). Es aquí cuando algunas de las gestantes explican que, en situación de tensión o conflicto, se atendrán estrictamente al cumplimiento de los términos establecidos en el contrato[18].

5. CONCLUSIONES

Los testimonios de las mujeres que "hablan" en este capítulo nos ayudan a comprender que los debates feministas no han prestado suficiente atención a los puntos de vista de las mujeres gestantes quienes, de manera sólida y consciente, han tomado la decisión de gestar para otras personas o familias. Como se ha visto, estas mujeres sienten que han realizado esta práctica de manera autónoma, con la información y los garantes necesarios para poder, incluso, repetir la experiencia y disfrutarla.

Sin embargo, sus discursos contrastan con las narrativas homogeneizantes y altamente estereotipadas que aparecen sobre ellas en los medios de comunicación o en los debates feministas que más calado parecen tener[19]. Estas narrativas, aparte de victimizarlas e inferiorizarlas, favorecen el silenciamiento de los puntos de vista de las mujeres que sido gestantes por sustitución y niegan la existencia de experiencias diversas con relación a esta práctica. Mohanty's (2003) plantea que, en torno a la gestación por sustitución y su prohibición desde los feminismos occidentales, se genera un "paternalismo

---

17 Lo denominan, en inglés, *journey*.

18 En este "modo" se obviaría llevar a cabo el trabajo emocional de tener a los padres de intención contentos o de tratar de establecer una bella amistad con ellos, aspectos estos últimos que suelen ser esenciales para las gestantes por sustitución que gestan por razones altruistas. En este sentido, no consideran que las mujeres "profesionales" tengan la motivación adecuada para "hacerlo bien" ("desde el corazón"). Se las define, entonces, como mujeres que no lo hacen por voluntad de ayudar y se especifica que son dichos perfiles las que suelen negociar su compensación a la alta.

19 Sin embargo, en julio 2023 se difundieron los datos de una encuesta de la Universidad de Alicante que revela que el 58% de los españoles aprobaría una ley de gestación subrogada. https://confilegal.com/20230722-una-encuesta-de-la-universidad-de-alicante-revela-que-el-58-de-los-espanoles-aprobaria-una-ley-de-gestacion-subrogada/

ético" en el que se produce una trasposición de los marcos morales occidentales, generándose una imagen única de la "gestante" y presentándose las ideas del feminismo occidental como liberadoras. Por su parte, Bailey (2011), estudiosa del caso de la GS en la India, plantea que extender los marcos morales occidentales de manera no crítica al análisis del trabajo de subrogación en la India nos acerca al ámbito de lo que denomina "colonialismo discursivo", sugiriendo que las tradiciones normativas e intelectuales de Occidente distorsionan, borran e interpretan erróneamente las experiencias de los sujetos no occidentales[20].

Es importante, ante estos enconados debates respecto a las prácticas reproductivas de las mujeres -ampliando también el foco de la GS a la donación de óvulos-, plantear la utilidad del análisis antropológico. A través del giro etnográfico (Bailey, 2011, p. 724) o *ethnografic turn,* desde mediados de los años 90 se han ido quebrando las respuestas normativas con respecto a la GS. Gracias a la etnografía, se privilegian los discursos de las propias mujeres gestantes en lugar de proponer conceptos abstractos y normativos de índole filosófica. Como parte de este "giro etnográfico", las académicas feministas se esfuerzan por documentar la agencia de las mujeres en terrenos culturales complejos como es el de la medicina para la infertilidad o los debates retóricos de la elección (Bailey, 2011).

> Las etnografías biomédicas feministas ofrecen la oportunidad de teorizar mejor la agencia de las mujeres como sujetos situados. A diferencia de las respuestas normativas, que entienden la agencia como un poder genérico para actuar, los relatos etnográficos se refieren "a definiciones y atribuciones que conforman el tejido moral de la vida de las personas, y que tienen asignadas redes de responsabilidad localmente plausibles y aplicables" (Thompson 2005: 180, en Bailey, 2011: 724)[21]

El giro de perspectivas normativas a enfoques etnográficos supone también el paso de la certitud moral a la ambivalencia moral (Thompson, 2005)[22]. Por ello es fundamental que los estudios en reproducción humana y los/as

---

20 Al construirse narrativas maestras de las gestantes como personas o mercancías -en el sentido de objetos reemplazables (*disposables*)-, no se estaría dando importancia a su rol, negándoseles así a estas mujeres el respeto propio y la legitimidad social de la actividad realizada.

21 Traducción propia.

22 El valor de las etnografías radica en que se evitan las narrativas maestras de índole normativa, que reducen las discusiones a dos lógicas binarias: el bien incalculable de la libre elección, por un lado, y, por el otro, los males morales de la mercantiliza-

profesionales que trabajan con diversidad familiar y reproducción asistida incorporen miradas interculturales, de cara a ampliar y complejizar el fenómeno sin caer en simplismos universalistas sobre lo que supone la condición de "ser mujer", evitando así su frecuente asociación con la capacidad y deseo de maternar. Como nos recuerda Lamn (2018), en la gestación por sustitución "quien gesta y da a luz no es madre. Pero, además, puede que quienes recurran a la GS sean dos varones o un varón solo, con lo cual, aunque geste y dé a luz una mujer, no hay madre, sino dos padres, o un padre solo".

En este sentido, y tal y como se ha venido planteando, es relevante cuestionar cuál es el rol del feminismo en la legitimación y sacralización del trabajo maternal y/o reproductivo frente a otro tipo de trabajos de cuidados que realizan las mujeres (en el campo del cuidado de la infancia, de la tercera edad o de los/as enfermos/as con problemas de salud mental) y que no se suelen cuestionar en Europa.

Para finalizar, y ante los debates presentados y las visiones tan encontradas sobre este tema, cabe preguntarse: ¿cómo, desde nuestras diferentes profesiones, encaramos los discursos sobre las mujeres que gestan para terceros o sobre las familias creadas gracias a ellas? ¿Podemos concebir la apertura de la categoría "familia" y aceptar nuevas modalidades familiares que escapan de la regla de que la maternidad proviene del parto[23]?

¿Somos capaces de escuchar sin prejuicios las perspectivas estas familias? ¿o presuponemos que en su origen familiar siempre ha habido algún tipo de explotación o de mala práctica de por medio? ¿Conocemos las experiencias de familias que recurrieron a la GS, o las presuponemos, a partir de lo que hemos escuchado a colegas o en los medios de comunicación? ¿Estamos capacitados/as para preguntar desde el respeto y para acompañar profesionalmente a estas personas y a sus hijos e hijas?

Recordemos, únicamente, que en España hay numerosas familias que se ha configurado a través de la gestación por sustitución y que violentarlas o denigrarlas no puede sino generar malestares y dañar la coexistencia pacífica de diversos modelos familiares dentro de nuestras fronteras.

---

ción y/o el determinismo patriarcal (Farquhar, 1996; Majumdar, 2014: Ayala, Leyra y Cubillos, 2020).

[23] Se quiebra, así, una lógica heteronormativa de siglos de antigüedad (Lamn, 2018).

Tabla 1: Características de las mujeres entrevistadas. Todas ellas trabajan en agencias de gestación por sustitución.

Nombre	Edad	Hijos propios	Gestaciones subrogadas*	Estudios	Puesto y ubicación de la agencia
Julia	41	2	2	Licenciatura de gestión y política	Fundadora y directora California
Karina	35	2	0 (varios intentos)	Arqueología	Coordinadora de gestantes Oregón
Rosa	41	2	4	Administración de empresas	Directora ejecutiva California
Dhana	34	2	2	Estudios secundarios Peluquería	Directora ejecutiva Oregón
Ana	37	3 + 1 hijastra	3	Magisterio de educación infantil	Directora del programa de GS California (con sedes en 6 estados más)
Susana	37	4	4	Educación secundaria (no acabó la universitaria)	Coordinadora de familias California
Kenara	49	3	2	Grado en comunicación	Contable California
Karen	43	3	3	Grado en Desarrollo infantil Formación de Doula	Fundadora y directora California
Laura	48	5 + 1 hijastra	2	Derecho	Fundadora y directora California
Viviana	37	2	2 (3 bebés)	Estudios secundarios	*Community Support Manager* Oregón
Carla	43	4	3 (5 bebés)	Grado en Administración de empresas	Coordinadora programa GS California
Diana	31	2	2 (1 bebé)	Estudios secundarios	*Case manager* Nevada
Constanza	39	2	3	Certificado en Administración de negocios Grado en Psicología y Marketing	Coordinadora de gestantes y de familias California

Linda	42	3	5	Diplomado en Administración de empresas	Fundadora y directora California
Barbara	43	3 + 1 hijastra	1	Doble grado en Ciencias de las religiones y Ciencias políticas	Fundadora y directora California

*** Cuando se indica el número de bebés (entre paréntesis) es porque se ha podido gestar mellizos/gemelos o haber perdido el bebé antes de llegar a término.**

6. BIBLIOGRAFÍA

Álvarez Plaza, C.; A.M. Rivas Rivas, y M, I. Jociles (2019) Vínculos y contactos socioafectivos de las familias españolas con gestantes por sustitución de Estados Unidos, Canadá y Ucrania. En *Gestación subrogada. Principales cuestiones civiles, penales, registrales y médicas. Su evolución y consideración* (1988-2019). F. Lledó, P. Ferrer, I. Benítez, C. Ochoa, y O. Monje, eds. Pp.: 779-792. Madrid: Dykinson.

Álvarez Plaza, C.; A.M. Rivas Rivas, y A. Ayala Rubio (2020) El fenómeno de los nuevos emprendedores en la industria reproductiva transfronteriza: entre la experiencia y la competencia. En *Etnografía de los mercados reproductivos: actores, instituciones y legislaciones.* A.M. Rivas and C. Álvarez Plaza, eds. Pp.: 343-396. Valencia: Tirant lo blanch.

Álvarez Plaza, C. y A. Ayala Rubio (8-9 septiembre 2022) *Enfoques feministas sobre la Gestación por sustitución. Algunas conclusiones a partir de la etnografía realizada en Ucrania y California.* Presentación realizada en el Coloquio Internacional Gestación Subrogada en América Latina: reflexiones feministas sobre una práctica

Andrews, L. B. (1990) "Surrogate motherhood: The challenge for feminists". *En Surrogate motherhood: Politics and privacy.* L. Gostin, ed. Bloomington & Indianapolis: Indiana University Press.

Aparisi, Rubio A. (2017) Maternidad subrogada y dignidad de la mujer. *Cuadernos de bioética,* 28 (93): 163-176.

Ayala, Rubio A.; C. Álvarez Plaza y A.M. Rivas Rivas (2024) Bridging reproductive and productive work: the case of surrogates in California. *Medical Anthropology* (en proceso de edición final). https://doi.org/10.1080/01459740.2024.2364244

Ayala, Rubio A. (16-19 octubre 2023*). Work or vocation? Narratives of California women who have been surrogates.* Presentación realizada en el 15th World Conference on Bioethics, Medical Ethics and Health Law. Oporto,

Ayala, Rubio A.; B. Leyra Fatou y C. Cubillos Vega (2020) Nuevas perspectivas para la investigación y la intervención en el ámbito de la reproducción asistida: retos profesionales en clave internacional. En *Etnografía de los mercados reproductivos: actores, instituciones y legislaciones.* A.M. Rivas and C. Álvarez Plaza, eds. Pp. 397-450. Valencia: Tirant lo Blanch.

Bailey, A. (2018) On anger, silence, and epistemic injustice. *Royal Institute of Philosophy Supplement,* 84: 93-115. DOI: 10.1017/S1358246118000565.

Berend, Z. (2016) *The Online World of Surrogacy*. Berghahn,

Berend, Z. (2014) The social context for surrogates' motivations and satisfaction. *Reproductive BioMedicine Online*, 29: 399-401.

Besteiro, Y. (2017) *Feministas y 'provida', en contra de la gestación subrogada: "Es un egoísmo biológico. ¡Que adopten*!, en Europapress, 10 de febrero 2017.

Blyth, E. (1994) «I wanted to be interesting. I wanted to be able to say "I've done something interesting with my life". Interviews with surrogate mothers in Britain». *Journal of Reproductive and Infant Psychology*, 12 (3): 189-198.

Carone, N.; R. Baiocco; D.Manzi, C. Antoniucci, V. Caricato, E. Pagliarulo y V. Lingiardi. (2018) Surrogacy families headed by gay men: relationships with surrogates and egg donors, fathers' decisions over disclosure and children's views on their surrogacy origins. *Hum Reproduction*, 33 (2): 248-257. DOI: 10.1093/humrep/dex362

Castillo, G. (2023) El lucrativo negocio de la maternidad subrogada. *Diario de Navarra*, 12 junio 2023. También publicado el 10/5/2023 en Universidad de Navarra: https://www.unav.edu/opinion/-/contents/10/05/2023/el-lucrativo-negocio-de-la-maternidad-subrogada/content/CnBM7sduyZOb/56434765

Deomampo, D. (2013) Transnational Surrogacy in India: Interrogating Power and *Women's Agency*. *Frontiers: A Journal of Women Studies*, 34 (3): 167-188.

Edelmann, R. (2004) Surrogacy: the psychological issues. *Journal of Reproductive and Infant Psychology*, 22 (2): 123-136.

Ekis, K. (2013) *L'être et la marchandise. Prostitution, maternité de substitution et dissociation de soi.* Mont-Royal: M-Editeur.

Farnós, E. (2017) ¿Debe permitirse la gestación por sustitución en España? Estado de la cuestión y algunas reflexiones. En *De la solidaridad al mercado. El cuerpo humano y el comercio biotecnológico.* M. Casado, coord., Pp.: 195-234. Barcelona: Edicions de la Universitat de Barcelonaz

Farnós E. (2010) Inscripción en España de la filiación derivada del acceso a la maternidad subrogada en California. Cuestiones que platea la Resolución de la DGRN de 18 de febrero de 2009. *InDret. Revista para el Análisis del Derecho*, pp. 1-25

Fernández Ruiz-Gálvez, E. (2002) Mujeres y técnicas de reproducción artificial. ¿Autonomía o sujeción? En *La humanidad in vitro.* J. Ballesteros, ed., Pp. 159-173. Granada: Comares.

Finkelstein, A. y A. Finkelstein (2016) *Surrogacy Law and Policy in the US.* Columbia Law School Sexuality & Gender Law Clinic.

Ginsburg, F. y R. Rapp (1995) *Conceiving the new world order. The global politics of reproduction.* Berkeley: University of California Press.

Golombok, S., F. MacCallum, C.Murray; E. Lycett y V. (2006) Surrogacy families: parental functioning, parent-child relationships and children's psychological development at age 2. *Journal of Child Psychology and Psychiatry*, 47 (2): 213-222.

Golombok, S. y C. Murray (2004) Families created through surrogacy: parent child relationships in the first year of life, *Fertility and Sterility*, 80 (3): 50-63.

Guerra-Palmero, M.J. (2018) Contra la mercantilización de los cuerpos de las mujeres. La "gestación subrogada" como nuevo negocio transnacional. *Dilemata. Revista internacional de éticas aplicadas,* 26: 39-51.

Guerra-Palmero, M.J. (2017) Contra la llamada gestación subrogada. Derechos humanos y justicia global versus bioética neoliberal. *Gaceta sanitaria,* 31 (6): 535-538.

Hanafin, H. (1987) *Surrogate Parenting: Reassessing Human Bonding.* Presentación en la reunión anual de la American Psychological Association, NYC, NY, 28 de agosto de 1987.

Hernández, H.; N. Konvalinka (2019) La subrogación gestante desde el ámbito de la antropología. Antecedentes, estado de la cuestión y agentes implicados. En *Autonomía, género y derecho: Debates en torno al cuerpo de las mujeres.* B. Rodríguez, ed. Pp.: 277-297.

Hochschild, A. R.(1979) Emotion work, feeling rules, and social structure. *American journal of sociology,* 85(3): 551-575.

Horsey K (2010) Challenging presumptions: legal parenthood and surrogacy arrangements, *Child and Family Law Quarterly,* 22 (4): 449-474.

Igareda González, N. (2020) La gestación por sustitución en el Reino Unido: una oportunidad para el debate de su regulación en España, *Política y Sociedad,* 57(3): 887-901.

Igareda González, N. (2018) La gestación por sustitución: una oportunidad para repensar la filiación y la reproducción humana. *Rev. Bioética y Derecho,* 44:57-72.

Jacobson, H. (2016) *Labor of love: gestational surrogacy and the work of making babies.* New Brunswick, New Jersey and London: Rutgers University Press.

Jadva, V., L.Blake, P. Casey y S. Golombok (2012) Surrogacy families 10 years on: relationship with the surrogate, decisions over disclosure and children's understanding of their surrogacy origins. *Human Reproduction,* 27(10): 3008-3014.

Jouan, M. y C. Clos (2020) Le privé est politique...et économique! Pour une économie politique du travail de gestation pour autrui. *Nouvelles questions féministes,* 39(2): 47-61.

Jouan, M. (2017) L'acceptabilité morale de la gestation pour autrui. Les enseignements de la gestation pour soi au service de plus de justice. *Travail, genre et sociétés,* 2(38):35-52.

Kopytoff, I. (1986) The cultural biography of things: commoditization as process. En *The social life of things. Commodities in cultural perspective.* A. Appadurai, ed. Pp. 64-92. Cambrige: Cambridge University Press.

Krawiec, K. (2009) Sunny Samaritans and Egomaniacs: Price-Fixing in the Gamete Market. *Law and Contemporary Problems,* 72: 59-90.

Lamn, E. (2018) *Repensando la gestación por sustitución desde el feminismo.* Microjuris.com. Publicado el 3 diciembre 2018. Enlace: https://aldiaargentina.microjuris.com/2018/12/03/repensando-la-gestacion-por-sustitucion-desde-el-feminismo/

Lamn, E. (2015) *Gestación por sustitución. Ni maternidad subrogada ni alquiler de vientres.* Observatorio de Bioética i Dret. Barcelona: publicaciones de la Universidad de Barcelona.

Lamn, E. (2012) Gestación por sustitución. Realidad y derecho. *Indret. Revista para el análisis del derecho,* 3: 1-49.

Lewis, S. (2021) *Full surrogacy now: Feminism against family*. Verso.

Leyra Fatou, B., A. Ayala Rubio y C. Cubillos Vega (2023) Public Policies on Assisted Human Reproduction with Donors: Gender, Kinship and Ethics in Relation to Reproductive Practices and Their Regulation". *About Gender. International Journal of Gender Studies,* 12 (24):293-322. DOI: 10.15167/2279-5057/AG2023.12.24.2119.

Lotay, A. (2015) Commodifying Bodies: An Overview of the Bioethical lmplications of Transnational Commercial Surrogacy. *UMASA journal,* 33:1-16.

Millbank, J. (2018) The role of professional facilitators in cross-border assisted reproduction. *Reproductive biomedicine and society online,* 6:60-71.

Mohanty, C. (2003). "'Under Western Eyes' Revisited: Feminist Solidarity through Anticapitalist Struggles". *Signs: Journal of Women in Culture and Society,* 28 (2): 499-535.

Murray, C., E. Lycett, F. MacCallum y S. Golombok (2003) Surrogacy: the experiences of surrogate mothers. *Human Reproduction,* 18: 2196-2204.

Nuño, L. (2020) *Maternidades S.A. El negocio de los vientres de alquiler.* Catarata.

Olavarría, M.E. (2018) *La gestación para otros en México. Parentesco, tecnología y poder.* Gedisa.

Paltasingh, T. y L.Lingam (2014) 'Production' and 'Reproduction' in Feminism: Ideas, Perspectives and Concepts. *IIM Kozhikode Society & Management Review,* 3(1), 45-53. https://doi.org/10.1177/2277975214523665

Pande, A. (2014) This birth and that: Surrogacy and stratified motherhood in India. *Philosophia,* 4(1):50-64.

Pande, A. (2011) Transnational commercial surrogacy in India: Gifts for global sisters? *Reproductive BioMedicine Online,* 23:618-625.

Parry, B. (2015) Narratives of neoliberalism: clinical labor in context. *Medical humanities,* 41:32-37.

Pikara (2019) *Manifiesto contra la "quema de brujas" y las prácticas inquisitoriales de ciertas plataformas feministas.* Publicado el 15 mayo 2019 en: https://www.pikaramagazine.com/2019/05/manifiesto-contra-la-quema-de-brujas-y-las-practicas-inquisitoriales-de-ciertas-plataformas-feministas/

Purdy, L. M. (1992) Another look at contract pregnancy. En *Issues in reproductive technology: An anthology.* H. B.Holmes (Ed.), Garland Publishing, New York & London.

Puleo, A. (2017) Nuevas formas de desigualdad en un mundo globalizado. El alquiler de úteros como extractivismo. *Revista Europea de Derechos fundamentales,* 29: 165-184.

Ragoné, H. (1994) *Surrogate motherhood: Conception in the heart.* Oxford: Westview Press.

Rivas Rivas, A.M., Ayala Rubio A. y C. Álvarez Plaza (2022) Emprendimiento y empleabilidad en la industria de la fertilidad el caso de las gestantes "subrogadas" de California. *Interdisciplina,* 10 (28):153-180.

Rudrappa, S. (2021) The impossibility of gendered justice through surrogacy bans. *Current Sociology,* 69(2):286-299. https://doi.org/10.1177/0011392120972419.

Rudrappa, S. (2014) Des ateliers de confection aux lignes d´assemblage des bébés: Stratégies d'emploi parmi des mères porteuses à Banglaore, Inde. *Cahiers du Genre,* 1(56): 59-86.

Shalev, C. (2009) *Birth Power: The Case for Surrogacy. New Haven y Londres:* Yale University Press.

Shanley, M.L. (2003) *"Maternidad subrogante" y libertad femenina. ¿Nos asiste el "derecho" de alquilar nuestro vientre? Preparado para el Seminario: "Diálogos sobre la familia, la justicia, y el derecho,"* Programa de Democratización de las Relaciones Sociales, Escuela de Posgrado, Universidad Nacional de San Martin, 2-4 diciembre 2003. https://unsam.edu.ar/escuelas/eh/centros/cedehu/material/Shanley%20Maternidad%20subrogante.pdf

Shaw, R.M. (2008) Rethinking reproductive gifts as body projects, *Sociology*, 42 (1), pp.11–28.

Smietana, M. R. Sharmila, y Weis, C. (2021). Moral frameworks of commercial surrogacy within the US, India and Russia. Sexual and Reproductive *Health Matters*, 29 (1): 2021. DOI: 10.1080/26410397.2021.1878674

Thompson, C. (2005) *Making Parents: The Ontological Choreography of Reproductive Technologies.* Cambridge: MIT Press.

Tober, D., Pavone V., Lafuente‐Funes, S. y Konvalinka, N. (2023) Eggonomics: Vitrification and bioeconomies of egg donation in the United States and Spain. *Medical Anthropology Quarterly,* 37(3): 248-263.

Van Den Akker, O. B. A. (2023) Genetic and gestational surrogate mothers' experience of surrogacy. *Journal of Reproductive and Infant Psychology*, 21 (2): 145-161.

Van Den Akker, O. B. A. (2006) Psychosocial aspects of surrogate motherhood. *Hum Reprod Update.* 2007 Jan-Feb;13(1):53-62. doi: 10.1093/humupd/dml039.

Vora, K. (2012) Limits of "Labor": Accounting for affect and the biological in transnational surrogacy and service work. *South Athlantic Quarterly*, 111 (4): 681-700. DOI: 10.1215/00382876-1724138.

Vora, K. (2009) Indian transnational surrogacy and the commodification of vital energy. *Subjectivity*, 28:266–278. DOI:10.1057/sub.2009.14.

Weis, C. (2017) *Reproductive Migrations: Surrogacy workers and stratified reproduction in St Petersburg.* PhD thesis, De Montfort University.

Williams-Jones, B. (2002) Commercial surrogacy and the redefinition of motherhood. The Journal of Philosophy, *Science & Law*, 2(2): 1-16.

Zannoni, E. (1987) La genética actual y el derecho de familia. Comunicación presentada al Congreso Hispanoamericano de Derecho de Familia, celebrado en Cáceres del 16 al 20 de octubre de 1987. *Revista Tapia. Número monográfico de Derecho de Familia,* 2: 54.

Zelizer, V. (2005) *The purchase of intimacy.* Princeton University Press.

Ziff, E. (2017) The mommy deployment: military spouses and surrogacy in the United States. *Sociological Forum,* 32(2):406-425.

Capítulo 10.

Trabajo Social Penitenciario

CRISTINA FILARDO LLAMAS
Administración General del Estado

El presente capítulo se va a dedicar a un ámbito profesional, si bien menos visible, sin duda igual de importante de nuestra disciplina: El Trabajo Social Penitenciario. A lo largo de estas líneas se va a realizar una contextualización tanto legislativa como de espacios de trabajo propios, para analizar posteriormente la importancia de incorporar una mirada social que optimice y perfeccione el tratamiento penitenciario desde la necesaria visión transdisciplinar en la intervención social.

1. CONTEXTUALIZACIÓN

Antes de profundizar con mayor detalle en los diferentes aspectos del Trabajo Social Penitenciario, es necesario realizar una primera contextualización del medio penitenciario para comprender las particularidades del ámbito concreto en el que esta profesión se desarrolla. En esta primera parte, se va a exponer el marco normativo que define nuestro quehacer profesional, el marco de actuación donde nos encuadramos, los diferentes espacios desde donde, como profesionales, estamos interviniendo y el procedimiento que guía nuestras actuaciones.

El Trabajo Social es una profesión que combina teoría y práctica, tal y como la propia definición global del Trabajo Social indica. Esta definición, aprobada en la Asamblea General de la Federación Internacional de Trabajo Social (International Federation of Social Workers, 2014) establece que el Trabajo Social es una profesión práctica y una disciplina académica que impulsa el cambio y el desarrollo social, fomenta la cohesión comunitaria y fortalece y libera a las personas. Sus pilares fundamentales son la justicia social, los derechos humanos, la responsabilidad colectiva y el respeto por la diversidad. Basándose en teorías del Trabajo Social, las ciencias sociales, las humanidades y los saberes indígenas, el Trabajo Social trabaja con personas y estructuras para abordar desafíos vitales y mejorar el bienestar.

Partimos, por tanto, de un principio clave: la interacción e influencia permanente de las personas con su red sociofamiliar de referencia, con los grupos y comunidades del entorno. En base a esta premisa, nuestra intervención en el contexto penitenciario se centra en conocer la realidad socio familiar de las personas privadas de libertad u otros derechos con el objetivo de promover, reconstruir, incidir o regenerar los vínculos sociales de estas personas con el exterior, entendiendo estos vínculos como factores de protección o desprotección en la comisión delictiva de las personas. En definitiva, como manifiesta Claramunt (2009, p. 93): "*el Trabajo Social se encuentra constituido por una dimensión práctico – interventiva y supone un bagaje teórico metodológico que permite explicar la vida social y visualizar posibilidades de interferir en estos procesos sociales*".

1.1 Marco Normativo

El Trabajo Social involucra a las personas y las estructuras con la finalidad de aumentar el bienestar social. En el contexto penitenciario se trata de una profesión consolidada a nivel legislativo, con un marco normativo que la regula, legitima, y que responde a un mandato constitucional consensuado y compartido.

Así, el artículo 25.2 de la Constitución Española (1978) señala que las penas de privación de libertad y las medidas de seguridad estarán enfocadas en la reeducación y reintegración social, y no podrán implicar trabajos forzados. Es en este marco en el cual se encuadra la profesión, la esencia de nuestras intervenciones. El objetivo prioritario es, por tanto, incidir en las redes de apoyo y los vínculos sociales que la persona tiene en el exterior y en el interior del centro penitenciario (De Dios y Filardo, 2019, p. 161).

Para poder cumplir con el mandato constitucional que tiene encomendado, la Administración Penitenciaria cuenta con la Ley Orgánica 1/1979, de 26 de septiembre General Penitenciaria (Boletín Oficial del Estado, 239, de 5 de octubre de 1979, 23180 a 23186), así como con el Real Decreto 190/1996, de 9 de febrero, por el que se aprueba el Reglamento Penitenciario. Ambas normativas recogen expresamente en su articulado la finalidad de reeducación y reinserción social en las penas privativas de libertad y medidas de seguridad.

Sumado a ello, las funciones propias del Trabajo Social Penitenciario vienen recogidas en los artículos 301 y 302 del Real Decreto 1201/1981, de 8 de mayo por el que se aprueba el Reglamento Penitenciario de 1981 (aún en vigor) (Boletín Oficial del Estado, 149, de 23 de junio de 1981, 14357 a 14360) y en el capítulo II del Título IX del Real Decreto 190/1996, de 9 de

Febrero, por el que se aprueba el Reglamento Penitenciario que regula la acción social penitenciaria (Boletín Oficial del Estado, 40, de 15 de febrero de 1996, 5380 a 5435).

Para finalizar con el marco normativo, es necesario resaltar una referencia propia de nuestra disciplina: el Código Deontológico de Trabajo Social (Consejo General de Trabajo Social, 2012) que señala entre sus objetivos, es fundamental delimitar responsabilidades profesionales, fomentar el aumento del conocimiento científico y técnico, definir el comportamiento profesional adecuado con los usuarios y otros profesionales, evitar la competencia desleal, mantener el prestigio de la profesión, buscar el perfeccionamiento constante de las tareas profesionales, atender al servicio a la ciudadanía y a las instituciones, valorar la confianza como un factor importante y decisivo en las relaciones públicas, y servir de base para las relaciones disciplinarias.

1.2 Marco de Actuación

El marco legislativo al que nos encontramos vinculados profesionalmente es un componente que permite encuadrar el Trabajo Social Penitenciario, pero, al mismo tiempo, nuestro marco de actuación concreto está definido por el ámbito de la Secretaría General de Instituciones Penitenciarias. Se trata de un espacio profesional, en general, desconocido por la ciudadanía en general y por el conjunto de disciplinas sociales en particular. El Reglamento Penitenciario (Boletín Oficial del Estado, 40, de 15 de febrero de 1996, 5380 a 5435) regula entre su articulado la acción social penitenciaria. En su artículo 227 establece que la acción social se enfocará en resolver los problemas que enfrentan los internos y sus familias debido al ingreso en prisión y contribuirá a su desarrollo integral.

Para comprender la finalidad y nuestro objeto de intervención, uno de los primeros aspectos que es necesario describir, o al menos exponer unas líneas generales sobre el mismo, es la organización del sistema penitenciario español. Nuestra Administración cuenta con diferentes establecimientos que atienden la realidad de las personas privadas de libertad u otros derechos. En la actualidad, nuestro sistema penitenciario está formado por 69 centros penitenciarios (para cumplimiento de penas privativas de libertad, medidas de seguridad y prisión preventiva), 2 centros psiquiátricos penitenciarios, 33 centros de inserción social (dependientes e independientes) y 19 secciones abiertas destinadas al cumplimiento de las penas privativas de libertad en régimen abierto, 3 unidades de madres para que los menores hasta 3 años puedan ser atendidas/os por sus madres, 43 unidades de custodia hospitalaria para aquellas personas que precisen atención hospitalaria y 55 servicios de gestión de penas y medidas alternativas para la ejecución de las mismas. (Secretaría General de Instituciones Penitenciarias, 2024).

La Administración Penitenciaria cuenta con un amplio y variado personal: sanitario, de vigilancia, de servicios y mantenimiento y de intervención y tratamiento. Las y los profesionales de Trabajo Social nos encuadramos en la categoría "intervención y tratamiento". En este sentido, conviene apuntar que el tratamiento penitenciario, tal como recoge la Ley Orgánica 1/1979, de 26 de septiembre General Penitenciaria (Boletín Oficial del Estado, 239, de 5 de octubre de 1979, 23180 a 23186) en su artículo 59 es el conjunto de actividades orientadas directamente a lograr la reeducación y reinserción social. Busca convertir al interno en una persona con la intención y capacidad de vivir respetando la ley penal. Con este fin, se procurará, en la medida de lo posible, desarrollar en ellos una actitud de respeto hacia sí mismos y una responsabilidad individual y social con su familia, el prójimo y la sociedad en general.

Nuestro marco de actuación se localiza, en la mayoría de los establecimientos penitenciarios de la Secretaría General de Instituciones Penitenciarias, en los equipos técnicos dependientes de la Junta de Tratamiento. El Reglamento Penitenciario regula en sus artículos 272 y 273 la composición y funciones de la Junta de Tratamiento como órgano colegiado. Así, es en este marco donde se establecen programas de tratamiento o modelos individualizados para cada interno del centro, formulan propuestas razonadas para la clasificación inicial y destino, proponen la progresión o regresión de grado, conceden permisos penitenciarios de salida o elevan propuestas relacionadas con beneficios penitenciarios y libertad condicional entre otras funciones (*Boletín Oficial del Estado*, 40, de 15 de febrero de 1996, 5380 a 5435).

En resumen, el Trabajo Social en el ámbito penitenciario desempeña su quehacer profesional en todos aquellos establecimientos del sistema penitenciario español. Dentro de este marco, pese a las diferentes áreas donde podemos desarrollar nuestra disciplina, toda intervención profesional se va a orientar a ayudar a la persona a desarrollar sus capacidades y aptitudes positivas para posibilitar y promover la reintegración en la sociedad.

1.3 Espacios de Intervención del Trabajo Social Penitenciario

El Trabajo Social en el ámbito penitenciario puede intervenir en diferentes espacios profesionales. Con el fin de estandarizar las actuaciones, la

Secretaría General de Instituciones Penitenciarias publica la Instrucción 2/2018 por la que se aprueba el Manual de Procedimiento de Trabajo Social en Instituciones Penitenciaria (Secretaría General de Instituciones Penitenciarias, 2018). En él se aportan ejemplos de actuación que permitan reunir formas y criterios en la realización de las tareas asignadas (Secretaría General de Instituciones Penitenciarias, 2018, p. 4).

Este documento incorpora seis ámbitos de atención, dentro de las cuáles se establecen diferentes espacios y se indican pautas de actuación con actividades concretas, personas responsables de las mismas y modelos de documentos que serían precisos para cada una de estas actividades.

En suma, el Trabajo Social Penitenciario interviene de manera científica y estandarizada. La Instrucción señala de forma detallada la atención en:

1. Atención en Medio Ordinario o Cerrado
    a. Ingreso en Medio Ordinario o Cerrado
    b. Atención a la persona durante su estancia en prisión
    c. Atención a familias de personas en prisión
    d. Atención social a madres con descendencia
    e. Gestión documentación
    f. Programas de la Secretaría General de Instituciones Penitenciarias
    g. Informes y Equipos Técnicos
    h. Colaboración con los recursos sociales comunitarios/Administraciones Públicas
    i. Prestaciones y Acción Social Penitenciaria
2. Atención en Centro de Inserción Social (CIS) y Secciones Abiertas (SA)
    a. Atención en Centros de Inserción Social (CIS)y Secciones Abiertas (SA)
    b. Atención a la persona durante su estancia en el Centro de Inserción Social/Sección Abierta
    c. Atención a familias de residentes
    d. Gestión de documentación
    e. Programas de la Secretaría General de Instituciones Penitenciarias

f. Informes y Equipos Técnicos

g. Colaboración con los recursos sociales comunitarios

h. Prestaciones y Acción Social Penitenciaria

3. Atención en Libertad Condicional

a. Fase de elaboración del expediente

b. Fase de ejecución del expediente

4. Atención en Penas y Medidas Alternativas

a. Actuación en suspensiones de condena (Plan Individual de Intervención y Seguimiento)

b. Actuación en penas de Trabajo en Beneficio de la Comunidad (TBC)

c. Talleres, programas y búsqueda de recursos

5. Atención en Hospitales Psiquiátricos Penitenciarios (HHP)

a. Ingreso en Hospital Psiquiátrico Penitenciario

b. Atención a la persona internada durante su estancia en Hospital Psiquiátrico Penitenciario

c. Atención a familias de personas internas

d. Gestión de documentación

e. Programas de la Secretaría General de Instituciones Penitenciarias

f. Informes y equipo multidisciplinar

g. Colaboración con los recursos sociales comunitarios/Administraciones Públicas

h. Prestaciones y Acción Social Penitenciaria

6. Gestión de departamento de Trabajo Social

Figura 1.- Ámbitos de intervención del Trabajo Social Penitenciario

Fuente: Manual de Procedimiento de Trabajo Social en Instituciones Penitenciaria (Secretaría General de Instituciones Penitenciarias, 2018)

1.4 Procedimiento de Intervención del Trabajo Social Penitenciario

El Manual de Procedimiento es una de las herramientas o instrumentos clave de la actuación profesional. Como hemos apuntado previamente, la disciplina del Trabajo Social tiene un amplio y variado campo de intervención en el contexto penitenciario. Así, en una parcela de trabajo con marcado carácter transversal es necesario contar con instrucciones que regulen y ordenen de manera específica las diferentes funciones que comprende nuestro quehacer profesional.

Si bien con anterioridad encontramos diferentes órdenes e instrucciones que establecen las líneas de actuación, lo cierto es que en estos documentos apenas se contaba con participación de profesionales del Trabajo Social. La Instrucción 2/2018, de 8 de marzo implica un cambio de mirada o de paradigma ya que por primera vez el documento que regula la actividad profesional de este colectivo es elaborado prácticamente en su totalidad por profesionales de esta disciplina. Este Manual recoge, además, la posibilidad de participar en el diseño, ejecución y evaluación de programas de intervención aplicando métodos y técnicas propias de su especialidad (Secretaría General de Instituciones Penitenciarias, 2018) abriendo así la puerta a la participación desde nuestra profesión en los diferentes programas de la Secretaría General de Instituciones Penitenciarias, aspecto clave no solo para la optimización del tratamiento penitenciario, sino también para el desarrollo académico y científico de la propia disciplina.

Al mismo tiempo, el Manual de Procedimiento de Trabajo Social promueve el desarrollo de un aplicativo informático para la gestión diaria y optimizada de la intervención. De esta manera, para facilitar la interconexión, interoperabilidad, la administración electrónica, la accesibilidad y la transmisión de la información recogida en los documentos del protocolo social de las/os personas privadas de libertad, en el año 2021 se pone en marcha el sistema informático HELENA, donde se registra la información social de la población en los Centros Penitenciarios y en los Centros de Inserción Social. Este programa informático permite, además, la resolución automática de los anexos documentales, instrumentos propios y básicos de nuestra intervención profesional (Monroy, 2022).

2. LA ESFERA SOCIAL EN EL TRATAMIENTO PENITENCIARIO

2.1 Ámbitos de Estudio del Trabajo Social Penitenciario

El Trabajo Social Penitenciario interviene con las personas penadas de libertad u otros derechos, con sus familias y con su entorno social, incidiendo de manera prioritaria en los vínculos sociales, las redes de apoyo y los recursos comunitarios con los que la persona cuenta en el exterior. El objetivo es considerar el entorno de referencia como un elemento más del tratamiento penitenciario e implicarlo para optimizar los resultados del mismo y afrontar de manera más exitosa las diferentes problemáticas y casuísticas que subyacen en la comisión delictiva.

En otras palabras, es importante considerar el delito de manera holística, desde una visión integral que incluya la influencia e importancia de la perspectiva biológica y psicológica, pero también la visión social de las conductas delictivas. Para ello se incorpora el estudio de los ámbitos sociales, de las condiciones de vida, de las creencias, la cultura y percepciones compartidas en sociedades determinadas (Olabuenaga, 2016).

El estudio pormenorizado de diferentes áreas y espacios de conocimiento propios del Trabajo Social nos va a permitir plantear un tratamiento holístico centrado en la persona, pero que incorpore a su vez a la familia, al entorno social de referencia y a la comunidad donde la persona se va a reintegrar. De esta manera se podrán afrontar, asumir y superar problemáticas particulares, especialmente aquellas que han incidido de manera más directa en la comisión delictiva, facilitando una integración más adaptada y prosocial al contexto.

El Trabajo Social se centra en analizar, estudiar y diagnosticar variables sociales específicamente en los ámbitos: familiar (estructura, composición familiar y grado de inclusión de la misma), social (red de apoyo de la persona), ambiental (ubicación y habitabilidad de la residencia y análisis del entorno de referencia), formativo – laboral (nivel formativo y trayectoria laboral), económico, ámbito sanitario (adiciones, discapacidad o dependencia) y recursos comunitarios del entorno (De Dios y Filardo, 2019). Se puede observar esta información de manera visual en la Figura 2.

Figura 2.- Variables sociales de estudio del Trabajo Social Penitenciario

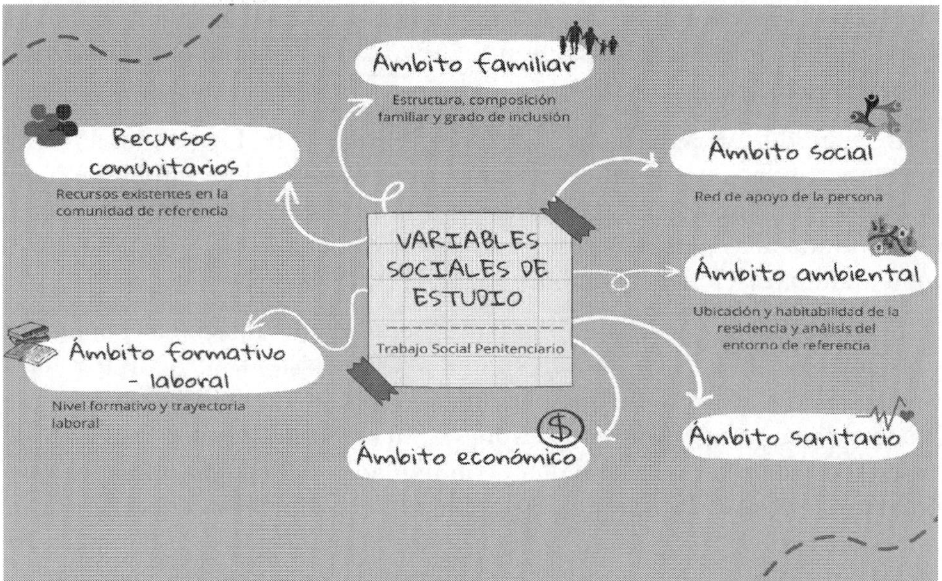

Fuente: Elaboración propia

El estudio de estas áreas desde nuestra disciplina nos va a permitir la emisión de diagnósticos sociales ajustados que valoren e interpreten los datos analizados, para establecer intervenciones centradas en la mejora de los diferentes factores sociofamiliares y comunitarios que inciden en la reincorporación a la vida en libertad. Estos diagnósticos sociales son especialmente valiosos para la toma de decisiones y propuestas técnicas, que se realizan desde los diferentes órganos de la Administración Penitenciaria, como pueden ser, por ejemplo, el estudio de permisos de salida o revisiones de grado realizadas por las Juntas de Tratamiento o en los Planes de Intervención y Seguimiento elaborados desde los servicios de gestión de penas y medidas alternativas.

2.2 Los Apoyos Sociales en el Desistimiento Delictivo

El apoyo social es un elemento clave del tratamiento penitenciario. La implicación del entorno de referencia y/o el compromiso familiar y comunitario con la reeducación y reinserción social de las personas resulta crucial para el desistimiento delictivo y para la adquisición y desarrollo de modelos de convivencia prosociales e integradores. Diferentes autoras/es defienden la importancia de este apoyo como soporte emocional básico, especialmente necesario en situaciones difíciles y complejas que ocurren en todas las vidas humanas. Es precisamente en estos momentos cuando se requiere de vínculos que ofrezcan contención, sustento, seguridad y tranquilidad (Lombardo y Soliverez, 2019).

De acuerdo con Amaro et al, (2021, p. 79) una de las formas más eficaces de generar relaciones positivas y lograr un óptimo nivel de implicación del personal penitenciario es mediante un acompañamiento constante y bien estructurado a las personas condenadas en establecimientos penitenciarios, fomentando relaciones saludables.

Si bien es cierto que existe abundante literatura que relaciona el bienestar y el apoyo social, ésta es menos frecuente o casi inexistente al analizar el efecto de éste en el proceso de una persona que comete un delito o que cumple una condena (antes, durante y después). Sin embargo, resulta evidente que la red social de referencia (familia y comunidad) puede jugar un papel clave en el proceso de desistimiento, especialmente en aquellos delitos de mayor gravedad (Sánchez, E., s.f., p. 7-8). Contar con una red sociofamiliar protectora que ofrezca apoyo real y se mantenga implicada en la rehabilitación de la persona penada puede favorecer el cambio de conducta y mejorarlos resultados del tratamiento en diferentes tipologías delictivas. De hecho, las autoras Filardo et al, (2022, p. 192) afirman que en un ámbito tan específico como el contexto penitenciario, intervenir en el entorno de referencia de las personas que ingresan en el sistema es esencial para lograr de manera más efectiva la reeducación y reinserción social, tal como establece nuestra constitución en su artículo 25.2.

En base a esta hipótesis, una de las funciones del Trabajo Social Penitenciario sería conocer y analizar el apoyo social con el que cuentan las personas para reforzar los vínculos protectores que promuevan conductas sociales y normativas (Cid y Martí, 2011) y faciliten y acompañen los procesos de integración e inclusión social y comunitario. Precisamente es, en este espacio, donde nuestra disciplina adquiere un papel protagonista: en la inclusión del apoyo familiar y social en el tratamiento penitenciario como factor protector para el desistimiento delictivo de las personas en el entorno penitenciario. El Trabajo Social debe avanzar para no solo cumplir con sus funciones asignadas, sino también liderar nuevos proyectos de participación familiar, reubicando a las familias en un contexto que, hasta hace poco, les ha asignado un rol pasivo (Caballero y Pujol, 2022, p. 114).

2.3 El papel del Trabajo Social Penitenciario en las Actividades Tratamentales

La Constitución Española señala en su artículo 25.2 que las medidas de seguridad y las penas privativas de libertad estarán orientadas a la reeducación y reinserción social y no podrán consistir en trabajos forzados (Boletín Oficial del Estado, 311 de 29 de diciembre de 1978,29313 a 29424). Para ello, para alcanzar el objetivo recogido en nuestra carta magna, la Administración Penitenciaria cuenta con un instrumento clave y fundamental: el tratamiento penitenciario.

El artículo 59 de la Ley Orgánica 1/1979, de 26 de septiembre, General Penitenciaria define el tratamiento penitenciario como el conjunto de actividades orientadas directamente a lograr la reeducación y reinserción social de las personas condenadas. Busca convertir al interno o interna en alguien con la intención y capacidad de vivir respetando la Ley Penal. Con este fin, se procurará, en la medida de lo posible, desarrollar en ellos una actitud de respeto hacia sí mismos y una responsabilidad individual y social con su familia, el prójimo y la sociedad en general. (Boletín Oficial del Estado, 239, de 5 de octubre de 1979, 23180 a 23186).

La Administración Penitenciaria dispone de un amplio catálogo de actividades tratamentales estructuradas y diseñadas para la superación de la conducta delictiva y adaptadas a la diversidad y diferentes necesidades de intervención de las personas en los centros penitenciarios, ya sea para atender las circunstancias personales o la tipología delictiva concreta. Estas actividades tratamentales se caracterizan por ser voluntarias, es decir, que las personas puedan elegir libremente participar (o no) en las mismas. Se trata, además, de actividades con una estructura y diseño estandarizado, con contenidos basados en modelos teóricos - científicos y cuya ejecución se realiza de manera similar en los diferentes establecimientos penitenciarios y con criterios compartidos de evaluación y seguimiento.

El tratamiento penitenciario se puede orientar a las circunstancias y necesidades particulares de las personas a quien se dirige. Así, existen actividades tratamentales indicadas para personas con discapacidad intelectual o personas con problemática de salud mental a través del Programa de Atención Integral para enfermos mentales (Secretaría General de Instituciones Penitenciarias, 2009) o actividades dirigidas a personas con problemática tóxica, mujeres con descendencia en prisión o a personas jóvenes entre otras particularidades.

Sumado a ello, el tratamiento penitenciario se puede orientar a intervenir con tipologías delictivas concretas, como pueden ser delitos de violencia de género (o prevención de la misma, a través del programa Ser Mujer (Yagüe et al, s.f.), delitos de carácter sexual, delitos de carácter económico o delitos violentos entre otros.

El catálogo tratamental de la Administración Penitenciaria se puede consultar con mayor detalle en la página web de la misma (Secretaría General de Instituciones Penitenciarias, 2024).

Analizando el tratamiento penitenciario tal y como hasta el momento se ha diseñado, se observa cómo éste incluye una perspectiva individual, pero también incorpora (o debería incorporar), como la Ley recoge, la mirada social y familiar. Se trata de una perspectiva multidisciplinar con intervención desde diferentes ámbitos o parcelas profesionales. En este aspecto, el papel del Trabajo Social estará orientada hacia objetivos de respaldo social, junto con la ejecución de políticas destinadas a mejorar el bienestar de todos los ciudadanos, fomentando el desarrollo, los derechos humanos y la estabilidad social (Filarlo, 2013, p. 10).

La intervención en este contexto persigue, por tanto, la promoción de comportamientos, capacidades y actitudes prosociales y positivas que favorezcan una reintegración social y el desistimiento delictivo mediante el análisis de los factores psicosociales que subyacen en las conductas delictivas, la superación de los mismos y la participación de las personas en la sociedad mediante las redes sociofamiliares de apoyo, los vínculos sociales y los recursos comunitarios.

No obstante, pese a esta cultura de intervención sobre los factores psicosociales que subyacen en la comisión delictiva, lo cierto es que el Trabajo Social, a pesar de lo establecido en la legislación ha tenido un papel secundario. De hecho, cuando se comienzan a realizar actividades tratamentales grupales de forma concreta para el colectivo penitenciario, la participación del Trabajo Social fue prácticamente inexistente. Su intervención se caracterizaba por actuaciones puntuales en la impartición, de forma voluntaria, a nivel particular y, en algunos casos, con elaboración propia de materiales de intervención(Filardo et al., 2022, p. 59).

De hecho, la primera participación del Trabajo Social en el diseño de actividades tratamentales es bastante reciente. En el año 2018 se establece un grupo de trabajo multidisciplinar (disciplinas entre las cuales se encontraba por primera vez el Trabajo Social) que diseña el "Taller Convivir: 10 herramientas básicas para vivir en la comunidad" (Bascones, et al., 2019) dirigido a personas condenadas a trabajos en beneficio de la comunidad.

Sumado a ello, tras la colaboración en el diseño del "Taller Convivir" mencionado con anterioridad, el Trabajo Social se ha ido incorporando de manera paulatina en la elaboración de diferentes programas y talleres de tratamiento, asumiendo, con ello, la labor educativa y preventiva recogida en el artículo 8 de nuestro código deontológico: Los y las profesionales del Trabajo Social tienen la responsabilidad de aplicar sus conocimientos y técnicas de manera objetiva y disciplinada para asistir a individuos, grupos, comunidades y sociedades en su desarrollo y en la resolución de conflictos personales y sociales, así como en las consecuencias que estos acarrean (Consejo General de Trabajo Social, 2012).

2.4 Programa Alianzas: intervención sociofamiliar y comunitario

En relación con el proceso de desistimiento delictivo de las personas privadas de libertad u otros derechos la experiencia nos ha demostrado que, en numerosas ocasiones, existe una evidente desconexión entre el proceso tratamental que la persona mantiene y la situación de aceptación o negación en la que se encuentra su red de apoyo, quien puede encontrarse en fases previas y ser un obstáculo e incluso una interacción negativa a la evolución que la persona está desarrollando.

En definitiva, el Programa Alianzas surge ante la necesidad de, por un lado, integrar la mirada social en el tratamiento penitenciario y por otro, incorporar estas/os profesionales en el diseño de este tipo de actividad. El Trabajo Social Penitenciario ha ido adquiriendo, cada vez, una mayor relevancia en este sentido. Como resultado de este proceso, en el año 2022 se publica el primer programa de intervención específico del Trabajo Social en el medio penitenciario: "Programa Alianzas: Intervención socio familiar y comunitaria".

Los objetivos generales del programa son mejorar y fortalecer las relaciones sociofamiliares y comunitarias de las personas que están cumpliendo condena, con el objetivo de facilitar su reintegración en la sociedad. Además, es crucial incluir la perspectiva sociofamiliar y comunitaria en los programas de tratamiento específicos dentro del ámbito penitenciario (Tamayo et el., 2022, p. 33). Persigue, en definitiva, optimizar el tratamiento penitenciario implicando al entorno sociofamiliar y comunitario en el desistimiento delictivo complementando los diferentes programas y talleres tratamentales existentes en la actualidad para las distintas tipologías delictivas, con actuaciones propias del Trabajo Social

El Programa Alianzas se estructura en tres módulos específicos más un seguimiento o evaluación de las intervenciones realizadas. El primer módulo denominado Taller Pilares: Herramientas para construir apoyos sólidos se dirige a las personas penadas y tiene como objetivo entender y promover las relaciones familiares y redes de apoyo, proporcionando herramientas para mejorar las relaciones existentes y fortalecer sistemas de apoyo saludables y resilientes, con el fin de alcanzar los objetivos de los programas de tratamiento específicos y la intervención penitenciaria. Se compone de sesiones individuales y grupales.

El segundo módulo se denomina Taller Vínculos: Herramientas básicas para familias y personas de apoyo y persigue proporcionar información, formación y comprometer a las personas significativas del entorno sociofamiliar en el proceso penitenciario para que puedan actuar como apoyo en la reinserción y contribuir a mantener los objetivos del tratamiento a medio y largo plazo dentro del programa especializado. Se compone de sesiones individuales, grupales y conjuntas en las que participan la persona penada, la persona de apoyo y el/la trabajador/a social de referencia.

El tercer módulo, dedicado a la intervención con la red comunitaria persigue como objetivos motivar y capacitar a la comunidad para fortalecer sus estrategias y herramientas con el fin de facilitar la integración de la persona liberada, promoviendo su preparación gradual y adecuada para la vida en libertad. Implicar y conectar a la persona con su comunidad para que participe activamente y pueda contribuir de manera positiva, beneficiando a la comunidad y promoviendo su propia inclusión.

Por último, se incorporan indicaciones para realizar el seguimiento de las intervenciones realizadas, de los objetivos alcanzados, los compromisos adquiridos y el mantenimiento en el tiempo del apoyo de la red sociofamiliar y el entorno comunitario.

El Programa Alianzas facilita la incorporación de metodología, aportaciones teóricas y conocimientos del Trabajo Social en la reeducación y reinserción social de las personas privadas de libertad y otros derechos. Incluir la mirada social en el tratamiento penitenciario va a permitir, sin duda, optimizar los resultados del mismo e incrementar el grado de consecución de los objetivos marcados, prevenir nuevas conductas delictivas y promover modelos prosociales y positivos de convivencia.

Como hemos visto, vínculos sólidos y saludables pueden desempeñar un papel protector y preventivo frente a posibles comportamientos delictivos (Filardo et al., 2022, p. 64). Por ello, implicar e incorporar a personas de referencia y la comunidad en el desistimiento delictivo es una fortaleza y oportunidad fundamental a tener en cuenta. De esta manera, la participación del Trabajo Social Penitenciario en el diseño, desarrollo, evaluación y ejecución de los programas y talleres de tratamiento es incuestionable para alcanzar un mayor índice de bienestar social y garantizar el cumplimiento de la legislación vigente. Un talento que es necesario retener, implementar y potenciar.

2.5 Transdisciplinariedad En El Tratamiento Penitenciario

"Las penas privativas de libertad y las medidas de seguridad estarán orientadas hacia la reeducación y reinserción social" (Boletín Oficial del Estado, 311 de 29 de diciembre de 1978,29313 a 29424). Así lo establece nuestra Constitución Española y el marco legislativo que regula la actividad penitenciaria. Para alcanzar el objetivo establecido, desde el ámbito penitenciario se interviene con el victimario, se dedican recursos y esfuerzo para promover en estas personas modelos de comportamiento positivos e integradores y cumplir, así, como la función protectora y preventiva que debe ofrecer nuestra Administración al conjunto de la ciudadanía.

De acuerdo al análisis precedente, podemos inferir que los programas específicos de tratamiento penitenciario, pese a orientarse a los factores psicosociales de la comisión delictiva, se han asumido tradicionalmente desde otras disciplinas y no han incorporado (al menos no de manera generalizada hasta el momento), la mirada de nuestra disciplina en su diseño, implementación y evaluación. De hecho, la participación desde el Trabajo Social Penitenciario se ha caracterizado por ser acciones profesionales aisladas o auxiliares acompañadas de intervenciones interdisciplinares puntuales.

Sin embargo, importa, y mucho, promover y comprometerse con una visión transdisciplinar para intervenir y afrontar los comportamientos delictivos e implementar medidas para la superación y abandono de los mismos. Para el éxito del tratamiento penitenciario es clave complementar, nutrir y aportar una mirada global, diversa, integral relacional y compleja. En definitiva, trascender las propias disciplinas, atravesarlas para construir – en conjunto – un nuevo paradigma de intervención penitenciaria. Esa debería ser nuestra contribución a la reeducación y reinserción social, nuestro mayor potencial y talento.

3. CONCLUSIONES Y LÍNEAS FUTURAS DE INTERVENCIÓN

Este capítulo se ha dedicado a exponer las principales líneas y espacios de actuación de un contexto desconocido en gran medida en el que nuestra disciplina tiene un amplio campo de trabajo e intervención.

De lo expuesto en páginas previas se deduce que se trata de una profesión consolidada por un marco normativo afianzado y ampliamente compartido que legitima el Trabajo Social Penitenciario como disciplina clave y fundamental en la reeducación y reinserción social: desde la Constitución Española como norma suprema que regula nuestro ordenamiento jurídico hasta la Ley Orgánica General Penitenciaria y el Reglamento Penitenciario donde se regula expresamente la acción social penitenciaria o el Código Deontológico de Trabajo Social que organiza y ordena nuestras responsabilidades y metodología, conocimientos científicos o comportamientos profesionales entre otros aspectos.

Sumado al contexto legislativo, se realiza una exposición del marco de actuación donde el Trabajo Social Penitenciario desarrolla sus intervenciones: la Secretaría General de Instituciones Penitenciarias y los diferentes establecimientos que ésta regula. Debe señalarse a la Junta de Tratamiento y Equipos Técnicos como órganos de toma de decisiones, donde nuestra disciplina es una parte fundamental de los mismos.

Nuestras actuaciones profesionales están recogidas y estandarizadas en el Manual de Procedimiento de Trabajo Social Penitenciario el cual establece los distintos ámbitos de intervención: Medio ordinario o cerrado, centros de inserción social o secciones abiertas, libertad condicional, penas y medidas alternativas, Hospitales Psiquiátricos Penitenciarios o gestión de los departamentos de Trabajo Social.

Dentro del contexto penitenciario, el Trabajo Social Penitenciario persigue ayudar a la persona a desarrollar sus capacidades y aptitudes positivas para favorecer la reinserción social acompañando a las mismas en el proceso de desistimiento y abandono de la conducta delictiva.

Es conveniente acotar la importancia de incorporar la mirada social dentro del tratamiento penitenciario. La esfera social tiene un papel fundamental en la comisión delictiva. Estudiar, analizar y comprender los delitos de una manera integral, incluyendo los ámbitos y variables que influyen en el mismo, nos va a permitir promover un tratamiento penitenciario holístico que facilite no sólo la superación de las conductas delictivas sino también una inclusión positiva, prosocial y con mejor pronóstico de reinserción en el entorno de referencia.

Para ello, como hemos apuntado en líneas previas del presente capítulo, el Trabajo Social Penitenciario realiza diagnósticos sociales sobre variables relacionadas con el ámbito familiar, social, ambiental, formativo – laboral, económico, sanitario y comunitario. Estos diagnósticos servirán de base en la elaboración de propuestas técnicas para la toma de decisiones relacionadas con permisos, revisiones de grado, libertad condicional o planes de intervención y seguimiento entre otros.

Incorporar la perspectiva del Trabajo Social Penitenciario no solo facilita la toma de decisiones con criterios técnicos, sino que al mismo tiempo facilita el bienestar de la persona ante situaciones especialmente difíciles y complejas como es la privación de libertad u otros derechos. Sumado a ello, acompañar a las personas en su proceso de desistimiento, a su red de apoyo sociofamiliar y comunitaria es un factor positivo para el proceso de reeducación y reinserción social y la optimización del tratamiento penitenciario, previniendo futuras conductas delictivas.

El Trabajo Social aporta una visión fundamental en el Tratamiento Penitenciario: facilita conocimientos, teoría, ciencia y metodologías propias útiles y valiosas para el cometido de la Administración Penitenciaria. Pese a la legislación vigente y a los evidentes beneficios que nuestra disciplina puede aportar, lo cierto es que la perspectiva social no está incorporada de manera plena e íntegra en la intervención tratamental de nuestra Institución.

Los últimos años han supuesto un cambio de paradigma: se ha comenzado a incluir el Trabajo Social como disciplina en el diseño y ejecución de diferentes programas específicos de tratamiento. Como resultado de esta nueva "cultura de intervención", en el año 2022 se publica el primer programa de intervención específico del Trabajo Social en el medio penitenciario: "Programa Alianzas: Intervención socio familiar y comunitaria" con el objetivo de optimizar el tratamiento penitenciario implicando el entorno sociofamiliar y comunitario en el desistimiento delictivo complementando los diferentes programas y talleres tratamentales existentes en la actualidad para las distintas tipologías delictivas.

En definitiva, si bien el Trabajo Social no es una profesión emergente en el ámbito penitenciario (la primera promoción se incorpora en el año 1983), lo cierto es que en los últimos años ha tenido una evolución considerable tanto en visibilidad como en implicación, participación e incluso toma de decisiones en este contexto.

Estamos, por lo tanto, ante lo que podríamos denominar un "escenario emergente" para el Trabajo Social, con varios nuevos desafíos que tanto la disciplina como la propia Administración Penitenciaria deberemos, tarde o temprano, hacer frente.

Para empezar, incluir la visión de nuestra profesión en el tratamiento penitenciario es, en sí mismo, un importante avance para la institución, para nuestra disciplina y para la sociedad en general. En nuestro medio profesional encontramos situaciones sociofamiliares con gran índice de desestructuración, con efectos negativos e incluso en demasiadas ocasiones con vínculos inexistentes. Sumado a ello, cuando las personas finalizan sus condenas (tanto privativas como no privativas de libertad) se incorporan, en algunas ocasiones, a comunidades que no les aceptan, que les han etiquetado y estigmatizado y donde no encuentran un apoyo efectivo. Por otro lado, la ciudadanía en su conjunto tampoco percibe las posibles ventajas de la inclusión de estas personas en su comunidad. Ante este escenario, incorporar una perspectiva que incluya el trabajo con las familias, con la red social y con la comunidad como elementos clave del tratamiento penitenciario para optimizar no solo el mismo, sino también el grado de inclusión, las posibilidades de participación, la convivencia positiva y el bienestar del conjunto de la ciudadanía está más que justificado. En definitiva, se trata de generar un espacio de prevención y dotar de elementos de protección para promover entornos seguros, estables y prosociales.

En relación a la idea anterior, la incorporación del Trabajo Social como una disciplina orientada al tratamiento penitenciario implica un nuevo escenario relacional: supone mantener relaciones con otras profesiones que conforman el contexto profesional. En este sentido, nuestra disciplina tiene capacidad para trabajar en red, para intervenir de manera conjunta, coordinada y con una visión transdisciplinar, es decir, transcender las propias disciplinas para sumar talento, incorporar la perspectiva social y promover un tratamiento penitenciario más exitoso, ajustado e integral.

Un nuevo escenario relacional, pero también un nuevo escenario científico. El Trabajo Social es una disciplina académica que requiere de una formación y educación universitaria con capacidad para producir nuevos conocimientos científicos y reflexiones teórico – prácticas que permitan explicar los comportamientos delictivos y establecer un marco de transferencia de los mismos. Así, desde el Trabajo Social Penitenciario hay un amplio campo para el estudio y la investigación, para avanzar en el desistimiento delictivo, pero también para facilitar el intercambio profesional y producir ciencia desde la práctica profesional especializada.

Nuestro presente se caracteriza por el impulso y avance de la profesión. Para continuar creciendo, ampliando miradas y desarrollando nuestra disciplina en escenarios emergentes es clave y fundamental apostar por la innovación, el desarrollo de proyectos novedosos y la apuesta por la visión científica para un futuro liderado por el Trabajo Social Penitenciario.

Son varios los proyectos innovadores a destacar en nuestro ámbito: El Manual de Procedimiento de Trabajo Social elaborado por primera vez por trabajadoras y trabajadores sociales del sector, el Programa Alianzas, pionero en la intervención con familias en el ámbito penitenciario y que implica una importante transformación del tratamiento penitenciario optimizando, al integrar la mirada social en nuestras intervenciones, los resultados del mismo y la herramienta HELENA, que conlleva la digitalización, modernización e interconexión e interoperabilidad de la información propia recogida por los Departamentos de Trabajo Social en el medio penitenciario.

Se han sentado las bases de la innovación en el Trabajo Social Penitenciario. Pero es necesario seguir avanzando y creciendo como disciplina. Para ello, existen varios ámbitos o aspectos que sería importante promover e impulsar: apostar por la investigación y tecnificación del Trabajo Social para crecer científicamente, elaborar herramientas e instrumentos que nos permitan realizar diagnósticos sociales más exactos, reflexionar e incorporar las nuevas tecnologías e incluso la Inteligencia Artificial en nuestro quehacer diario, promover intervenciones innovadoras a nivel familiar y comunitario que puedan ser lideradas por nuestra profesión o generar y facilitar alianzas y trabajo en red que impulsen un futuro inclusivo, transformador y adaptado a las nuevas realidades de nuestra sociedad. Innovar para crecer y avanzar.

Por último, el Trabajo Social está o debe estar alineado con las nuevas corrientes y realidades sociales. Por ello, estamos ante un nuevo escenario social cambiante con nuevos modelos familiares, con la incorporación de la inteligencia artificial en nuestras vidas y rutinas diarias (y la brecha digital que la no disposición de ésta en el entorno penitenciario puede generar), con la Agenda 2030 y los Objetivos de Desarrollo Sostenible como futuro deseado y deseable o con la legitimación social de nuestra propia institución. Son escenarios emergentes de crecimiento sobre los que el Trabajo Social Penitenciario, junto con otras disciplinas, debe o debería reflexionar para intervenir y actuar para ofrecer valor añadido y talento a la institución de la cual formamos parte.

4. BIBLIOGRAFÍA

Amaro, A., Berzosa, C., Alcázar – Campos, A. y García – Vita, M.M., (2012). Acompañamiento profesional para la reinserción e inclusión social de mujeres en semilibertad. *Psyshcoloy, Society y Education,* 13 (2), 77 – 86.

Bascones, A., Guerrero, J., Mínguez, P. y Tamayo, L. (2019). *Taller Convivir: 10 herramientas básicas para vivir en comunidad.* Documentos penitenciarios 22. Ministerio de Interior, Secretaría General Técnica.

Caballero, M. y Pujol, N., (2022). Propuesta para la participación de las familias de internos de centros penitenciarios de Cataluña. Poniendo en valor el rol de las familias. *Revista de Treball Social,* 222 (1), 97-117.

Cid, J. y Martí, J. (2011). El proceso de desistimiento de las personas encarceladas. Obstáculos y apoyos. Centro de Estudios Jurídicos y Formación Especializada. Generalitat de Cataluña.

Claramunt, A., (2009). El Trabajo Social y sus múltiples dimensiones: hacía la definición de una cartografía de la profesión en la actualidad. *Fronteras,* 5 (1), 91-104.

Consejo General de Trabajo Social (9 de junio de 2012). Código Deontológico de Trabajo Social

Constitución Española (1978). *Boletín Oficial del Estado,* 311 de 29 de diciembre de 1978,29313 a 29424.

De Dios, M. y Filardo, C. (2019). El Trabajo Social Penitenciario: un acercamiento teórico a la praxis de l@s trabajador@s sociales en los centros penitenciarios españoles. *Documentos de Trabajo Social,* 62 (1), 157-172.

Filardo, C. (2013). Intervención desde el Trabajo Social con hombres maltratadores en los centros penitenciarios españoles. *Documentos de Trabajo Social,* 52 (1), 9 -30.

Filardo, C., Sánchez, E. y Tamayo, L. (2022). Apoyos sólidos, reinserción social y desistimiento delictivo: aportes desde el trabajo social penitenciario. Documentos de Trabajo Social, 65 (1), 186-202.

Filardo, C., Sánchez, E. y Tamayo, L. (2022). Intervención y prevención desde el Trabajo Social Penitenciario en programas y talleres de violencia de género. *Servicios Sociales y Política social,* 29 (127), 49 – 67.

Gil, F. (2010). La acción pedagógica en las prisiones. Posibilidades y límites. *Revista Española de Pedagogía,* 245 (1), 49 – 64.

International Federation of Social Workers (6 de Julio de 2014). La Profesión. El Trabajo Socialhttps://www.ifsw.org/what-is-social-work/global-definition-of-social-work/definicion-global-del-trabajo-social/

Lombardo, E. y Soliverez, E. (2019). Valoración del apoyo social durante el curso vital. *Psicodebate,* 19 (1), 51 – 61.

Ley Orgánica 1/1979, de 26 de septiembre, General Penitenciaria. *Boletín Oficial del Estado,* 239, de 5 de octubre de 1979, 23180 a 23186.

Monroy, L. (2022). Documentos a utilizar si desarrollas el Trabajo Social en Instituciones Penitenciarias. *Apuntes de Trabajo Social.* https://apuntesdetrabajosocial.com/documentos-a-utilizar-si-desarrollas-el-trabajo-social-en-instituciones-penitenciarias/

Olabuenaga, N. (2016). *Prisión y reinserción social: los pisos de acogida como alternativa.* Universidad del País Vasco.

Real Decreto 1201/1981, de 8 de mayo por el que se aprueba el Reglamento Penitenciario de 1981. *Boletín Oficial del Estado,* 149, de 23 de junio de 1981, 14357 a 14360.

Real Decreto 190/1996, de 9 de febrero, por el que se aprueba el Reglamento Penitenciario. *Boletín Oficial del Estado,* 40, de 15 de febrero de 1996, 5380 a 5435.

Sánchez, E. (s.f.). *Incidencia del grado de apoyo social en la gravedad de los delitos sexuales. Estudio exploratorio con una muestra de reclusos del centro penitenciario Madrid IV.* [Memoria de investigación de Máster]. Universidad Complutense de Madrid.

Secretaría General de Instituciones Penitenciarias (2009). *Protocolo de aplicación del Programa Marco de atención integral a enfermos mentales en centros penitenciarios (PAIEM).*

Secretaría General de Instituciones Penitenciarias (2018). *Instrucción I-2/2018 por la que se aprueba el Manual de Procedimiento de Trabajo Social en Instituciones Penitenciarias.*

Secretaría General de Instituciones Penitenciarias (1 de abril de 2024). *Establecimientos penitenciarios.* http://www.institucionpenitenciaria.es/es/web/home/administracion-penitenciaria/organizacion/establecimientos-penitenciarios

Secretaría General de Instituciones Penitenciarias (2 de abril de 2024). *Programas específicos de intervención.* http://www.institucionpenitenciaria.es/es/web/home/reeducacion-y-reinsercion-social/programas-especificos-de-intervencion

Tamayo, L., Filardo, C., Sánchez, E., Verdú, L., Aguilar, V., De la Llave, M., Merino, J.J., Torres, A. y Parra, S. (2022). *Guía de intervención de Trabajo Social en programas de tratamiento de Instituciones Penitenciarias. Programa Alianzas: Intervención sociofamiliar y comunitaria.* Documentos penitenciarios 22. Ministerio de Interior, Secretaría General Técnica.

Yagüe, C., Caballero, P., Cabeza, D., Durán, C., Joly, V., López, B., Mabán, P., Martín, S., Martínez, I., Melis, F., Narváez, M.D., Pozuelo, F., Ruiz, A., Sánchez – Migallón, E., Sanz, A., Yuste, M., Del Val, C., Viedma, A. (s.f.). *Programa de prevención de violencia de género para las mujeres en Centros Penitenciarios. Ser Mujer.* Documentos Penitenciarios 9. Ministerio del Interior, Secretaría General de Instituciones Penitenciarias, Secretaría General Técnica.

Bloque III.

Nuevos ámbitos profesionales para el Trabajo Social

Capítulo 11.

El Trabajo Social en las organizaciones privadas: RSC y Outsourcing

FÁTIMA CENTENERO DE ARCE
Universidad de Murcia

1. INTRODUCCIÓN

Según la definición aprobada en 2002 por la Federación Internacional de Trabajadores Sociales (FITS) el trabajador social es un profesional que promueve el cambio y el desarrollo social, la cohesión social y el fortalecimiento y la liberación de las personas; este cambio social puede ser promovido por el trabajador social desde cualquier ámbito, incluyendo el ámbito de las organizaciones.

El Trabajador Social ha desempeñado una labor muy importante en el mundo de las organizaciones privadas y de la prestación de servicios, tanto en el sector lucrativo como no lucrativo. Los profesionales del Trabajo Social han dedicado a lo largo de su historia sus esfuerzos a la formulación de políticas sociales y la administración y gestión de las entidades privadas que se convierten en instituciones complementarias de bienestar social, dadas las limitaciones del Estado en este campo (Sierra, 2005)

La propia evolución de la sociedad, sus servicios sociales y el mundo empresarial ha modificado la forma de ejercer la profesión en las organizaciones privadas, enmarcando nuestra actividad en la planificación estratégica de las mismas, a corto y largo plazo, con la definición de políticas de intervención de las empresas a través de la Responsabilidad Social, así como las estrategias de la administración pública para proveer de servicios a la población a través del *outsourcing* o externalización mediante concierto o contrato con estas empresas privadas.

Podemos agrupar el Trabajo Social dentro de las organizaciones en torno a tres grandes ejes: el asistencial, la prevención y el desarrollo, abarcando estas áreas no solo a las relaciones personales y sociales de los trabajadores de las organizaciones, sino también en las áreas de relación de la organización con la comunidad (acción social, acción comunitaria, voluntariado...) (Urra,

2013). De esta forma, el trabajo social dentro de las organizaciones se ocupa no solo del bienestar laboral, si no de la gestión excelente de la organización en los aspectos económicos, sociales y ambientales bajo el prisma de la ética y la transparencia.

En este capítulo abordamos el papel del trabajador social en la externalización de los servicios sociales, es decir su prestación desde las entidades privadas y de la Responsabilidad Social Corporativa que estas entidades pueden desarrollar para la mejora tanto de sus servicios como del entorno donde los prestan.

2. OUTSOURCING O EXTERNALIZACIÓN DE SERVICIOS

El *outsourcing* es una técnica de gestión importada del sector empresarial, y supone un proceso por el cual una empresa contrata a una empresa externa para gestionar una parte de sus tareas con el fin de mejorar los procesos y procedimientos de la primera empresa. "La externalización consiste en confiar a agentes externos a la organización parte de la producción o de los servicios, aquellos en los que el dominio no es óptimo, con el fin de mejorar la posición competitiva (Mas Sabaté, 2000).

La externalización de servicios sociales en España se refiere a la práctica de contratar a entidades externas, como organizaciones no gubernamentales (ONG), empresas privadas u otras entidades especializadas, para proporcionar servicios sociales en lugar de gestionarlos directamente desde las instituciones públicas. Esta externalización de los servicios de bienestar se contextualiza por las ideas neoliberales que se introdujeron con fuerza en el sector productivo en los años 80 del siglo XX y que influenciaron la economía de los servicios sociales. Se redefine el rol del Estado de Bienestar, al visualizar las deficiencias del sector público en la provisión de la protección social y ensalzando las virtudes del sector privado. Así el Estado, con el fin de mejorar sus procesos de atención y gestión del bienestar cede al sector privado la gestión de ciertos servicios sociales. Surge así la economía mixta del bienestar donde coexisten roles diferentes público/privado, pero con roles diferenciados: se reserva la competencia de la financiación al sector público y la de gestión al sector privado. Este procedimiento constituye uno de los instrumentos clave de la modernización de la Administración Pública, siendo en los últimos tiempos uno de los caballos de batalla de la Nueva Gestión Pública para impulsar la modernización y transformación organizativa de la gestión pública tradicional. Esta Nueva Gestión Pública constituye un nuevo enfoque que representa un cambio importante de perspectiva:

- Se pasa de la administración pública tradicional a un modelo que da más importancia a los resultados obtenidos y que otorga una mayor responsabilidad a los gestores.
- Los objetivos organizativos y los recursos humanos se establecen claramente para medir su consecución a través de indicadores.
- Se comparte explícitamente la intención de trasladarse de la burocracia clásica a organizaciones, recursos humanos y condiciones contractuales más flexibles.

La decisión de transferir la prestación de servicios públicos al sector privado parte de la premisa de que las organizaciones privadas y sus trabajadores están más capacitados para proporcionar eficiencia, efectividad y calidad (Rama et al., 2020), de esta forma la externalización pasó de ser un mero instrumento de gestión puntual a constituir una estrategia modernizadora de la gestión pública. Es importante no confundir externalización con privatización, pues en la externalización la propiedad sigue siendo de la administración pública, por lo tanto, es la responsable y garante de la prestación del servicio, es quien se encarga de monitorizar el desempeño y reemplazarlo en el caso de que no sea efectivo. Así, la externalización viene a constituir una vía intermedia entre la prestación directa y la privatización.

La externalización de servicios se ha intensificado desde de los años 90 con la expansión del paradigma de la Nueva Gestión Pública en la administración. La gran recesión (crisis 2008-2012) en España supuso la cima del proceso de transformaciones estructurales de las relaciones laborales en el sector público durante las tres décadas anteriores. Dos de estas transformaciones son sustancialmente importantes:

- La primera consiste en el proceso de descentralización regional asimétrica donde las Comunidades Autónomas han adquirido una creciente responsabilidad en ámbitos de actuación como educación, salud, políticas sociales, empleo, justicia, etc. Este proceso de descentralización significa que el papel del gobierno central dentro del sector público se limita cada vez más a coordinar la implementación a nivel regional y local, en lugar de la propia prestación de servicios públicos.
- La segunda transformación consiste en un aumento significativo en la provisión privada de estos servicios públicos. Aunque este proceso comenzó a mediados de la década de 1980, los acontecimientos suce-

didos durante la recesión económica, iniciada en 2008, aceleró esta dinámica.

Cuando se trata de sustituir la realización de actividades con personal y recursos propios por la prestación contratada con un proveedor externo la normativa de contratación prevé diferentes modalidades:

Concierto: Se trata de una forma de gestión indirecta prevista para hacer frente a los servicios sociales o asistenciales que implica la celebración de un contrato con entidades públicas o privadas o particulares que vengan realizando prestaciones análogas a las que constituyen el servicio público de que se trate. Se aprovechan las instalaciones y los recursos mediante los cuales el adjudicatario ya presta el servicio que ahora se contrata públicamente (por ejemplo: la concertación de la prestación sanitaria pública con un hospital privado, plazas de residencia privadas convertidas en públicas, centros de día...).

Se ha acuñado una nueva denominación, ahora se denomina "concierto social" como instrumento que regula la colaboración con entidades del tercer sector de Acción Social, es decir, entidades que reciban fondos públicos, para la puesta a disposición de la Administración de plazas y servicios, con el objetivo de crear, de manera conjunta, una red que dé respuesta a las necesidades que la ciudadanía en el ámbito de los servicios sociales.

El sistema es más estable que la tradicional lógica de la concurrencia competitiva mediante subvenciones, las cuales tienen un ciclo anual y con posibilidades de agotamiento, si bien los requisitos para obtenerlos son mucho más altos. A diferencia de la licitación pública, se inspira en el principio de que la sociedad civil puede tener un papel fundamental en la provisión de los servicios de garantía pública. No se inspira en el principio de la "subsidiariedad", por el cual las entidades actúan allí en donde no llega la administración, sino en la idea de que la Administración Pública y la sociedad civil pueden actuar de modo complementario en la satisfacción de las necesidades de la ciudadanía, este modelo:

- La Administración Pública acredita o autoriza a aquellas organizaciones que reúnen las condiciones para prestar un servicio, es decir, les concede un "estatus" que le permitirá concertar la prestación de dicho servicio con fondos públicos. Esto habitualmente se materializará en un documento (acuerdo de licencia) con el proveedor en el que se fija un precio de referencia que la Administración se compromete a pagar por dicho servicio cuando la persona beneficiaria utiliza dicho servicio.

- A diferencia de la contratación pública, el Proveedor actúa en nombre propio y tiene autonomía en la prestación del servicio, es decir, puede prestarlo de la manera que considere más conveniente siempre y cuando respete los requisitos establecidos por la Administración.

Ventajas del concierto social

Desde la perspectiva de las personas:

- Permite que la Persona Beneficiaria del servicio tenga mayor capacidad de elección (siempre y cuando haya múltiples proveedores), salvo si en la orden que regula el concierto social de un servicio se establece un sistema de derivación.
- Al basarse en el principio de transparencia y concurrencia, favorece la mejora continua puesto que, al haber múltiples proveedores acreditados o autorizados, se favorece la competencia enfocada a una mejora prestación del servicio a la persona. Esto fomenta que los Proveedores se esfuercen más por dar servicios de calidad, lo que refuerza la innovación y adaptación permanente.
- La continuidad en el tiempo de los conciertos (en muchos casos se establecen a cinco años con posibilidad de prórroga) contribuye a evitar que se produzcan situaciones de desarraigo, lo cual es importante cuando se trata de servicios a personas.

Desde la perspectiva de las entidades:

- La estabilidad en el tiempo de los conciertos permite al prestador del servicio planificar la actividad, mejora la calidad del empleo del personal contratado, planificar inversiones a largo plazo, etc.
- El precio es revisable y se ajusta a los costes reales si los criterios son objetivos.

Inconvenientes

- En el caso de los servicios que se prestan en instituciones, el proveedor únicamente cobra el precio de la plaza si esta se ocupa (salvo que se establezca lo contrario), por tanto, a pesar de suscribir el concierto, no tiene ingresos asegurados.
- El derecho de elección está condicionado a que existan plazas o recursos disponibles.

- A veces, el precio que paga la Administración por la plaza es deficitario ya que no cubre todo el coste y no se permite el cobro de cantidades adicionales al precio público, lo que implica que las entidades deban buscar otras fuentes de financiación. (por ejemplo, actividades benéficas, en el caso de las organizaciones no lucrativas)
- La definición de los servicios a concertar en el caso de apoyos flexibles a las personas es más difícil de concretar y cuantificar.

Concesiones: Es un tipo de asociación entre el sector público y una empresa, por lo general privada, que ha demostrado su capacidad de valor añadido en un ámbito concreto (por ejemplo, el desarrollo de infraestructuras) en las cuales se regulan los precios de mercado, unas tarifas de servicios y a menudo, la inversión en infraestructura que ha de realizar la empresa concesionaria (por ejemplo: el servicio de inspección técnica de vehículos o ITV, residencias de mayores). Es diferente a los contratos públicos, en un contrato público, las empresas reciben una cantidad fija por realizar una obra o por prestar un servicio, mientras que, en una concesión, la remuneración de las empresas consiste, principalmente, en la autorización de gestionar y explotar una obra o servicio, lo que implica una exposición a posibles pérdidas en las inversiones realizadas. La administración "oferta" sus instalaciones y las empresas concursan a la misma mediante proyecto en el que especifican todos los gastos y costes que tendrían en la gestión.

En resumen, la externalización de servicios sociales en España refleja la búsqueda de eficiencia y adaptabilidad en un contexto de cambio en el modelo de bienestar social. Sin embargo, también plantea desafíos en términos de control, calidad y equidad, lo que ha llevado a un continuo análisis y ajuste de las políticas y prácticas en este ámbito.

3. RESPONSABILIDAD SOCIAL CORPORATIVA

La Responsabilidad Social Corporativa (RSC) surge en Estados Unidos, a finales de los 60 y principios de los 70 ante la creciente necesidad de la sociedad de obtener información acerca de las actividades de las empresas no sólo en el ámbito económico, sino su repercusión en el entorno inmediato. El salto a Europa se produce en los años 70 donde las propias plantillas de trabajadores empezaban a interesarse por lo que las empresas hacían por mejorar la vida de los trabajadores y su entorno inmediato. Posteriormente con la crisis del Estado de Bienestar en Europa, se insta desde la administración a las empresas para que colaboraran en la construcción de la "Sociedad del Bienestar" introduciendo dentro de sus medidas de competitividad empresarial acciones de mejora de la cohesión social, solidaridad y de respeto al medio ambiente.

En un primer momento las variables a tener en cuenta en la responsabilidad social empresarial eran las económicas, financieras, productivas y en última instancia social, quedando esta relegada al crecimiento económico. No fue hasta los años 90 cuando ya se introdujo la sostenibilidad incluyendo los conceptos económicos, medioambientales y sociales, todos ellos teniendo la misma importancia (Server y Villalonga, 2005) convirtiéndose en objeto de interés institucional, tratándose en el Consejo de Lisboa en 2000 y en la Cumbre de Johannesburgo en septiembre de 2002 profundamente el tema, realizando un llamamiento al mundo empresarial sobre la necesidad de la introducción de la perspectiva de la Responsabilidad Social. Las empresas comprendieron que la economía global no solo es un fenómeno financiero, sino que contiene dimensiones de transformación social de mayor alcance, y que su cumplimiento genera una cadena de valor relevante (Núñez, 2003; Cañas, 2018)

La RSC constituye un enfoque social empresarial en el que se integran aspectos sociales, éticos y medioambientales en la gestión de una organización. Se trata de la actividad voluntaria de las empresas relativa a la mejora de la sociedad a la que pertenecen y la preocupación por el medio ambiente en el que se encuentran. De esta forma, la RSC promueve prácticas éticas y sostenibles, ofreciendo una alternativa al enfoque de protección de los Derechos Humanos desde las cuestiones socioeconómicas (Fernández y Gómez, 2019).

Siguiendo a Server y Villalonga (2005) la RSC tiene dos dimensiones: la externa y la interna:

- En la dimensión interna, las prácticas responsables afectan a los recursos humanos, salud y seguridad y la gestión del impacto medioambiental en el ejercicio de su actividad:
    - Gestión de Recursos Humanos: prácticas responsables de contratación de personal, en particular las no discriminatorias (minorías étnicas, trabajadores de mayor edad, mujeres, desempleados de larga duración y personas desfavorecidas) así como un desarrollo profesional satisfactorio para el empleo.
    - Salud y seguridad en el lugar de trabajo: Actividades y políticas de mejora de la salud y seguridad laboral. A medida que aumentan los esfuerzos por mejorar la salud y la seguridad en el lugar de

trabajo y la calidad de los productos y servicios ofrecidos, se multiplican las presiones para que en el material promocional se la empresa se mida, documente y comunique dicha calidad.

- Adaptación al cambio: Los cambios sociales de los últimos años ha repercutido en el ámbito empresarial, suscitando preocupación entre los trabajadores y otros interesados. Ha sido necesario reestructurar la mayoría de las empresas y reestructurar desde un punto de vista socialmente responsable significa equilibrar y tener en cuenta los intereses y preocupaciones de todos los afectados por los cambios y las decisiones.
- Gestión del impacto ambiental y de los recursos naturales: en general, la disminución del consumo de recursos o de los deshechos y las emisiones contaminantes pueden reducir el impacto sobre el medio ambiente; también puede resultar ventajosa para la empresa al reducir sus gastos energéticos y de eliminación de residuos y disminuir los insumos y los gastos de descontaminación. El ámbito medioambiental ser considerada un marco sólido para el fomento de la responsabilidad social de las empresas.

- En la dimensión externa, se extiende hacia la comunidad local ya que contribuyen al desarrollo de la comunidad en la que se insertan. Se incluyen a interlocutores como son los socios comerciales, proveedores, consumidores, autoridades, etc.

Esta Responsabilidad Social las empresas deben volcarla en unos documentos que han de reflejar todas las actuaciones que realizan para el cumplimiento de la misma, así como las mediciones para comprobar el cumplimiento. Estos documentos se denominan Informes o Memorias de Sostenibilidad, que reflejan el diagnóstico de la situación, es decir el estudio previo de la entidad, su entorno y su influencia, y la programación y ejecución de las medidas para la mejora continua y mejora del desempeño, así como la evaluación de las mismas.

4. EL TRABAJO SOCIAL EN EL OUTSOURCING Y LA RESPONSABILIDAD SOCIAL CORPORATIVA

Los ámbitos donde el trabajo social ejerce su intervención puede ser público o privado, y dentro de este último puede ejercerlo tanto en el Tercer Sector de Acción Social como en la empresa privada lucrativa. Tanto en uno como en otro, y dada la tendencia a la externalización de los servicios sociales y sanitarios el perfil profesional dentro de este ámbito es un pilar fundamental de estas organizaciones, siendo el encargado del grueso de la gestión de la entidad, siendo en la mayoría de las ocasiones la persona en quien se delega la dirección de la entidad, la gestión interna, la selección y supervisión del personal, las exigencias de calidad, responsabilidad social y el marketing social (Centenero, 2020). Las entidades no lucrativas desarrollan a partir de los años 90 y primeros años de los 2000, un nuevo modelo de gestión para ofrecer los servicios adecuados y con la calidad que requiere los requisitos que la externalización de los servicios exige. Como afirma Álvarez de Mon et. al. (1998, p. 60): "las actividades que impulsan las organizaciones del Tercer Sector necesitan incluso más nivel de gestión que las actividades lucrativas". El hecho de que la administración "ceda" la gestión directa a las entidades propicia la mayor independencia en la gestión interna y la necesidad de profesionales cualificados para dicha gestión. Estos requisitos exigidos, con la inclusión de sistemas de calidad y de responsabilidad social para garantizar su excelencia, y la comunicación a sus grupos de interés, no dejan otra opción que implantar sistemas efectivos de gestión integral, sistemas implantados y gestionados por sus profesionales. Esto dio lugar a una fuerte profesionalización del sector de acción social, donde el trabajo social desempeña un papel crucial ya que su perfil dentro de ellas es fundamental para su desarrollo (Centenero, 2020), como afirma Homs (2009, p. 112): "Hoy los trabajadores sociales han pasado de la acción en la calle a la gestión de los despachos, en los que las tareas de diseño, planificación, gestión, evaluación, tienen un peso mucho mayor que antaño".

En el ámbito de la empresa privada lucrativa, cada vez más los trabajadores sociales son los encargados del desarrollo interno de las organizaciones desde un punto de vista estratégico, aportando valor a los grupos de interés internos y externos y desarrollando un impacto social positivo en entorno en el que actúa, ya que la presencia de trabajadores sociales en el ámbito de la RSC ayuda a las empresas a abordar de manera más efectiva las dimensiones sociales de su operación, promoviendo el desarrollo sostenible y contribuyendo positivamente a la sociedad.

"Los trabajadores y trabajadoras sociales de empresa son agentes de cambio, que buscan en la actividad productiva un balance entre beneficios económicos y sociales, mediante acciones de asistencia, prevención y desarrollo" (Urra, 2015)

De esta forma es inevitable ver la correlación entre el trabajo social y la Responsabilidad Social Corporativa (RSC) ya que son dos campos interrelacionados que buscan contribuir al bienestar de la sociedad y promover prácticas éticas y sostenibles en diferentes contextos. En palabras de Quiroga et.al. (2010): "Si la Responsabilidad Social lleva ese "social" como parte de su estructura semántica, es el Trabajo Social quien está llamado a hacerlo". Los trabajadores sociales son los que contribuyen a la implementación de programas de Responsabilidad Social Corporativa (RSC) dentro de la organización, asegurándose de que las prácticas comerciales sean éticas y socialmente responsables.

Algunos aspectos clave del trabajo social en el contexto organizacional y la Responsabilidad Social Corporativa:

- Desarrollo organizacional: Contribuyen al desarrollo de programas y políticas que fomentan un entorno laboral saludable y promueven la conciliación entre el trabajo y la vida personal. Identifican necesidades y diseñan, implementan y evalúan programas.
- Prevención de Conflictos: Intervienen en situaciones de conflicto laboral o tensiones en el equipo para mejorar las relaciones interpersonales y promover un ambiente de trabajo positivo
- Bienestar Laboral: Se centran en la promoción del bienestar general de los empleados, abordando factores que puedan afectar su calidad de vida y desempeño laboral.
- Contribuyen a la creación de entornos laborales inclusivos y diversos, trabajando en colaboración con la empresa para desarrollar políticas y prácticas que fomenten la igualdad y la equidad.
- Capacitación, formación y Sensibilización: Desarrollan programas de formación y sensibilización para empleados sobre cuestiones sociales detectadas como relevantes como igualdad, diversidad, salud mental...
- Evaluación de Impacto Social: Colaboran en la medición y evaluación del impacto social de las actividades de la empresa, asegurándose de que los esfuerzos de RSC sean efectivos y beneficien a la comunidad de manera sostenible.
- Colaboración con ONG y entidades sociales. Establecen asociaciones con organizaciones no gubernamentales y entidades sociales para maximizar el impacto y la eficacia de las iniciativas de RSC, abordaje de problemas específicos de la comunidad...

- Apoyo en Crisis: Intervienen durante situaciones de crisis, como despidos masivos o eventos traumáticos, para ofrecer apoyo emocional y recursos a los empleados afectados.
- Participación en Equipos Multidisciplinarios: Colaboran con otros profesionales para abordar diversas necesidades organizacionales.

De esta forma, la colaboración efectiva entre los trabajadores sociales y empresas comprometidas con la RSC puede generar impactos significativos en la sociedad.

5. BIBLIOGRAFÍA

Álvarez De Mon, S., Martín Cavanna, J. y Martínez Sánchez, J.L. (1998) *El Tercer Sector. Retos y propuestas para el próximo milenio.* Ministerio de Trabajo y Asuntos Sociales

Barnard, M. (1967) *El servicio social de empresa.* ICES.

Cañas Montañés, T. (2018) *Responsabilidad Social Corporativa.* Editorial Elearning

Carrasco, J. (2009) Empresa y trabajo social, ¿una relación de ida y vuelta? *Revista Humanismo y Trabajo Social,* 8, 69-83.

Centenero de Arce, F. (2020) *El trabajador social como gestor de entidades no lucrativas.* [Tesis Doctoral, Universidad de Murcia]. DIGITUM

Gómez Navarro, C. M. y Fernández Riquelme, S. (2019). La acción social empresarial como instrumento de Justicia Social: la empresa como garante de los Derechos Humanos. *Revista empresa y humanismo.* Vol. 22-1, 43-70

Homs, O. (2009). Una nueva generación de trabajadores sociales y un nuevo modelo de servicios sociales. *Revista de Servicios Sociales y Política Social,* 86, 11-113.

Mas Sabaté, J. (24-27 de Octubre del 2000). *Gestión privada de servicio a públicos: la externalización (outsourcing) en la Administración Pública.* Santo Domingo: V Congreso Internacional del CLAD

Núñez, G (2003) *La responsabilidad social corporativa en un marco de desarrollo sostenible. División de Desarrollo Sostenible y Asentamientos Humanos.* Naciones Unidas

Quiroga Parra, M., Vargas Jaimes, F, y Cruz Suárez, A. (2010). Trabajo social y responsabilidad social: notas para una discusión ideológica. Tabula Rasa, (12), 175-193. http://www.scielo.org.co/scielo.php?script=sci_arttext&pid=S1794-24892010000100010&lng=en&tlng=es.

Rama, J., Reynaers, A. M, Navarro, C. y González Medina, M. (2020) Los servicios públicos locales: calidad, externalización y control. *Anuario de Derecho Municipal,* 3: 231-253

Server Izquierdo, R. J., & Villalonga Grañana, I. (2005). La Responsabilidad Social Corporativa (RSC) y su gestión integrada. CIRIEC-España, *Revista de Economía Pública, Social y Cooperativa,* 53, 137-161

Sierra Arango, A. L. (2005). El trabajo social en las organizaciones: haciendo historia. *Revista De La Facultad De Trabajo Social, 21*, 129–133. https://revistas.upb.edu.co/index.php/trabajosocial/article/view/2766

Urra Canales, M. (2013). Trabajo Social en el ámbito empresarial, proceso histórico, definiciones y tendencias. Revista Hojas Y Hablas, 10, 91-96. https://revistas.unimonserrate.edu.co/hojasyhablas/article/view/14

Capítulo 12.

Trabajo Social en situaciones de emergencias

Mª VIRGINIA SÁNCHEZ RIVAS
Universidad de Murcia

1. INTRODUCCIÓN

De acuerdo con las afirmaciones de Moreno Velasco y Vega Betoret (2011) el Trabajo Social en situaciones de urgencia, emergencias, catástrofes y en cualquier de sus dimensiones, es un campo de acción social fuera de toda duda. Cuenta con el respaldo y compromiso normativo, legislativo tanto desde el Trabajo Social como de Protección Civil. A pesar de ello, y hasta el momento, son pocos los Colegios Oficiales de Trabajo Social a nivel nacional que, han desarrollado acciones vinculadas a la atención e intervención social en situaciones de urgencias, emergencias, catástrofes entre otras. Ya sean, de carácter asistenciales o preventivas. Concretamente, el papel de los Trabajadores Sociales en situaciones de urgencia, emergencias, catástrofes, entre otras, se asienta sobre tres pilares básicos. En primer lugar, debemos tener claras cuáles son las funciones que podemos desempeñar dentro de nuestro rol profesional, en segundo lugar, saber analizar las situaciones en las que podemos intervenir y, por último, el proceso de evaluación y todos sus componentes.

El presente capítulo pretende ahondar en el rol de la profesión de Trabajo Social en situaciones de emergencias y catástrofes desde la intervención social, en el campo de acción social que es. Expone, de una parte, un análisis de las normativas vigente en relación con el campo de las emergencias; así como al Sistema Nacional de Protección Civil. También recoge legislación específica a nivel regional, haciendo alusión a la ley de voluntariado. Por otra parte, propone posibles roles y acciones a desarrollar orientadas a las buenas prácticas en la atención social urgente desde la disciplina y la especialidad del Trabajo Social en Emergencias.

2. MARCO NORMATIVO

2.1 Legislación estatal

El marco legislativo en el que situar la intervención del Trabajo Social en Emergencias es bastante amplio. A nivel Estatal encontramos la Constitución Española, en la que ya en su art. 2 reconoce los principios de unidad nacional y solidaridad. En el art. 15 reconoce el "derecho a la vida y a la integridad física y moral". El art. 30.4 dice que "podrán regularse los deberes de los ciudadanos en los casos de grave riesgo, catástrofe o calamidad pública". El art. 39 asegura la protección social, económica y jurídica de la familia, además que certifican que los poderes públicos asuman la protección integral de los hijos y de los niños "conforme a los acuerdos internacionales que velan por sus derechos". El art. 43 hace reconocimiento del derecho a la protección de la salud. En los arts. 49 y 50 también hacen mención a la garantía de protección por parte de los poderes públicos de los minusválidos y ancianos.

El art. 55 no reconoce ningún derecho, es más, habla de la suspensión de derechos y libertades. Este artículo contempla las situaciones extraordinarias, que van a permitir que, excepcionalmente, los derechos y libertades que promueve la Constitución puedan ser suspendidos. Estos derechos y libertades podrán ser suspendidos cuando se acuerde la declaración del estado de excepción o de sitio en los términos previstos en la Constitución. Un Estado de Derecho que se precie de serlo ha de contemplar no sólo el funcionamiento de las instituciones en situaciones de normalidad, sino que ha también de prever, en la medida de lo posible, las situaciones de crisis o anormalidad. A las situaciones excepcionales se les referencia en el art. 116, y son los estados de alarma, excepción y sitio. El art. 103, nos indica que la administración actúa de acuerdo con los principios de eficacia, jerarquía, descentralización, desconcentración y coordinación.

Por último, como destaca Arrivicita Amo (2013), en el contexto administrativo en el cual se sustenta la intervención en emergencias y como consecuencia de la crisis actual, en septiembre de 2011, se produjo una reforma de la Constitución Española. La modificación del art. 135 hace referencia a la deuda pública y al principio de estabilidad presupuestaria. Con el objetivo de reforzar el compromiso con la Unión Europea, es importante resaltar el punto 4 del artículo, en el cual, se hace referencia a la intervención en emergencias: los límites de déficit estructural y de volumen de deuda pública solo podrán ser superados en caso de catástrofes naturales, recesión económica, o situaciones de emergencia extraordinarias que estén fuera del control del Estado y que afecten gravemente la situación financiera, la sostenibilidad económica o social del Estado, siendo necesario que sean aprobadas por la mayoría absoluta de los miembros del Congreso de los Diputados.

Los artículos de ley anteriormente descritos guardan estrecha relación con la Ley 2/1985, de 21 de enero, sobre Protección Civil, es el marco legal donde se encuentra preestablecido el sistema de preparación y de respuesta ante situaciones de grave riesgo colectivo, calamidad pública o catástrofe extraordinaria. La Ley sobre Protección Civil indica que la organización ante situaciones de emergencia corresponde principalmente al Estado. En su art. 1, atribuye a los poderes públicos la orientación al estudio y a la prevención de situaciones de grave riesgo, catástrofe o calamidad pública y a la protección y socorro de personas y bienes en los casos en que dichas situaciones se produzcan. También menciona la participación de los ciudadanos en los deberes y prestación de su colaboración voluntaria.

El art. 4, en el capítulo de deberes y obligaciones, expone que "todos los ciudadanos a partir de la mayoría de edad estarán sujetos a la obligación de colaborar, personal y materialmente, en la protección civil, en caso de requerimiento pro las autoridades competentes". Los ciudadanos, además, en situaciones de grave riesgo, catástrofe o calamidad pública están obligados a prestar personalmente aquello que se le exija por la autoridad, e incluso esta autoridad competente podrá requisar temporalmente cualquier tipo de bien, así como su ocupación y su intervención. Según la Ley, el Gobierno debe establecer un catálogo de actividades que puedan dar origen a situaciones de emergencia y que "Los Centros, establecimientos y dependencias (referidas en el catálogo de actividades) dispondrán de un sistema de autoprotección, dotado con sus propios recursos y del correspondiente plan de emergencia".

La Ley además contempla actuaciones preventivas, la organización en materia de dirección y coordinación y en el último capítulo expone las infracciones y sanciones. Para continuar hablando del desarrollo legislativo de la Ley sobre protección social, hay que mencionar que se contempla en el art. 8 la futura aprobación de una Norma Básica de Protección Civil, que determine las líneas de actuación en situaciones de emergencia y que contenga "las directrices esenciales para la elaboración de los Planes Territoriales y de los Planes Especiales". Los cuales sirven para afrontan las emergencias en un espacio territorial. Cada Comunidad tiene su plan y los municipios de más de 20.000 habitantes están obligados a ello.

La Ley 38/2003, de 17 de noviembre, General de Protección Civil, establece el marco general de actuación en situaciones de emergencia y catástrofe, incluyendo la atención social. Define las competencias de las diferentes administraciones públicas y establece los principios básicos de la intervención social.

La Norma Básica de Protección Civil aprobada por Real Decreto 1988/1994, de 30 de diciembre, desarrolla la Ley 38/2003 en materia de atención social. Establece los objetivos, principios y directrices de la intervención social en emergencias y catástrofes, así como las funciones de los diferentes agentes implicados.

2.2 Legislación regional

Ley 3/2023, de 5 de abril, de Emergencias y Protección Civil de la Región de Murcia, establece el marco legal autonómico para la gestión de emergencias y catástrofes en la Región de Murcia. Define las competencias de la Comunidad Autónoma en materia de atención social y establece los principios básicos de la intervención social en emergencias. En la cual se sustenta el Plan Territorial de Emergencias de la Región de Murcia (PLATEMUR). También establece los objetivos, principios y directrices de la intervención social en emergencias y catástrofes en la Región de Murcia, así como las funciones de los diferentes agentes implicados.

La normativa sobre Trabajo Social en emergencias y catástrofes es compleja y diversa, y puede variar en función de la Comunidad Autónoma o municipio. Es importante que los profesionales del Trabajo Social en emergencias estén familiarizados con la normativa vigente en su ámbito de actuación. La formación continua es esencial para la preparación en la intervención de manera eficaz, ante situaciones de emergencia y catástrofe.

En resumen, la normativa sobre Trabajo Social en emergencias y catástrofes en España tiene como objetivo garantizar que las personas afectadas por este tipo de situaciones reciban la atención social que necesitan de manera oportuna y eficaz. La intervención social en estas situaciones debe basarse en los principios de ética, equidad, solidaridad y respeto a los derechos humanos.

3. CONCEPTUALIZACIÓN Y DIFERENCIAS TERMINOLÓGICAS

De todas las contingencias sociales atendidas por profesionales de Trabajo Social en Emergencias, los escenarios de urgencias y/o emergencias sociales han permitido que la profesión desarrolle habilidades para superar situaciones que incorporen variables sociales, psicosociales, operativas y de gestión. Se puede afirmar, por tanto, que en situaciones sociales sobrevenidas y/o con alto nivel de exigencia y tensión emocional y/o ambiental, las/os trabajadoras/es sociales son profesionales operativos que trabajan en contextos donde el retorno a la normalidad individual, grupal o comunitaria se hace necesario. Si tratamos de definir el concepto de urgencia, emergencia, catástrofe y desastre, en la intención de poner orden semántico a la acción profesional, el resultado es el siguiente:

El concepto de Urgencia: remite a la condición de subjetividad o estado de necesidad vivida por el afectado, este estado deber ser valorado con detenimiento por el profesional. Al hablar de Urgencia estamos hablando de una situación de riesgo (social) donde el estado de desprotección repentina debe ser aliviado, fundamentalmente, para evitar que devenga en Emergencia.

La Real Academia Española define el término urgencia de este modo: 1. f. Cualidad de urgente 2. f. Necesidad o falta apremiante de lo que es menester para algún negocio. 3. f. Caso urgente. 4. f. Inmediata obligación de cumplir una ley o un precepto. 5. f. pl. Sección de los hospitales en que se atiende a los enfermos y heridos graves que necesitan cuidados médicos inmediatos. Como señala Arricivita (2013) "en el marco de la gestión y actuación en emergencias, una urgencia es también considerada como una emergencia de nivel 0, o incluso como una emergencia individual familiar (p. 22)". Esto quiere decir que puede desbordar la capacidad de esa persona o esa familia, pero existe capacidad de dar respuesta desde un servicio de emergencias (policía, salvamento, sanitario, social...). Pueden ser accidentes laborales, de tráfico, domésticos, etc.

En el caso de la Emergencia Social: la situación de necesidad es objetiva en cuanto a desprotección, es decir, se presenta como situación repentina de ausencia de apoyos (aportes) personales, familiares y/o sociales que den respuesta a la carencia manifestada (Caplan, 1979). La condición de Emergencia Social se sustenta en una perspectiva que supone un hecho negativo (suceso); es de aparición imprevista en el espacio/tiempo, lo que favorece los procesos de vulnerabilidad social y riesgo social; y, por último, la respuesta debe ser inmediata de forma que evite estados de desprotección sobrevenida por inacción.

Desde la Real Academia Española existen varias definiciones, aunque no todas están relacionadas con el objetivo del trabajo, por lo que aquí no se muestran: 1. F. Acción y efecto de emerger. 2. F. Suceso, accidente que sobreviene. 3. F. Situación de peligro o desastre que requiere una acción inmediata.

En comparación con el término urgencia, definido anteriormente, según Arricivita Amo (2013), "una emergencia si podría llegar a desbordar la capacidad de respuesta de un servicio de atención urgente, aunque no siempre sea así. Además, necesariamente requeriría la coordinación de los diversos dispositivos actuantes (policía, bomberos, servicios sociales, sanitarios, etcétera)."

En comparación con estas definiciones y según Ana P. de Quiroga la emergencia social es caracterizada como "la modificación súbita y significativa de las condiciones materiales y sociales de existencia de una comunidad, y el impacto de que dicha modificación provoca en sus miembros" (Pampliega de Quiroga en Arito y Jacquet, 2005, p. 32). También nos dice que esta transformación de las condiciones de vida puede tener el origen debido a causas naturales o causas socioeconómicas y políticas.

Si nos referimos al concepto de Catástrofe (Emergencia Social Colectiva o Gran Emergencia Social): hacemos mención a una situación donde el valor de magnitud se mide por el número y gravedad de afectados, así como por la escasez de medios de respuesta que quedan desbordados por la magnitud del suceso (Tsunamis, Erupciones, Terremotos de alto nivel, etc.). En los casos de Catástrofe, las capacidades organizativas de las administraciones afectadas suelen quedar desabordadas (colapsadas), requiriendo habitualmente la colaboración de otras administraciones, países e incluso de instituciones internacionales que coordinen sobre el terreno la recuperación de infraestructura y el apoyo básico humanitario.

La acepción que interesa en la definición de la RAE es "Suceso infausto que altera gravemente el orden regular de las cosas". Según Sandra Arito y Mónica Jacquet (2005) una catástrofe es "un evento inesperado, súbito, brusco, agudo, amenazante y destructor, con peligro de muerte. Puede ser individual o social. Para Arrivicita Amo (2013, p. 34) una catástrofe tiene un alcance ampliamente colectivo, produce un elevado número de afectados, origina una importante cantidad de pérdidas humanas y existe una imposibilidad o muy altas limitaciones para el funcionamiento normal de la población. Además, nos dice que no toda situación de emergencia es una catástrofe.

En cuanto a la conceptualización de Desastre, según varios autores, catástrofe y desastre son términos sinónimos, aunque este último tenga una connotación más devastadora. Para Sandra Arito y Mónica Jacquet una situación de desastre escapa a la cobertura de los recursos habituales, por lo que requiere una ayuda adicional. Para David Green (1994), "desastre es un evento calamitoso, generalmente inesperado, que causa gran daño en vidas humanas y propiedades, destruye parcialmente o totalmente la estructura social a través de la cual se interrumpe o cesa el estilo de vida y la rutina, tanto del individuo como del grupo" (p. 33).

Cabe señalar que el concepto de riesgo está estrechamente relacionado con emergencia, o a la inversa. Riesgo es "probabilidad, determinada por la identificación y evaluación de factores de riesgo, de que se produzcan daños" (Arricivita, 2013, p. 24). Una vez existe la urgencia, emergencia, desastre o catástrofe, para pronosticar la atención necesaria y cubrirla, hay que establecer el nivel de emergencia al que nos enfrentamos. Para ello, se establecen cuatro niveles definidos en el marco de protección civil y gestión de emergencias.

3.1 Situaciones y niveles de la emergencia

Como se puede observar en el siguiente diagrama, las situaciones que pueden provocar la emergencia social son variadas. Bien, de forma natural (anticipadas, imprevisibles), u ocasionadas por el hombre (accidentales, deliberadas). En todas ellas, la evaluación, diagnostico e intervención de Trabajo Social especializado en emergencias, es clave en el apoyo al restablecimiento de la calma y nueva normalidad de la población afectada. En general, podemos clasificar las situaciones de urgencia, emergencia y catástrofe, según el siguiente modelo.

Diagrama 1: Tipos de situaciones de urgencia, emergencia y catástrofe

TIPOS DE SITUACIONES
- NATURALES
  - ANTICIPADAS — INUNDACIONES, TORNADOS, HURACANES...
  - IMPREVISIBLES — AVALANCHAS, TERREMOTOS, ALUVIONES...
- INDUCIDAS POR EL HOMBRE
  - ACCIDENTALES — ACCIDENTES DE TRÁFICO, ACCIDENTES LABORALES...
  - DELIBERADAS — DELINCUENCIA, TERRORISMO, GUERRA...

Fuente: Herrero Muguruza, I. (2011).

3.2. Niveles de la emergencia

Siguiendo las definiciones que Arricivita Amo (2013) del Manual para trabajadores sociales y otros profesionales de la ayuda se pueden extraer los siguientes niveles de emergencia.

- Emergencias de nivel 0: clásicas urgencias. Son hechos puntuales de alcance limitado y que no desbordan la capacidad de respuesta de los diferentes servicios de ámbito local activados.
- Emergencias de nivel 1: la atención puede quedar asegurada mediante el empleo de medios y recursos disponibles en la zona. Emergencias más graves a gestionar por la autoridad local o supramunicipal.
- Emergencias de nivel 2: se precisa el concurso de medios, recursos o servicios ubicados fuera de las áreas afectadas.
- Emergencia de nivel 3: comprometen el interés nacional. Pueden darse tres circunstancias: declaración del estado de alarma, excepción o sitio; una emergencia que afecte a más de una Comunidad Autónoma, y una situación cuyas dimensiones reales o previsibles requieran el mando de la Administración Central.

Una emergencia es imprevisible y cabe la posibilidad que la situación desborde la respuesta de los equipos profesionales. Siendo necesario contar con la figura del voluntariado. El voluntariado en emergencias se divide en dos:

- Voluntariado espontáneo: (grupo de personas que, ante la situación y por iniciativa propia, se incorpora a las labores de resolución de la emergencia).
- Voluntariado organizado (regulado por las leyes del voluntariado, y cuenta con una formación específica en determinados aspectos). Es importante tener esto en cuenta, ya que no es lo mismo contar con un tipo de voluntarios u otro en una emergencia.

A pesar de que la mayoría de los 36 Colegios Oficiales de Trabajo Social presentes en España, no cuentan con un grupo de voluntarios para la atención en grandes siniestros, pareciera que en el paso del tiempo este campo (el de las emergencias y más concretamente, de las grandes emergencias y catástrofes), está empezando a prender en los órganos más representativos de la profesión.

4. FASES DE LA EMERGENCIA EN ATENCIÓN E INTERVENCIÓN SOCIAL

Tabla 2: Fase de Pre-emergencia

Afectados	• Suministrar información sobre derechos y deberes • Organización y preparación para afrontar el impacto del evento • Valoración social sistemas de recursos, organización comunitaria, problemas sociales existentes, conocimiento de la población expuesta, redes de apoyo, etc
Familiares	• Orientar y fortalecer la unidad familiar
Comunidad	• Programas de información ejercicios de sensibilización y simulacros • Programas de autoprotección • Programas formativos • Estudiar variables socioeconómicas y culturales • Estudiar niveles de aprovechamiento de los recursos • Orientar y capacitar a la población de posibles necesidades sociales • Educación en autoprotección y prevención de riesgos • Programas con colectivos específicos
Intervinientes	• Selección del personal y capacitación del equipo • Capacitación de voluntarios, auxiliares, alumnos y profesionales • Planificación de la intervención según tipos de riesgo • Estudiar y prevenir la coordinación interdisciplinar y con otros equipos de respuesta
Organismos	• Elaboración de mapas de riesgo • Evaluación de vulnerabilidades y fortalezas • Historia de catástrofes • Evaluación de procesos organizativos e intervenciones • Creación de planes de emergencia y comunicación a la población en un lenguaje comprensible • Elaborar, ejecutar y evaluar programas de divulgación • Estudiar actitudes y valores • Estudiar cantidad y calidad de los recursos existentes • Investigación e identificación de factores que generan desigualdad • Evaluación de servicios, recursos, actitudes y valores • Estudiar factores y problemas sociales • Valoración, catalogación de recursos

Tabla 3: Fase de Emergencia

Afectados	• Acogimiento, acompañamiento, ase- soramiento, normalización de respuestas • Primeros auxilios psicológicos • Atención necesidades básicas • Ofertar apoyo continúo • Examinar las defensas y estilos de afrontamiento • Identificar patologías y derivarlas • Servicios de atención directa • Dar apoyo, reducir la mortalidad, vincular los recursos de ayuda • Atención a las necesidades de urgencia inmediata • Organización y coordinación ante posibles evacuaciones búsqueda de desaparecidos
Familiares	• Recepción, comunicación, reconocimiento de cadáveres, duelo y ceremonias funerarias • Localización de familiares y allegados y traslado a centros de atención o domicilios • Información y asesoramiento • Reagrupamiento familiar
Comunidad	• Asesoramiento y control de medios de comunicación • Evitar rumores y múltiples informantes • Diagnóstico de la situación social y su contexto para fundamentar la intervención de urgencia • Identificaciones, derivaciones, ubicaciones, etc de afectados, familiares, recursos... • Identificación del grado de afectación social
Intervinientes	• Asesoramiento sobre organización • Grupos y turnos de trabajo • Dirigir reuniones (debriefing) • Localización y facilitación de recursos necesarios • Coordinación de equipos de respuesta • Organización y coordinación del personal voluntario • Información a los allegados del personal interviniente sobre su situación • Registro de acciones profesionales • Comisiones de trabajo para los diferentes recursos • Evaluación y supervisión permanente

Organismos	• Administración de recursos y servicios • Inventario de daños para fundamentar la ayuda • Negociación y defensa de condiciones de bienestar y justicia social • Informar y concienciar a las instituciones • Formular programas, proyectos y servicios sociales adecuados a las necesidades dentro del contexto operativo y legal • Colaboración en programas de emergencia en el ámbito de la cooperación internacional • Control, recopilación de información y manejo de la misma y seguimiento de protocolos informativos

Tabla 4: Fase Post-emergencia

Afectados	• Asesoramiento y terapia de crisis • Evitar la pasividad y el victimismo • Planes de futuro • Aprovechamiento de la situación para la mejora y el crecimiento postraumático • Reducir, reparar, y atender los daños enfrentar el suceso de crisis, integrar el suceso a la estructura de la vida, establecer la sinceridad y disposición para enfrentar el futuro • Recuperación de la homeostasis • Anular y/o reducir los efectos psicosociales adversos • Realización de informes sociales
Familiares	• Asesoramiento y terapia de crisis • Capacitarles como agentes de recuperación • Recuperación del sistema familiar como medio de apoyo • Cooperar en la rehabilitación tras el fin de la emergencia • Promoción de la participación
Comunidad	• Programas de información • Reconstrucción del tejido social • Fomentar experiencias organizativas y toma de decisiones clave • Procesos participativos de reconstrucción • Procesos de memoria histórica, comisiones de la verdad, procesos judiciales, etc. • Recuperación del funcionamiento social • Seguimiento de la labor de comités locales • Apoyo a la propuesta y desarrollo de planes de rehabilitación

Intervinientes	• Evaluación de la intervención • Defusing • Capacitación de recursos humanos a través de la experiencia • Sesiones de retroalimentación para conocer el grado de integración del suceso crítico
Organismos	• Evaluación de servicios, recursos, actitudes, valores, procesos de intervención, etc. • Política y promoción social. • Planificación y replanteamiento de recursos, servicios y procesos • Retroalimentación de la teoría sobre la temática y la metodología de la intervención • Promover la eficiencia y suficiencia de los recursos • Actualización del diagnóstico en base a resultados.

5. OBJETIVOS DEL TRABAJO SOCIAL EN LA INTERVENCIÓN EMERGENCIAS

Los objetivos que los profesionales del Trabajo Social en emergencias se deben marcar para las actuaciones en situaciones de urgencia, emergencia y/o catástrofe, están estrechamente enlazados con las fases de la emergencia en atención e intervención social. Dependerá de la fase en la que se encuentren o en la situación acontecida, donde se marcarán unos u otros. A continuación, haremos un repaso de los objetivos para la intervención del Trabajo Social en emergencias.

- Contribuir a disminuir las desigualdades e injusticias sociales.
- Dar a conocer las oportunidades que tienen los grupos sociales a su disposición.
- Motivar para tener acceso a esas oportunidades.
- Ayudar a las personas, familias y grupos sociales a desarrollar las respuestas emocionales, intelectuales y sociales necesarias para permitirles aprovechar esas oportunidades sin que tengan que renunciar a sus rasgos personales, culturales y de origen.
- Ayudar a las personas implicadas en el manejo de sentimientos y emociones para que aprendan a expresarlos explícitamente.
- Ayudar a las personas a aprender nuevas formas de enfrentar los problemas, concebir la vida de diferente manera.

- Restablecer el equilibrio psicológico de las personas.
- Integrar el incidente en la estructura de la vida.
- Establecer o facilitar la comunicación entre las personas en crisis, y con las personas que puedan ayudar en el proceso.
- Ayudar al individuo o familia a que perciban adecuadamente la situación.
- Restaurar la homeóstasis del individuo con su entorno que se ha visto afectada por el suceso crítico.

6. FUNCIONES DEL TRABAJO SOCIAL EN SITUACIONES DE EMERGENCIAS

Previa revisión de las funciones del Trabajo Social a nivel general la Federación Internacional de Trabajo Social (FITS) y el Código Deontológico de la profesión, podemos extraer aquellas que son propias para la intervención profesional en este tipo de eventos. No cabe duda que, todas ellas podrán verse ampliadas, modificadas o completadas por otras nuevas que sean requeridas. Es por ello, que esta batería de funciones es una aproximación teórica de las funciones que debemos defender. Para una mejor compresión, se han dividido en función del momento temporal (preemergencia, impacto, y postemergencia); y también en función de los beneficiarios de nuestra intervención (afectados, familiares, comunidad, intervinientes) y por último un nivel nacional referido a cuestiones organizativas y de gestión en órganos directivos.

Las funciones que van a ser descritas a continuación están apoyadas en la reflexión de varios autores. Con algunas diferencias o desacuerdos en la atribución de algunas de ellas, aunque cabe señalar que las más generales son respaldadas prácticamente por la mayoría de estos autores.

Para hablar de las funciones propias del Trabajo Social en el ámbito de las emergencias, gran parte de autores proponen una separación en función del momento temporal de la intervención. Son la Preemergencia, la Emergencia y la Post-emergencia. La denominación de las fases no es unánime, pero sí, en gran medida, el momento que abarcan y el número de ellas. Esta división permite una mejor comprensión del porqué de las actuaciones. Hay que tener en cuenta que no todas las funciones se pueden realizar siempre, y que se pueden ver "ampliadas, modificadas o completadas por otras nuevas que sean requeridas (Herrero Muguruza, 1998).

En la Fase de Pre-emergencia, según Arricivita Amo (2013) algunas de las funciones más importantes serían las siguientes:

- Planificar y protocolizar la atención psicosocial ante determinados riesgos.
- Formar y entrenar al personal interviniente en todos aspectos (psicológicos, sociales, organizativos, autocuidado, etc.).
- Diseñar, desarrollar y evaluar estudios e investigaciones sobre aspectos, problemas y necesidades sociales y psicológicas en situaciones de emergencia.
- Detectar y catalogar las personas con riesgo de aumentar su vulnerabilidad ante las emergencias.
- Prever las necesidades básicas de afectados como del personal interviniente en los planes que se elaboren.
- Estimar, catalogar y actualizar los recursos sociales o sociosanitarios que puedan ser necesarios para afectados.
- Captar y crear un equipo voluntario que pueda intervenir en situaciones de emergencia.
- Formar a la población en el marco de emergencias y catástrofes, sobre todo en aspectos psicológicos y sociales.

Según Gutiérrez Pascual (2011), se extraen las siguientes funciones contextualizadas con la actuación de los grupos voluntarios de trabajadores sociales:

- Captación de voluntarios.
- Organización de recursos humanos.
- Identificar y dotar de material al grupo.
- Formación de los profesionales.
- Realizar simulacros.

Atendiendo a Herrero Muguruza (2011), las funciones más importantes del trabajador social en esta fase son:

- Suministrar información sobre derechos y deberes.

- Organización y preparación para afrontar el impacto del evento.
- Hacer una valoración social, conocer los sistemas de recursos, desarrollar una organización comunitaria y conocer la población expuesta y sus redes de apoyo.
- Orientar y fortalecer la unidad familiar.
- Programas de información, sensibilización y simulacros.
- Programas de autoprotección.
- Estudiar programas formativos, niveles de aprovechamiento de los recursos.
- Orientar y capacitar a la población.
- Seleccionar personal y capacitarlo, incluyendo al voluntario.
- Elaboración de mapas de riesgo
- Evaluación de vulnerabilidades y fortalezas
- Evaluación de procesos organizativos e intervenciones
- Creación de planes de emergencia y comunicación a la población.

Como se puede observar, las funciones del trabajador social en la fase de preemergencias giran en torno a la "previsión, prevención, educación y planificación (Ramírez de Mingo; Gallego y Posada 2002, p. 60)". No todas actuaciones están orientadas a cubrir las necesidades de los sujetos directamente afectados, sino que, al igual que en las siguientes fases, el trabajador social es el encargado de intervenir con los afectados por la situación, con los familiares, con la comunidad en general, con los propios intervinientes (compañeros de intervención) y con las administraciones.

Fase de Emergencia: esta fase está marcada por la intervención y asistencia constante. "En emergencias y catástrofes, intentar objetivar la frontera entre el durante y el después de, es tarea difícil. Son paredes que han de manejarse con extraordinaria flexibilidad, como extraordinario es el hecho que irrumpe en la vida de los afectados" (Arricivita Amo 2013, p. 99). Señala, además, que las funciones y actividades que se van a exponer no son un protocolo ni deben considerarse como un orden a seguir. Sino que será la individualidad de cada emergencia lo que marque la actuación a seguir.

- Recabar, reclamar, disponer o recibir toda la información necesaria acerca de la emergencia tanto antes de la intervención, como de manera continua en toda la evolución.

- Contacto con los afectados.
- Valoración y diagnostico social.
- Activación de los protocolos, si los hubiera.
- Activación de los recursos sociales precisos.
- Apoyo emocional-psicológico y acompañamiento a los afectados directos, familiares, allegados e intervinientes.
- Información y asesoramiento sobre recursos existentes y forma de acceso a ellos.
- Reagrupación familiar.
- Coordinación y organización del posible voluntariado.
- Facilitación en la cobertura de las necesidades básicas y en la localización de otros recursos (materiales y humanos).
- Dirección y coordinación de las tareas entre administraciones, servicios, organizaciones y otros colectivos.
- Provisión de infraestructura y logística.
- Control de identificaciones, ubicaciones y situación de los afectados, tanto en la emergencia como en los centros de acogida.
- Participación en la organización de la vida de albergue mientras dura la situación.
- Gestión de los problemas y necesidades psicosociales de los albergados.
- Evaluación de la intervención ya que, si la emergencia es cambiante, puede requerir una evaluación continuada.
- En el caso de intervinientes, puesta en marcha de pautas de cuidados de salud mental, individual y grupal.

Manuel Gutiérrez (2011) basa las funciones de esta fase en la experiencia obtenida tras el accidente del vuelo JK 5022 de Spanair en Madrid en el año 2008. Las principales funciones fueron:

- Acogida a las familias y primera atención.
- Información y orientación.
- Contención y apoyo emocional: primeros auxilios psicológicos.

- Acompañamiento social.
- Coordinación y colaboración con otros profesionales para la realización de gestiones, trámites e intervenciones.
- Recogida de datos personales y familiares.
- Detección de necesidades y demandas.
- Reuniones de coordinación del equipo.
- Elaboración de documentación como fichas sociales, informes sociales, expedientes, etc.

Itziar Herrero (2011) destaca las siguientes funciones en esta fase:

- Acogimiento, acompañamiento, asesoramiento, normalización de respuestas con los afectados.
- Primeros auxilios psicológicos.
- Atención de necesidades básicas.
- Atención a las necesidades de urgencia inmediata.
- Organización ante posibles evacuaciones.
- Organizar la recepción, comunicación, reconocimiento de cadáveres, duelo y ceremonias funerarias.
- Localización de familiares y allegados y traslado a centros de atención.
- Reagrupación familiar.
- Control de los medios de comunicación.
- Evitar rumores y múltiples informantes.
- Asesoramiento sobre organización.
- Organizar los grupos de trabajo.
- Dirigir reuniones (*debriefing*).
- Localización y facilitación de los recursos necesarios.
- Organización y coordinación del personal voluntario.
- Registro de acciones profesionales.
- Evaluación y supervisión permanente.
- Informar y concienciar a las instituciones.

Fase de Post-emergencia: desde el concepto y contexto de recuperación, restauración y rehabilitación, o desde un concepto más específico de la salud mental, la rehabilitación psicosocial. Arricivita (2013) en esta fase nos propone las siguientes actividades:

- Derivación de los afectados a programas, servicios o recursos específicos.
- Reagrupamiento familiar de posibles evacuados o familiares que todavía no hayan contactado entre sí.
- Seguimiento-acompañamiento de las actuaciones que lo precisen a través de reuniones institucionales con afectados, entrevistas, visitas domiciliarias, etc.
- Puesta en marcha o gestión de servicios específicos o actividades comunitarias conforme a las necesidades planteadas.
- Realización de informes sociales.
- Terapia breve, familiar, *counselling, etc.*
- En caso de intervinientes, participación en sesiones preventivas dirigidas al cuidado de la salud mental.
- Cumplimiento de pautas de autocuidado en salud mental por parte de los intervinientes.
- Evaluación de la atención social llevada a cabo en particular y participación en la evaluación general de la intervención y en el informe técnico final.

La última fase para Manuel Gutiérrez (2011) se basa en una evaluación:

- Reunión evaluativa.
- Cuestionarios abiertos a los profesionales que participan en el dispositivo.
- Elaborar un informe.

Esta fase de Post-emergencia para Itziar Herrero (2011) contiene las siguientes funciones:

- Asesoramiento y terapia de crisis.
- Evitar la pasividad y el victimismo.

- Aprovechamiento de la situación para la mejora y el crecimiento postraumático.
- Reducir, reparar y atender los daños.
- Anular y reducir los efectos psicosociales adversos
- Realización de informes sociales.
- Capacitar a los familiares como agentes de recuperación y como sistema de apoyo.
- Programas de información y reconstrucción del tejido social.
- Procesos participativos de reconstrucción.
- Recuperación del funcionamiento social.
- Evaluación de la intervención.
- *Defusing*
- Sesiones de retroalimentación para conocer el grado de integración del suceso crítico.
- Evaluación de servicios, recursos, actitudes, valores, proceso de intervención, etc.
- Planificación y replanteamiento de recursos, servicios y procesos.
- Actualización del diagnóstico en base a resultados.

Por tanto, esta fase está orientada a la rehabilitación tanto del usuario afectado, como a la familia y a su incorporación al proceso de ayuda y recuperación con el afectado, y al propio interviniente que se ha enfrentado a una situación estresante y compleja y que necesita un desahogo

7. MARCO TEMPORAL EN EL QUE SE CONCEPTUALIZA LA CATÁSTROFE

El marco temporal en el que se conceptualizan las catástrofes da pistas acerca de los momentos en los que la intervención del profesional del Trabajo Social en emergencias debe ser fundamental.

Esquema 5: Secuencia temporal de una catástrofe

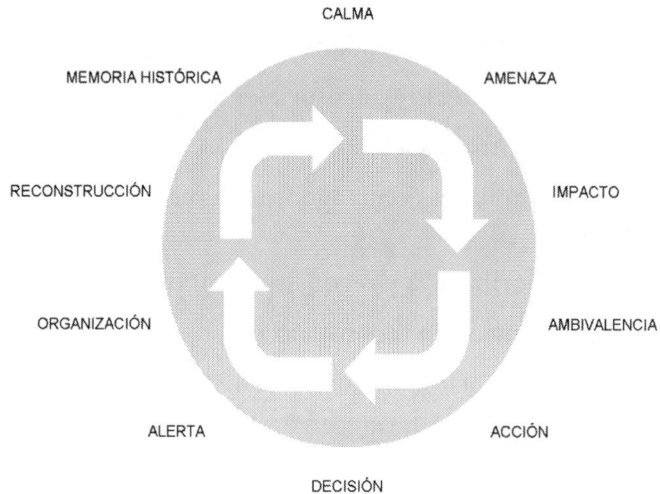

Fuente: Arricivita Amo, Á. (2013).

La intervención en este tipo de situaciones, se rigen por los mismos principios y objetivos que la intervención social general pero además cuenta con unas características propias. Los pasos fundamentales que debemos seguir cuando intervenimos en estas circunstancias son los siguientes:

- Ayudar a tener conciencia de lo sucedido.
- Ayudar a identificar y expresas sentimientos. Los más habituales son la pena, rabia, culpa, angustia y miedo.
- Ayudar a resolver los problemas cotidianos desde la nueva situación. Por ejemplo, la toma de medicación en personas evacuadas, etc.
- Facilitar la recolección emocional de lo sucedido.
- Facilitar el tiempo para el duelo.
- Evitar los formulismos. Si no sabemos qué decir es mejor reconocerlo y mantenernos en silencio y en escucha activa. Las frases que no debemos decir nunca son: Tranquilo, no te preocupes, no pasa nada.
- Interpretar las conductas como "normales" en una situación anormal.
- Ofrecer apoyo continúo respetando las necesidades individuales.
- Mostrar disponibilidad y accesibilidad según sus demandas.

- Permitir las diferencias individuales. Algunos sucesos necesitan de otro momento para ser vividos y cada persona seguirá unas pautas de afrontamiento diferentes.
- Examinar las defensas y los estilos de afrontamiento para evitar complicaciones.
- Identificar las posibles patologías para derivarlas a especialistas.

Todos estos factores son los que debemos tener en cuenta a la hora de defender este tipo de actuaciones profesionales. Entendiendo el Trabajo Social como ciencia con un campo de estudio propio podemos justificar la intervención en crisis como una especialidad propia y específica.

8. BIBLIOGRAFÍA

Arricivita Amo, Á. (2013). *Manual para trabajadores sociales.* Gráficas Alós.

Arito, S., y Jacquet, M. (2005). *El trabajo social en situaciones de emergencia o desastre.* Espacio.

Balcels i Junyent, J. (1994). *La investigación social (introducción a los métodos y las técnicas).* Promociones y Publicaciones Universitarias (PPU).

Caplan, R. D. (1979). Social support, person-environment fit, and coping. *Mental health and the economy,* 89(137), 796-819.

Green, David: "Emergencias Sociales". Experto en intervenciones en desastres. Universidad de Bar-Ilan Tel Aviv. Conferencia publicada por "Ediciones 5", Buenos Aires 1994.

Gutiérrez Pascual, M. (2011). La estructura colegial española de trabajo social y sus acciones ante situaciones de emergencia. *Servicios Sociales y Política Social* (74), 33 - 54.

Herrero Muguruza, I. (2011). Los trabajadores sociales en situación de crisis, emergencias y catástrofes. Margen. Revista de Trabajo Social y Ciencias Sociales. 63. https://www.margen.org/suscri/margen63/herrero.pdf

Millán, J. M. (2013). Gestión e intervención psicológica en emergencias y catástrofes. Pirámide.

Moreno Velasco, A; Vega Betoret, I (2011). Intervención psicosocial en emergencias. *Servicios Sociales y Política Social.* 94. 91-108.

Ramírez de Mingo, I., Gallego Gómez, D., & Posada Pérez, Á. (2002). La intervención del Trabajador social en emergencias. *Documentos de Trabajo social. Revista de Trabajo social y acción social,* 27, 51-65.

Normativa

Constitución española. https://www.boe.es/buscar/pdf/1978/BOE-A-1978-31229-consolidado.pdf-

Ley 2/1985, de 21 de enero, sobre Protección Civil. https://www.boe.es/buscar/pdf/1985/BOE-A-1985-1696-consolidado.pdf

Ley 3/2023, de 5 de abril, de Emergencias y Protección Civil de la Región de Murcia. https://www.boe.es/boe/dias/2023/04/26/pdfs/BOE-A-2023-10057.pdf

Real Decreto 407/1992, de 24 abril, por el que se aprueba la Norma Básica de Protección Civil. https://www.boe.es/eli/es/rd/1992/04/24/407/dof/spa/pdf

Real Decreto 524/2023, de 20 de junio, por el que se aprueba la Norma Básica de Protección Civil https://www.boe.es/buscar/act.php?id=BOE-A-2023-14679

Páginas webs

Consejo General de Trabajo Social. Código Deontológico. https://www.cgtrabajosocial.es/codigo_deontologico.

Diccionario de la Real Academia de la Lengua: http://lema.rae.es/drae/?val=Urgencia.

Diccionario de la Real Academia de la Lengua: http://lema.rae.es/drae/?val=emergencia

Diccionario de la Real Academia de la Lengua. http://lema.rae.es/drae/?val=catastrofe

Federación Internacional de Trabajo Social. https://www.ifsw.org/what-is-social-work/global-definition-of-social-work/definicion-global-del-trabajo-social/.

Plan Territorial de Emergencias de la Región de Murcia (PLATEMUR) https://www.112rmurcia.es/attachments/article/14/PLAN_TERRITORIAL_CON_ANEXOS_Y_MAPAS.pdf

Capítulo 13.

Trabajo Social y Deporte

ESTHER BÓDALO LOZANO
Universidad de Murcia

1. INTRODUCCIÓN

El Trabajo Social se enfrenta a nuevos retos a medida que se transforma la sociedad y sus problemáticas, por lo que se hace necesario que la intervención profesional realizada sea más efectiva y acorde con las nuevas realidades sociales. En este escenario, el deporte se presenta como una estrategia muy útil para abordar con éxito la atención a las personas en determinadas situaciones ya que su práctica puede tener efectos muy beneficiosos para ciertos colectivos más vulnerables objeto de atención del Trabajo Social, así como rebatir los roles tradicionales asignados a la profesión.

Desde los años 70 en España se ha promovido una suerte de democratización deportiva, que ha permitido la extensión del valor de la práctica deportiva como un hábito de vida saludable, como forma de actividad recreativa y social, así como de mejora y mantenimiento de la salud, lo cual debe ser tomado en consideración.

La época actual, tildada de un profundo individualismo, en la cual, las relaciones de tipo primario se difuminan, y son cada vez más efímeras, el deporte puede considerarse como un instrumento de gran valor, que permite reconstruir este tipo de relaciones microgrupales.

El deporte tiene además un importante efecto organizador, las asociaciones y grupos deportivos pueden dar respuesta, a la necesidad de los actores sociales de practicar deporte (Pérez-Flores, 2015), para después apropiarse de otros objetivos como la aparición de una serie de relaciones que van a salir de su ámbito estrictamente deportivo (Pérez Flores y Muñoz-Sánchez, 2017) y que podrán llegar a ser relaciones de confianza que pasan a formar parte de la red de apoyo de los distintos actores (Arufe- Giráldez, et al., 2017), ofreciendo múltiples recursos y beneficios a los implicados, y más si hablamos de grupos sociales vulnerables que son objeto de atención del Trabajo Social.

El deporte es considerado, por lo tanto, una importante herramienta de intervención social en el ámbito del Trabajo Social, a su vez nos ofrece un espacio de socialización centrado en la transmisión de valores, que fomenten construcción de relaciones sociales de tipo primario basadas en la cooperación y confianza, y reduzcan comportamientos violentos.

2. CONCEPTOS Y CARACTERÍSTICAS DEFINITORIAS PRINCIPALES Y TEORÍAS Y AUTORES DE REFERENCIA

Desde la década de los setenta, el interés por el deporte ha ido creciendo y ha experimentado una evolución considerable, así lo reflejan las encuestas de hábitos deportivos en España, sin embargo, esta tendencia no se ha dado por igual en toda la sociedad, se observa menores niveles de práctica deportiva entre los segmentos sociales con menor nivel socioeconómico, y en ciertos colectivos poblacionales (grupos diferenciales) (García Ferrando, 2006).

Como hemos señalado, el deporte es un instrumento inestimable, que nos permite la intervención social desde el ámbito del Trabajo Social con determinados colectivos, se constata que los bajos niveles de actividad física de determinados grupos de población acrecientan la desigualdad social existente al empeorar su situación en términos de peor salud, mayor aislamiento social, menor empleabilidad, etc. Por lo que se puede considerar un ámbito donde los profesionales del trabajo social debieran de intervenir.

Para abordar la cuestión del deporte en la disciplina del Trabajo Social, lo haremos tomado como referencia determinados colectivos poblacionales que consideramos más relevantes, teniendo en cuenta que la práctica del mismo no es homogénea a la vez que está condicionada por multiplicidad de factores de diversa índole.

2.1 Personas con diversidad funcional y deporte

El análisis de la práctica deportiva en personas con diversidad funcional no se le ha prestado atención hasta fechas recientes, no existiendo, por ejemplo, encuestas sobre hábitos deportivos en este sector, como las hay de la población en general.

La población con diversidad funcional cada vez es más numerosa y va aumentando con el trascurso de los años, en 2020 se refleja un aumento del 11,8% en los hombres y un 5,4% más entre las mujeres como se refleja en la encuesta Discapacidad, Autonomía Personal y situaciones de Dependencia (INE, 2022). También hay que tener presente que el envejecimiento de la población provoca un mayor número de personas con diversidad funcional (Pérez-Tejero, 2008; Pinilla & Pérez-Tejero, 2017), en este escenario puede ser muy útil la implantación del deporte como herramienta para el Trabajo Social en aras a mejorar la calidad de vida de las personas con diversidad funcional como ámbito emergente de la profesión.

Los principales obstáculos que explican la menor práctica deportiva en las personas con diversidad funcional basándonos en la revisión realizada por Scott Porter Reserch and Marketing Ltd. (2001), son factores internos como la autoconsciencia y la baja autoestima. En lo que se refiere a factores externos: la falta de información sobre actividades o instalaciones deportivas adaptadas o inclusivas, la falta de apoyo físico, apoyo emocional o de ayuda con la comunicación, la falta de servicios adecuados, las dificultades de transporte, las dificultades financieras, las actitudes sociales (en especial, de los profesionales de la Medicina, la clase política, el personal de las instalaciones deportivas y las personas que las utilizan), y la falta de tiempo ya que las personas con diversidad funcional pueden necesitar más tiempo para desarrollar la misma actividad que otra persona.

Hay muy pocas iniciativas públicas que fomenten la actividad física en personas con diversidad funcional como objetivo primordial, aunque si aparece como un elemento trasversal, cuyo fin es la inserción social de este colectivo, no la práctica del deporte. Esto parte de una concepción muy compartimentalizada y jerárquica de las necesidades individuales, según la cual el establecimiento de relaciones sociales debe priorizarse sobre la práctica del deporte o el ejercicio físico formal.

Hay una preferencia por la realización de actividades integradas (abiertas a cualquier persona), frente a las segregadas (exclusivas para personas con diversidad funcional), aunque obviamente estas últimas cumplen una importante función -en especial, para las personas con capacidades más reducidas-, las actividades integradas son más coherentes con el principio de participación equitativa que inspira la mayoría de los programas y servicios.

2.2 Deporte y personas mayores

La práctica de la actividad física es fundamental en las personas mayores ya que contribuye a mejorar la calidad de vida de estos. A medida que las personas envejecen aumentan las enfermedades y las probabilidades de sufrir dependencia. La práctica del ejercicio físico de forma regular y con una adecuada intensidad provoca una mejora notable de la capacidad funcional global del organismo, así mismo, conduce a las personas a mantener una independencia funcional, la cual encauza a que las personas mayores puedan realizar actividades y hábitos saludables de manera independiente.

La práctica deportiva y el ejercicio físico son claves para la mejora del estado no solo físico, si no también mental de las personas, actuando como factor de protección, promoción y mantenimiento de la salud, el bienestar y la calidad de vida de los mayores ayudando a reducir su estrés y mejorar la cognición, capacidad de pensamiento, y fortalecer las habilidades funcionales (Limón y Ortega, 2011).

En este sentido García y Fromen (2018) resaltan cómo la actividad física afecta a la calidad de vida de los mayores en tres aspectos psicológicos principales: distracción, autoeficacia y relaciones sociales.

El ejercicio físico realizado de manera regular adaptado al segmento de los mayores se puede considerar como la mejor terapia no farmacológica para afrontar las principales enfermedades asociadas a la edad, así como frena el deterioro producido por la muerte de las células nerviosas y la pérdida de tejido del cerebro. Las diferentes investigaciones constatan que existe una relación directa entre el desarrollo de la actividad física de los mayores y la mejora del estado tanto psíquico como emocional reduciendo el estrés o la ansiedad, aumenta la autoestima o el sentimiento de felicidad, así como mejora la calidad del sueño, reduciendo la depresión y refuerza la actividad intelectual debido a una adecuada oxigenación cerebral.

En términos generales, la práctica de la actividad física contribuye al equilibrio psico-afectivo, disminuye el riesgo de enfermedades cardiovasculares, incrementa la capacidad muscular, la flexibilidad y la capacidad aeróbica, frena la atrofia muscular e incrementa la longevidad, por ello es tan importante su práctica en el colectivo de los mayores (Castañeda-Lechuga et al., 2020).

Por último, en el tema de las relaciones sociales a las que hemos hecho referencia, teniendo en cuenta que la soledad afecta de manera considerable a este colectivo, el deporte puede ser un instrumento muy útil para paliar este sentimiento. En las personas mayores, sobre todo, los efectos positivos de las relaciones sociales propiciadas por la práctica deportiva es una cuestión de gran relevancia (Moon y Roh, 2017).

2.3 El deporte en personas privadas de libertad

La práctica deportiva en las instituciones penitenciarias es un ámbito de gran actualidad, cabe señalar la importancia del estudio de los efectos que tiene la práctica de la misma en la población reclusa. Una referencia importante sobre este campo sería la aplicación de distintas disciplinas deportivas (yoga, especialmente, pero también futbol sala, rugbi, squash, culturismo, aikido, etc.) dentro de estos contextos de instituciones cerradas (Griera, 2017). Dicha autora pone de relieve que el impacto, el significado y las implicaciones de la práctica del yoga en las prisiones siendo esta una práctica reciente en muchos países, y plantea nuevas preguntas sobre su potencial para fomentar el bienestar y la autotransformación de los reclusos.

La práctica del deporte en las prisiones, ayuda a combatir el paso lento del tiempo, el consumo de drogas, el aburrimiento, actúa como válvula de escape ante el encierro, se adquieren normas y habiliadades, así como se entablan nuevas relaciones sociales.

El trabajo realizado por de Moscoso et al, (2017) también se focaliza en el papel central del deporte en la rehabilitación social de la población reclusa. La práctica en este ámbito provee de actitudes y comportamientos positivos para la integración y revela que el papel del deporte en la rehabilitación social sólo es efectivo si existen estrategias pedagógicas que sustenten los programas deportivos en las cárceles.

2.4 Mujer y deporte

La práctica deportiva a lo largo de la historia y en las diferentes culturas y sociedades, no escapa a las desigualdades de género. En épocas muy tardías, históricamente hablando, es cuando la mujer se incorpora al mundo del deporte, debido a la búsqueda de la igualdad en todos los aspectos de la vida y a los movimientos feministas.

En los años 70 y 80 del siglo pasado, se empiezan a superar mitos como que la práctica deportiva-atlética masculiniza a las mujeres, que es peligrosa para la salud de las mismas, y el de que las mujeres no están interesadas en el deporte y que cuando lo realizan no lo hacen bien, como para ser tenidas en cuenta en este ámbito. El avance de las políticas públicas orientadas a otorgar igualdad de oportunidades y responsabilidades sociales a los hombres y a las mujeres hicieron que el deporte fuera más accesible y deseable para las mujeres. En la actualidad, hay un incremento de la participación de la mujer en todo lo referente al deporte, tanto a nivel recreacional como competitivo.

Las diferencias morfofisiológicas, no han sido un obstáculo para la participación del género femenino en el deporte, lo que, unido a la lucha por la inclusión y la equidad en las prácticas deportivas, ha hecho que se produzca un cambio cultural que ha permitido a las mujeres mejorar, y sobre todo a tener mayor presencia en este ámbito. En los últimos años se está acortando las diferencias frente al hombre en el deporte, cerrando esta brecha de diferencias de género en la práctica y el rendimiento deportivo. El análisis de las marcas actuales y los estudios realizados sobre diferencias morfofuncionales de género como factores determinantes en el rendimiento deportivo señalan que realmente no hay una brecha tan grande como se ha planteado en épocas anteriores (García Avendaño et al, 2008).

Si bien es cierto que, el sector público con sus programas de promoción es el que ha captado a mayor número de mujeres para la práctica deportiva y a aquellos colectivos (mujeres inmigrantes, con escasos ingresos, en riesgo de exclusión, etc.) no integrados en el sector voluntario o para los que, en razón de sus posibilidades económicas, el sector comercial no era accesible (García Ferrando, 2001).

Como ocurre en otros ámbitos de la vida pública española la presencia de las mujeres es menor, en el deporte competitivo, aunque obtienen resultados proporcionalmente mejores a los hombres y construyen en el mismo su identidad de género, aún existen en este mundo graves obstáculos para su pleno reconocimiento e igualdad de trato (Puig, 2001).

2.5 Mujeres en situación de vulnerabilidad y deporte

Este concepto refiere a un grupo muy heterogéneo de mujeres en función del tipo de variables que inciden en su situación de vulnerabilidad: factores socioeconómicos, étnico-culturales, y familiares: estado civil y estructura familiar.

Collins y Kay (2014), afirman que los patrones de desigualdad de género en el deporte varían en los subgrupos de mujeres, en correlación directa con la exposición de las mujeres a la pobreza y a la exclusión social: es mayor la influencia de los factores socio-económicos en la práctica deportiva entre las mujeres que entre los hombres.

Las investigaciones realizadas nos evidencian que el deporte ofrece grandes oportunidades en su aplicación con mujeres en situaciones socialmente desfavorecidas a nivel individual y grupal. En su dimensión individual, el deporte permite aumentar la autoestima, potenciar hábitos saludables y conocer mejor el cuerpo, ocupar el tiempo libre y aportar un sentido positivo a las propias vivencias. En su dimensión más grupal, facilita la comunicación con nuevas amistades, es un lugar de encuentro, ayuda a aceptar las diferencias y refuerza la sociabilidad (Gender, 2014).

2.6 Jóvenes en situación desfavorecida y práctica deportiva

Existe una desigualdad evidente en los niveles de práctica deportiva entre las personas jóvenes que se encuentran en situación de vulnerabilidad social. Los estudios constatan que las personas jóvenes en situación de exclusión social practican deporte en menor medida que aquellas de mayor estatus socioeconómico (Beenackers, et al. 2012).

La práctica del deporte en sí misma, no tiene la capacidad de sacar a las personas jóvenes desfavorecidas de su situación de exclusión social (Collins y Kay, 2014, p. 69). Sin embargo, es una herramienta de gran importancia que puede ser utilizada por los profesionales del Trabajo Social, puesto que tiene la capacidad de fomentar el aprendizaje de habilidades para la vida en general, de mejorar la calidad de vida y de crear una estructura en sus vidas (Marques; Sousa y Cruz, 2013), que les pueden ser útiles en el entorno educativo, en la vida laboral, la vida social y que, por lo tanto, favorecen su inclusión social.

Por lo tanto, en los jóvenes en situación de exclusión social, el deporte les ayuda entre otras cosas a reforzar su disciplina, promover su autoconocimiento, adquirir habilidades de aprendizaje, adquirir una sensación de identidad ,mejorar la autoestima, ejercer autocontrol, adquirir habilidades para trabajar en equipo, aprender estrategias de afrontamiento, trabajar la motivación, mejorar las habilidades sociales, adquirir una sensación de pertenencia, romper el aislamiento social, adquirir valores positivos, entrenar la concentración, aprender a tomar responsabilidad, aprender a respetar a los demás, aumentar su empoderamiento y adquirir hábitos de higiene (Geudens y Schroeder, 2011).

2.7 Deporte en personas con problemas de salud mental

Hoy en día las enfermedades mentales consideradas como una de las primeras causas de discapacidad según la OMS son objeto de necesaria atención, no solo por parte de los profesionales sanitarios, sino también por los profesionales del ámbito social. Diversos estudios han constatado la conexión entre la actividad física y la salud mental, en los cuales se destaca que realizar deporte de manera regular produce un aumento de la autoconfianza, sensación de bienestar y mejora del funcionamiento cognitivo. Esta relación genera un impacto sobre la salud psicológica, la calidad de vida, la mejora de los estados emocionales y el autoconcepto, así como una disminución de los niveles de ansiedad, depresión y estrés (Barbosa y Urrea, 2018; Márquez y Garatachea, 2013).

Podemos destacar entre los beneficios psicológicos de la actividad física, cambios positivos importantes en los estados emocionales, mejora de tensión y estados como la ansiedad o la depresión, claridad de pensamientos, aumento de los contactos sociales, incremento de la energía y estrategias de enfrentamiento positivas (Marquez, 1995). La felicidad se correlaciona positivamente con la práctica de ejercicio físico, ya que este entre otras cosas genera cambios en el sistema nervioso, incrementa los niveles de autoeficacia, así como incrementa oportunidades en las personas para relacionarse socialmente. Las relaciones con los demás son consideradas como una de las necesidades psicológicas básicas que contribuye a aumentar la motivación y el bienestar, así como presentar consecuencias positivas con el rendimiento y el desarrollo personal (Standage y Treasure, 2002).

3. RELACIÓN CON EL TRABAJO SOCIAL, JUSTIFICACIÓN COMO NUEVO ÁMBITO DE INTERVENCIÓN

El binomio Trabajo Social y deporte puede aportar al bienestar y mejoramiento de la calidad de vida en ciertos colectivos de la población, para ello es imprescindible tomar conciencia y crear una base sólida para la construcción de planes, programas y proyectos en el futuro, donde el deporte y el trabajo social como profesión contribuya al crecimiento integral, la sana convivencia y la formación.

El deporte como una herramienta social en este tipo de colectivos en particular, ayuda a que las personas potencien sus habilidades, puede ayudar favorecer las relaciones a nivel familiar e interpersonal, es generadora de igualdad e integración, promueve la resolución de conflictos, así como la adquisición de una serie de valores, tales como la cooperación, compañerismo, respeto, igualdad, amistad, sentido de pertenencia a un grupo, trabajo en equipo, etc.

Se puede considerar el deporte como un contexto óptimo en donde la disciplina del Trabajo Social puede ayudar a desarrollar beneficios para colectivos de población que se encuentran involucrados de una u otra forma en problemáticas sociales que no crean un impacto positivo en sus vidas.

Las diversas problemáticas que se pueden presentar en estos colectivos son el consumo de sustancias psicoactivas, la delincuencia, el microtráfico, la deserción escolar, la falta de apoyo y motivación a la población juvenil y la ausencia de los padres, etc. es a partir del análisis de estas problemáticas, cuando se puede trabajar de la mano del deporte, con el fin de generar bienestar. El deporte actualmente es una de las actividades más populares; y debemos resaltar que, mediante la actividad física, la recreación y el manejo del tiempo libre, se puede promover y potenciar algunas habilidades emocionales y valores, tales como: el incremento de la autoestima y autoconfianza, la regulación de impulsos y la atención, entre otras.

La utilización del deporte llevada a cabo por los profesionales del ámbito de los social, entre los que se encuentran los/as trabajadores/as sociales, puede ser una herramienta útil en estas situaciones, y servir de motivación para seguir adelante con los proyectos vitales, aprendiendo a sobrellevar de manera adecuada todas aquellas situaciones problemáticas que se les puedan presentar a diario. Por lo tanto, el interés que despierta hoy en día el deporte como un importante instrumento de inclusión social es un ejemplo novedoso del tratamiento del tema.

El necesario refuerzo en la calidad de la formación y la "falta de profesionales cualificados" (Pérez-Tejero et al, 2012) que demandan los expertos en la materia, pueden abrir nuevas vías de práctica laboral para los profesionales del trabajo social que tengan interés en el ámbito del deporte, ayudando a fortalecer la disciplina y a mejorar la calidad de vida de las personas en general y las que presentan ciertas problemáticas, en particular.

4. BIBLIOGRAFÍA

Arufe-Giráldez, V., Chacón-Cuberos, R., Zurita-Ortega, F., Lara-Sánchez, A. y Castro-García, D. (2017). Influencia del tipo de centro en la práctica deportiva y las actividades de tiempo libre de escolares. *Revista Electrónica Educare*, 21, (1), 105-123.

Barbosa-Granados, S. y Urrea, A. M ª (2018). Influencia del deporte y la actividad física en el estado de salud físico y mental: una revisión bibliográfica. *Katharsis,* 25, 141-159.

Beenackers M.A., Kamphuis C.B., Giskes K., Brug J, Kunst A.E., Burdorf A., y Van Lenthe F. J. (2012). Socioeconomic inequalities in occupational, leisure-time, and transport related physical activity among European adults: a systematic review. *Internacional Journal Behavioral Nutrition and Physical Activity,* 9 (1), 116-128.

Castañeda-Lechuga, C. H., Macias-Ruvalcaba, S., Gallegos-Sánchez, J. J., y Villareal-Ángeles, A. (2020). Mejora de constructos físicos en adultos mayores de la zona norte de México. *Retos: nuevas tendencias en educación física, deporte y recreación,* (37), 258-263.

Collins, M. y Kay, T. (2014). *Sport and social exclusión.* Routledge.

Fernández, J. A., y Hoyos, L. A. (2020). Efectos de la velocidad de entrenamiento en fuerza sobre diversas manifestaciones de la fuerza en mujeres adultas mayores. *Retos: nuevas tendencias en educación física, deporte y recreación,* 38, 325-332

García, A. J., y Froment, F. (2018). Beneficios de la actividad física sobre la autoestima y la calidad de vida de personas mayores. *Retos: nuevas tendencias en educación física, deporte y recreación,* 33, 3-9.

García Avendaño, P., Flores Esteves, Z., Rodríguez Bermudez, A., Brito Navarro, P., y Peña Oliveros, R. (2008). Mujer y deporte. hacia la equidad e igualdad. *Revista venezolana de estudios de la mujer, 13*(30), 063-076.

García Ferrando, M. (2001). La gestión del deporte en el ámbito municipal: de la promoción a la fidelización del cliente. En Margarita Latiesa, Pilar. Martos. y José Luis. Paniza. *Deporte y cambio social en el umbral del siglo XXI.* Librerías deportivas Esteban Sanz.

García Ferrando, M. (2006). Veinticinco años de análisis del comportamiento deportivo de la población española (1980-2005). *Revista Internacional de Sociología,* 64 (44), 15-38.

Geudens, T. y, Schroeder, K. (coords.) (2011*). Fit for life. Using sports as an educational tool for the inclusion of young people with fewer opportunities.* Salto-Youth Inclusion Resource Centre.

Griera, M. (2017). Yoga in Penitentiary Settings: Transcendence, Spirituality, and Self-Improvement. *Human Studies,* 40 (1), 77-100.

INE (2022). Encuesta de Discapacidad, Autonomía Personal y Situaciones de Dependencia.

Kay, T. (2014). Gender, sport and social exclusion. En *Sport and social exclusión.* Routledge, pp. 90-106

Limón, M. R., y Ortega, M. C. (2011). Envejecimiento activo y mejora de la calidad de vida en adultos mayores. *Revista de Psicología de la Educación.* 1 (6), 225-238.

Márquez S. (1995). Beneficios psicológicos de la actividad física. *Revista de Psicología General y Aplicada,* 48 (1), 185-206.

Márquez, S. y Garatachea, N. (2013). *Actividad física y salud.* Díaz de Santos: Fundación Universitaria Iberoamericana (FUNIBER)

Marqués, M., Sousa, C. y Cruz, J. Estrategias para la enseñanza de competencias de vida a través del deporte en jóvenes en riesgo de exclusión social. *Apunts. Educación física y deportes*, 112, 63-71.

Moon, Ha y Roh, Jaeh (2017). A Study on the relation between Immersion into Sports, Reliance on the Family and Successful Aging. *The Korean Society of Sports Science*, 26, (3), 85-100.

Moscoso-Sánchez, D., De Léséleuc, E., Rodríguez-Morcillo, L., González- Fernández, M., Pérez-Flores, A. y Muñoz-Sánchez, V. (2017). Expected outcomes of sport practice for inmates: A comparison of perceptions of inmates and staff. *Journal of Sport Psychology*, (26) 1, 37-48.

Pérez-Flores, A. M (2015). Deportes contemporáneos: tipos de deportistas y modelos deportivos en España. *Anduli: Revista Andaluza de Ciencias Sociales*, 14, 79-98.

Pérez-Flores, A. M y Muñoz-Sánchez, V. M (2017). La importancia de las interrelaciones primarias en el deporte. *Revista de Psicología del Deporte*, vol. 26, 3, pp. 108-115.

Pérez Flores, A. M. y Muñoz Sánchez, V. M. (2018). Deporte, cultura y sociedad: un estado actual de la cuestión. *Revista de humanidades*, 34, 11-38.

Pérez-Tejero, J. (2008). *Discapacidad, calidad de vida y actividad físico-deportiva: la situación actual mirando hacia el futuro*. Consejería de Deportes de la Comunidad de Madrid.

Pérez-Tejero, J., Ocete, C., Ortega-Vila, G., y Coterón, J. (2012). Diseño y aplicación de un programa de intervención de práctica deportiva inclusiva y su efecto sobre la actitud hacia la discapacidad: El Campus Inclusivo de Baloncesto. *Revista Internacional de Ciencias del Deporte*, 3(VI), 258-271.

Pinilla, J., y Pérez-Tejero, J. (2017). Situación actual de la actividad física para personas con discapacidad en la Comunidad de Madrid. *Revista Española de Discapacidad, 5*(I), 153–165.

Puig, N. (2001). Itinerarios deportivos de las deportistas españolas. En B. Vázquez, (dir.), *Las mujeres en la alta competición deportiva*. Ministerio de Educación, Cultura y Deporte. Estudios sobre ciencias del deporte. Serie de investigación, 30, pp.27-38.

Scott Porter Research and Marketing Ltd. (2001). *Sport and People with Disability: Aiming at Social inclusion*. Sportscotland, 2001, 59 p.

Standage, M. y Treasure, D.C. (2002). Relationship among achievement goal orientations and multidimensional situational motivation in physical education, 72, 87-103.

Capítulo 14.

Trabajo Social y Familia Multiespecie

JOSÉ SÁEZ-OLMOS
Universidad de Murcia

1. INTRODUCCIÓN

La concepción de familia ha experimentado una evolución significativa a lo largo de la historia, influenciada por cambios sociales, culturales y políticos (Sánchez Urios et al., 2024). Tradicionalmente, se ha concebido a la familia como una unidad formada por personas vinculadas por lazos de parentesco biológico o legal, compartiendo un espacio de convivencia y responsabilidad mutua (Alberdi, 1999). Sin embargo, esta concepción está siendo cada vez más cuestionada y ampliada para reflejar la diversidad de experiencias familiares en la sociedad contemporánea (Sáez-Olmos, 2023). En este contexto, la familia multiespecie emerge como una manifestación de esta diversidad, desafiando las concepciones convencionales de lo que constituye una familia. Por su parte, la importancia del Trabajo Social en contextos multiespecie radica en su capacidad para abordar las complejas dinámicas familiares que surgen cuando seres humanos y animales conviven y establecen relaciones de cuidado y afecto (Caravaca-Llamas y Sáez-Olmos, 2022). Esta dimensión de la práctica del Trabajo Social se basa en el enfoque holístico y sistémico donde se reconoce la interconexión entre los seres humanos, los animales y su entorno; contemplando así, valores fundamentales como la justicia social, el respeto a la diversidad y la promoción del bienestar de todos los miembros de la familia, independientemente de su especie. Esto implica considerar no sólo las necesidades individuales de cada miembro de la familia, sino también las relaciones y dinámicas que se desarrollan entre ellos y su impacto en el sistema familiar en su conjunto.

Al mismo tiempo, el Trabajo Social en contextos multiespecie ofrece oportunidades para la innovación y la colaboración interdisciplinaria; por ejemplo, con veterinarios y otros profesionales, para enriquecer la intervención social al proporcionar un conocimiento más completo de las necesidades y comportamientos de los animales, así como de las mejores prácticas para promover su bienestar. A lo largo de este capítulo, se exploran los diversos aspectos que incluye la familia multiespecie como contexto emergente de intervención social, desde su base teórica hasta sus implicaciones éticas y prácticas.

2. CONCEPTUALIZACIÓN DE LA FAMILIA MULTIESPECIE

La definición de familia multi o interespecie abarca una comprensión más amplia y holística de la familia, reconociendo la presencia y el papel de los animales no humanos como miembros integrales del núcleo familiar. En contraposición a las concepciones tradicionales de la familia, que se centran exclusivamente en las relaciones entre seres humanos, la familia multiespecie reconoce que los lazos afectivos y de cuidado pueden extenderse más allá de la especie, incluyendo a los animales como compañeros de vida y fuentes de apoyo emocional (Acero, 2019).

Las familias multiespecie son aquellas en las que los seres humanos conviven y establecen vínculos afectivos con animales no humanos, siendo considerados miembros integrales de su núcleo familiar. Esta dinámica relacional y afectiva puede ser profundamente significativa y enriquecedora para todas las partes involucradas, ya que implica repercusiones en diversos aspectos de la vida cotidiana, incluyendo el cuidado, compañía, apoyo, sentido de pertenencia, afecto y recreación (Sáez-Olmos, 2023).

La definición de familia multiespecie también destaca la importancia de considerar el bienestar y los derechos de los animales en el contexto de la vida familiar. En España, las vigentes reformas legales buscan garantizar la protección y bienestar de los animales no humanos. Los animales no humanos, ya no son considerados "cosas" o "bienes materiales". Con la Ley 7/2023, de 28 de marzo, de protección de los derechos y el bienestar de los animales, han logrado un estatus jurídico diferente. Ahora son reconocidos como "seres vivos dotados de sensibilidad". Ya no pueden ser embargados ni hipotecados, y en caso de divorcio o separación, será un juzgado quien decida su custodia, en términos similares con lo que ocurre en el caso de los menores, "atendiendo al interés de los miembros de la familia y al bienestar animal". Esta Ley obliga a los custodios a "mantenerlos integrados en el núcleo familiar, siempre que sea posible por su especie, en buen estado de salud e higiene". Esto incluye proporcionar un ambiente seguro y enriquecedor para los animales, garantizar su acceso a cuidados veterinarios adecuados y respetar su integridad física y emocional en todas las interacciones familiares. Así las cosas, en el núcleo convivencial se asume determinadas obligaciones para garantizar el bienestar de todos los integrantes. Se prohíbe causarles sufrimiento, dolor o muerte, y así se contempla en el artículo 340 del Código Penal. De la misma forma, también se penaliza su abandono. Además, estas relaciones familiares pueden abarcar una amplia gama de experiencias y realidades familiares, en concreto de especies. La definición de familia multiespecie reconoce la diversidad de especies y situaciones familiares que pueden existir dentro de este marco conceptual (Carmona et al., 2019).

En definitiva, las transformaciones sociales y legales han reconocido a los animales no humanos como sujetos de derechos y dignidad, con necesidades físicas, emocionales y sociales que deben ser atendidas y respetadas. Esto implica reconocer su capacidad para experimentar emociones, establecer vínculos afectivos y contribuir al bienestar emocional y psicológico de los seres humanos con quienes conviven. En las familias multiespecie, las relaciones familiares no se limitan a las interacciones entre seres humanos, sino que involucran a animales no humanos como miembros integrales del núcleo familiar. Estas relaciones pueden manifestarse de diversas formas, reflejando la variedad de roles y dinámicas que pueden surgir en un entorno donde diferentes especies conviven y establecen vínculos afectivos. Por ende, las familias multiespecie son sistemas complejos y dinámicos que se caracterizan por su flexibilidad, adaptabilidad, reciprocidad e interdependencia. Estas características contribuyen a la formación de relaciones interespecie sólidas y satisfactorias, así como al bienestar integral de todos los miembros de la familia, independientemente de su especie. Aunque cada familia y cada relación entre especies es única, pues refleja las características individuales de los seres humanos y los animales involucrados, así como las circunstancias y dinámicas específicas; el factor común de la familia multiespecie es el vínculo. Estas dinámicas y características no solo influyen en la vida cotidiana de la familia, sino que también tienen un impacto significativo en el bienestar y la calidad de vida de todos sus miembros, independientemente de su especie.

3. EL PAPEL DEL TRABAJO SOCIAL CON FAMILIAS MULTIESPECIE

No existe ni un concepto ni un modelo único de familia. Sus funciones y su composición han ido variando a lo largo de la historia y de las transformaciones sociales. Por otro lado, la relación entre los seres humanos y los animales puede variar en función de factores culturales, históricos y geográficos. En la actualidad, las estadísticas demuestran que se tienen menos hijos y se convive más con animales; y que, la convivencia multiespecie se caracteriza por vínculos afectivos que otorgan a los animales no humanos, el papel de miembro de la familia.

3.1 Trabajo social con familias: contexto evolutivo

El Trabajo Social, como disciplina profesional, ha evolucionado a lo largo del tiempo en respuesta a las cambiantes realidades sociales y familiares. Desde sus inicios a finales del siglo XIX, ha estado comprometido con la promoción del bienestar y la justicia social para todos los individuos y grupos marginados o vulnerables en la sociedad. A medida que la comprensión de la diversidad humana ha ido evolucionando, el campo del Trabajo Social ha ampliado su enfoque para incluir una variedad de estructuras y dinámicas familiares, incluyendo como ocurre en la actualidad, a las familias multiespecie.

En sus primeras etapas, el Trabajo Social se centró principalmente en abordar las necesidades de las familias tradicionales, basadas en relaciones de parentesco biológico y matrimonio legal. Sin embargo, con el tiempo, se hizo evidente que esta concepción limitada de la familia no reflejaba la diversidad de experiencias familiares en la sociedad. El movimiento de derechos civiles, el feminismo y otros movimientos sociales influyeron en la evolución del Trabajo Social hacia una comprensión más inclusiva de la familia, que reconocía y valoraba una variedad de estructuras familiares, incluidas las familias monoparentales, adoptivas, homosexuales y, más recientemente, multiespecie.

Hoy en día, el Trabajo Social en contextos multiespecie se encuentra en una etapa de crecimiento y desarrollo, a medida que los profesionales del campo buscan adaptar sus enfoques y prácticas para abordar las necesidades y preocupaciones específicas de las familias que conviven con animales no humanos. Esto incluye la promoción del bienestar y la protección de los derechos de todos los miembros de la familia, independientemente de su especie, así como el desarrollo de intervenciones y servicios que aborden las complejas dinámicas familiares en contextos multiespecie.

3.2 ¿Por qué las familias multiespecie son un contexto de intervención social?

Las familias multiespecie interesan al Trabajo Social porque constituyen una realidad contemporánea, basada en reconocimiento de la diversidad y la coexistencia armoniosa. Al igual que puede ocurrir con otros sistemas familiares, existe la posibilidad de que aparezcan conflictos y disfuncionalidades entre los miembros que precisen ayuda profesional para su gestión y resolución. Los animales, como miembros de la familia, deben formar parte de la intervención social en todas sus etapas: desde el momento inicial de la investigación, así como en la fase de ejecución y en el final de la misma. Por ello, los trabajadores sociales deben ampliar la visión sobre los receptores de su actuación para incorporar sistemas de evaluación e intervención que satisfagan e incluyan a todos los miembros de la unidad familiar. Esto significa que los animales también deben tener cabida en los instrumentos de investigación e intervención, así como en los sistemas de registro y evaluación. Por ejemplo: en los informes sociales, en las fichas sociales, en los registros de observación, en las visitas domiciliarias, etc.

Adaptando los procesos, técnicas e instrumentos (genograma, ecomapa, mapa de red social, etc.), se aumentará la funcionalidad de la intervención profesional. Si excluimos de las valoraciones y de la intervención a los animales no humanos, estaremos dejando fuera a un miembro de la familia. En la misma línea, Díaz (2015, p. 95) destaca la importancia de incluir al animal no humano en las intervenciones con familias, ya que enriquece y posibilita el trabajo con las familias y, a su vez, permite "una conceptualización más compleja de la totalidad del sistema". Además, plantea que el animal no humano cumple diferentes roles según la etapa del ciclo vital en que se encuentre la familia y que su llegada al núcleo convivencial implica modificaciones en las reglas familiares. Los animales no humanos contribuyen de muchas formas a la dinámica familiar y aportan determinados beneficios como es la compañía, apoyo, amor, compañerismo y recreación. Por su parte, Rivas et al., (2017) concibe al animal no humano como un puente que permite fortalecer los canales de comunicación entre y con los miembros de la familia. Así, la convivencia cotidiana con los animales no humanos se debe desarrollar en un ambiente de acuerdos y reglas que establecen los miembros de la familia permitiendo una relación más cercana, logrando así: "la funcionalidad del sistema" (Díaz, 2015, p. 95). Esto quiere decir que si los integrantes de la familia no establecen acuerdos frente a las responsabilidades que implica el miembro no humano, puede provocar tensión para la familia, generando "la disfuncionalidad del sistema familiar" (Díaz, 2015, p. 96).

Los profesionales deben tener en cuenta que las acciones que tomen pueden afectar a los animales de manera directa o indirecta, y deben actuar en su mejor interés en todas las circunstancias. Si bien los animales no tienen capacidad legal para otorgar consentimiento para aceptar la ayuda profesional, los trabajadores sociales deben respetar su bienestar en la medida de lo posible. Esto puede incluir proteger la identidad de los animales en registros y documentación, así como evitar divulgar información que pueda comprometer su seguridad o bienestar.

3.3 Finalidades de la intervención social con familias multiespecie

Algunas de las funcionalidades de la intervención familiar en estos contextos se basan en la sensibilización y educación. Es decir, los trabajadores sociales también pueden desempeñar un papel en educar a las familias sobre la importancia de respetar la privacidad y el bienestar de los animales en el hogar. Esto puede incluir el proporcionar información sobre sus cuidados, la satisfacción de las necesidades emocionales y físicas de los animales, así como fomentar prácticas responsables que protejan su dignidad. Al educar a las familias sobre estos temas, los trabajadores sociales pueden ayudar a crear entornos domésticos más compasivos y respetuosos para todas las especies involucradas.

Por otro lado, en casos donde la salud y el bienestar de los animales están en juego, los trabajadores sociales pueden necesitar colaborar con profesionales de la salud animal, como veterinarios y especialistas en comportamiento animal. En estas situaciones, es importante comunicar información relevante sobre la situación familiar mientras se protege la privacidad y confidencialidad de los clientes humanos. Esto puede implicar obtener el consentimiento informado de los clientes antes de compartir información con profesionales de la salud animal y garantizar que la comunicación sea ética y respetuosa en todo momento.

3.4 Enfoques de intervención

El Trabajo Social en contextos multi-especie se basa en una variedad de enfoques y modelos de intervención que tienen como objetivo promover el bienestar y la resiliencia en las familias que conviven con animales no humanos. Estos enfoques se adaptan para abordar las necesidades específicas de las familias multi-especie y para reconocer la importancia de las relaciones inter-especie en el hogar. Algunos de estos enfoques incluyen los siguientes:

- Enfoque centrado en la familia: se basa en la idea de que la familia es una unidad de intervención fundamental, y busca fortalecer las relaciones y los recursos familiares para promover el bienestar de todos sus miembros. En el contexto multiespecie, implica trabajar con la familia en su conjunto para identificar sus fortalezas y necesidades, y desarrollar estrategias para mejorar la convivencia y el cuidado de los animales no humanos.

- Enfoque de trabajo en red: reconoce la importancia de colaborar con otros profesionales y recursos comunitarios para ampliar el alcance de sus intervenciones y brindar un apoyo integral a las familias multiespecie. Esto puede incluir la coordinación con veterinarios, entrenadores de animales, refugios de animales, servicios de cuidado de mascotas y otros profesionales relacionados con el bienestar de los animales.
- Enfoque de resiliencia: se centra en fortalecer los recursos internos de la familia y fomentar su capacidad para hacer frente a los desafíos y adversidades. En el contexto de las familias multiespecie, implica ayudar a la familia a desarrollar estrategias de afrontamiento efectivas y a fortalecer sus lazos afectivos con sus animales no humanos. Esto puede incluir la promoción de prácticas de cuidado y manejo responsables de los animales, así como la identificación y mitigación de factores de estrés en el hogar.
- Enfoque de justicia ambiental: reconoce la interconexión entre el bienestar humano, animal y ambiental, y aboga por la equidad y la justicia en todas las relaciones interespecie. En el contexto de las familias multi-especie, esto implica trabajar para crear entornos domésticos seguros y enriquecedores para todos los miembros de la familia, incluidos los animales no humanos. Esto puede incluir la promoción de políticas y prácticas que protejan los derechos de los animales y garanticen su acceso a recursos y servicios adecuados para su bienestar.

Estos enfoques y modelos de intervención en Trabajo Social se adaptan para abordar las necesidades específicas de las familias multiespecie y reconocer la importancia de las relaciones afectivas interespecie. Al adoptar un enfoque centrado en la familia, trabajar en red con otros profesionales y recursos comunitarios, promover la resiliencia familiar y abogar por la justicia ambiental, los trabajadores sociales pueden desempeñar un papel importante en la promoción del bienestar de todas las especies en la sociedad contemporánea. Para ello, el Trabajo Social en contextos multiespecie se fundamenta en un conjunto de valores que guían la práctica profesional y garantizan una intervención ética y sensible que reconoce y valora las relaciones interespecie en el hogar. Algunos de los valores éticos que son clave para la práctica del Trabajo Social con familias multiespecie son: respeto, compasión, dignidad, justicia, equidad y empoderamiento. Todos ellos son fundamentales para promover el bienestar de todas las especies involucradas y los trabajadores sociales pueden desempeñar un papel importante en la defensa de los derechos y el bienestar de los seres humanos y animales no humanos en la sociedad contemporánea. Sin embargo, estos principios no están exentos de desafíos o dilemas éticos.

4. FAMILIAS MULTIESPECIE Y TRABAJO SOCIAL: DESAFÍOS Y OPORTUNIDADES

La intervención social con familias multiespecie también plantean desafíos únicos que requieren una atención especial por parte de los profesionales del Trabajo Social y otros campos relacionados (Sáez-Olmos, 2021). Estos desafíos, que pueden incluir cuestiones relacionadas con el bienestar y la protección de los animales, la gestión de conflictos, la seguridad, la conciliación, así como la aceptación de diferentes valores y creencias en torno a la relación entre humanos y animales, etc., pueden llegar a ser oportunidades para el cambio y la mejora continua en nuestro quehacer profesional y en el asentamiento del reconocimiento y defensa de las familias multiespecie. En este apartado nos centramos, principalmente, en la identificación de los principales dilemas éticos en la intervención con esta modalidad de familias y en los retos y oportunidades que sugieren nuestra práctica profesional, no sólo para las familias con diversidad de especies, sino para la sociedad en general.

4.1 Dilemas éticos en la intervención social con familias multiespecie

En este contexto de intervención también se abre la dimensión compleja y multifacética de los dilemas éticos para los profesionales, relacionados con la intersección entre el bienestar de los animales humanos y el de los animales no humanos. A menudo implica equilibrar los derechos y necesidades de todas las especies involucradas en la familia de manera equitativa bajo de un enfoque reflexivo y equilibrado. Estos dilemas pueden contemplar multitud de situaciones, entre ellas:

- La relación entre la violencia doméstica y abuso animal: en muchos casos los animales también son víctimas de abuso por parte de los agresores, a veces como una forma de control y coerción sobre sus víctimas humanas (Bernuz, 2015; Soria et al., 2021). Los trabajadores sociales se enfrentan al desafío ético de cómo abordar esta forma de abuso y proteger tanto a las víctimas humanas como a los animales en riesgo.

- Decisiones de cuidado y tratamiento: en ocasiones, los intereses de los seres humanos y los animales entran en conflicto. Por ejemplo, en situaciones donde los recursos financieros son limitados, puede surgir la pregunta de si se deben priorizar los tratamientos médicos u otros recursos, para los seres humanos sobre los animales, o viceversa. Los trabajadores sociales deben abordar este dilema de manera sensible, considerando factores como el impacto emocional, los riesgos zoonóticos y el bienestar de todos los miembros de la familia.
- Problemas de convivencia y hábitat no adecuado: la convivencia puede generar problemas, sobre todo cuando no se reconocen las necesidades de los convivientes, cualquiera que sea su especie. Por eso, la educación y la sensibilización son esenciales para esclarecer las demandas individuales. Una de estas necesidades, es la adecuación del entorno habitable, donde se incluya el acceso a cuidados básicos, como alimentación adecuada, refugio y atención veterinaria. Los trabajadores sociales deben determinar cómo abordar estas situaciones de manera que protejan el bienestar de los animales, al mismo tiempo que respetan los derechos y necesidades de las personas involucradas.
- Diferencias culturales en el trato hacia los animales: las consideraciones y prácticas de cuidado y tratamiento de los animales pueden variar ampliamente según las creencias, tradiciones y prácticas culturales de cada familia, y los trabajadores sociales deben estar atentos a estas diferencias para proporcionar un apoyo culturalmente sensible.
- Decisiones de final de vida: Los dilemas éticos también pueden surgir en torno a decisiones de final de vida para los animales no humanos. Cuando un animal está sufriendo o enfrenta una enfermedad terminal, puede ser necesario considerar la eutanasia como una opción humanitaria. Sin embargo, estas decisiones pueden ser emocionalmente difíciles y plantear preguntas sobre la calidad de vida del animal, así como los valores y creencias de la familia sobre la muerte y el cuidado de los animales (Henao, 2017). Por otro lado, cuando una persona fallece y le sobrevive un animal, frecuentemente es difícil que otras personas del entorno quieran responsabilizarse de él.
- Confidencialidad y privacidad: La confidencialidad y la privacidad son principios fundamentales en Trabajo Social, pero en contextos multiespecie, estas consideraciones pueden volverse más complejas. Los profesionales deben abordar estos aspectos éticos con sensibilidad y considerar cómo proteger la confidencialidad de todos los miembros

de la familia. Al hacerlo, es posible promover un ambiente de confianza y seguridad que beneficie a toda la familia en su conjunto. Esto incluye detalles sobre el bienestar de los animales, sus necesidades médicas y comportamentales, y la dinámica familiar en relación con los animales. Los trabajadores sociales deben manejar esta información con cuidado y asegurarse de obtener el consentimiento informado de los clientes antes de compartir información sensible con terceros.

Los dilemas éticos para el Trabajo Social relacionados con la familia multiespecie no dejan de ser complejos, pues albergan diversas dimensiones para los profesionales: bienestar animal y humano, confidencialidad y la privacidad, consideraciones culturales y los valores relacionados con los animales que pueden influir en la dinámica familiar y en las decisiones de cuidado de los animales, etc. Para su abordaje, se deben considerar con sensibilidad y respeto, los derechos y necesidades de todas las especies involucradas y trabajar para encontrar soluciones que promuevan el bienestar integral de la familia.

En caso de surgir conflictos éticos, se puede considerar la utilización común de estrategias de resolución para el Trabajo Social como el Modelo de la Ley Social de Ballestero (2009) o el Modelo de Reamer (1999). Se recomienda, además, que los trabajadores sociales busquen y utilicen fuentes de apoyo y consulta. Esto puede incluir la participación en grupos de supervisión y evaluación, o la consulta con colegas, mentores y colegio profesional. Para terminar, el trabajo con familias multiespecie puede ser emocionalmente desafiante para los trabajadores sociales debido a la naturaleza compleja y a menudo intensa de las situaciones que enfrentan. Por ello, es fundamental que los trabajadores sociales prioricen su propio bienestar y practiquen el autocuidado de manera regular para mantener su salud mental, emocional y física. El autocuidado es esencial para prevenir el agotamiento y el desgaste profesional, y para garantizar que los trabajadores sociales puedan brindar el mejor apoyo posible a las familias con las que trabajan. Para ello, se recomienda: 1) el autocuidado y el bienestar del trabajador social; 2) la adquisición de habilidades para gestionar el estrés; 3) el establecimiento de límites claros y saludables: en cuanto a la cantidad de casos que manejar; el tiempo dedicado al trabajo fuera del horario laboral y la disponibilidad para emergencias, etc.; 4) disponer de un sistema de apoyo emocional sólido; 5) la autoevaluación continua, para mantenerse consciente de las propias necesidades y tomar medidas proactivas para cuidarse a sí mismo; y, 6) el desarrollo profesional: se trata de mantenerse actualizado a través de programas de capacitación y educación continua, así como buscar oportunidades de mentoría y explorar las áreas de interés profesional para fortalecer su seguridad, competencia y capacidad de enfrentar los desafíos de su trabajo, así como saber brindar un apoyo significativo y compasivo a las familias e individuos con los que trabaja.

4.2 Retos en el Trabajo Social con familias multiespecie

El acceso a recursos y servicios adecuados es fundamental para garantizar el bienestar integral de las familias multiespecie. Sin embargo, estas familias pueden enfrentar desafíos únicos para acceder a los recursos necesarios debido a la falta de servicios especializados y a la falta de reconocimiento de sus necesidades específicas. Los trabajadores sociales desempeñan un papel crucial en abogar por un mayor acceso a recursos y servicios que aborden las necesidades de todas las especies involucradas en la familia, entre los que se incluyen:

- Servicios veterinarios inclusivos: Uno de los desafíos clave que enfrentan las familias multiespecie es encontrar servicios veterinarios que reconozcan y valoren la relación entre los seres humanos y los animales no humanos. Los trabajadores sociales pueden abogar por la creación de servicios veterinarios inclusivos que brinden atención de calidad a todas las especies y que consideren las necesidades emocionales y sociales de las familias.
- Refugios y servicios de emergencia para familias multiespecie: Las familias multiespecie que enfrentan situaciones de crisis, como desastres naturales o violencia doméstica, pueden tener dificultades para encontrar refugio seguro para todos sus miembros, incluidos los animales no humanos. Los trabajadores sociales pueden abogar por la creación de refugios y servicios de emergencia que acepten a toda la familia, garantizando que nadie tenga que abandonar a un miembro querido debido a la falta de recursos. Uno de los servicios por excelencia de ayuda, tanto a los animales no humanos como a las mujeres víctimas de violencia de género es el denominado VIOPET, cuyo objetivo es acoger, de forma temporal, a los animales de mujeres víctimas de violencia machista.
- Programas de asistencia financiera: El costo de cuidar y mantener a los animales puede ser prohibitivo para algunas familias, especialmente aquellas que enfrentan dificultades económicas. Los trabajadores sociales pueden ayudar a conectar a estas familias con programas de asistencia financiera que les proporcionen recursos para alimentos,

atención veterinaria y otros gastos relacionados con los animales como puede ser el programa multidisciplinar #MejoresAmigos impulsado por FAADA cuyo objetivos son: 1) acompañar, formar y ayudar a los agentes vinculados a los Servicios Sociales de las entidades locales en la gestión de los casos de personas que van acompañadas de animales; 2) Garantizar la salud física y emocional de los animales que conviven con personas en situación de vulnerabilidad; 3) Proporcionar asistencia veterinaria gratuita para los animales de las personas sin hogar y para las que puedan acreditar situación de vulnerabilidad.

- Programas de apoyo para la convivencia armoniosa: Además de los servicios básicos, las familias multiespecie pueden beneficiarse de programas de apoyo que promuevan la convivencia armoniosa, tanto interna como externa. Esto puede incluir programas de educación sobre el cuidado de los animales, entrenamiento de comportamiento animal, y terapia de apoyo para familias que enfrentan desafíos específicos relacionados con sus animales.
- Legislación y políticas inclusivas: Los trabajadores sociales también pueden abogar por la creación de legislación y políticas que reconozcan y protejan los derechos de las familias multiespecie. Esto puede incluir leyes que prohíban la discriminación de los inquilinos con animales, políticas de vivienda que permitan a las familias tener múltiples mascotas, y normativas de bienestar animal que protejan los derechos y la seguridad de todos los miembros de la familia.

5. CONCLUSIONES

La inclusión de la diversidad familiar en el campo del Trabajo Social ha sido un proceso gradual y continuo, marcado por una mayor sensibilidad hacia las necesidades y preocupaciones de las familias en todas sus formas. A medida que se han ampliado los horizontes del Trabajo Social, se ha reconocido cada vez más la importancia de considerar las relaciones y dinámicas familiares en todas sus manifestaciones, incluyendo las relaciones interespecie entre seres humanos y animales no humanos.

La familia multiespecie es una tipología de familia recientemente reconocida social y legalmente. Para el Trabajo Social, especialmente para la intervención familiar, presenta una serie de desafíos únicos y complejos, incluyendo dilemas relacionados con el bienestar animal y humano, la confidencialidad y privacidad, las consideraciones culturales y los recursos disponibles. A la vez, esta diversidad familiar ofrece oportunidades significativas para promover el desarrollo individual y el bienestar integral de todos los miembros. Los aspectos clave de este contexto emergente de intervención se basan principalmente en los valores éticos como el respeto, la compasión y la justicia, que son fundamentales en el Trabajo Social desde sus orígenes. Por tanto, en la intervención social con familias multiespecie, se debe abogar por un enfoque inclusivo, holístico y equitativo que promueva el bienestar de todos los miembros. Esto, al considerar las dinámicas familiares y las necesidades individuales, también precisa de un mayor acceso a recursos y servicios adecuados destinados a esta tipología de familia, incluyendo servicios veterinarios inclusivos, refugios y servicios de emergencia, programas de asistencia financiera y legislación y políticas inclusivas.

En conclusión, el Trabajo Social con familias multiespecie representa una oportunidad emocionante y desafiante desde el reconocimiento de las necesidades emergentes al promover el bienestar de todas las especies y abogar por un enfoque inclusivo y equitativo. Por ende, al trabajar de manera colaborativa y compasiva, los trabajadores sociales pueden desempeñar un papel crucial en la creación de entornos familiares más saludables y compasivos para todas las especies involucradas.

6. BIBLIOGRAFÍA

Acero, M. (2019). Esa relación tan especial con los perros y con los gatos: la familia multiespecie y sus metáforas. *Tabula Rasa,* (32), 157-179. https://doi.org/10.25058/20112742.n32.08

Alberdi, I. (1999). *La nueva familia española.* Taurus.

Ballestero, A. (2009). Dilemas éticos en Trabajo Social: el modelo de la Ley Social. *Portularia,* 9 (2), 123-131.

Bernuz, M. (2015). El maltrato animal como violencia doméstica y de género. Un análisis sobre las víctimas. *Revista de victimología,* 2, 97-123. https://doi.org/10.12827-RVjV-2-05.

Caravaca-Llamas, C., y Sáez-Olmos, J. (2022). La violencia hacia las mascotas como indicador en la violencia de género. *Tabula Rasa,* (41), 269-286. https://doi.org/10.25058/20112742.n41.12

Carmona Pérez, E., Zapata Puerta, M., y López Pulgarín, S. E. (2019). Familia multiespecie, significados e influencia de la mascota en la familia. *Revista Palobra Palabra Que Obra,* 19(1), 77–90. https://doi.org/10.32997/2346-2884-vol.19-num.1-2019-2469

Henao, S., (2017). Eutanasia en animales de compañía Dilemas, encuentros y desencuentros. *Revista Colombiana de Bioética,* 11 (3), 74-108. https://dx.doi.org/10.18270/rcb.v11i3.2163

Ley 7/2023, de 28 de marzo, de protección de los derechos y el bienestar de los animales. *Boletín Oficial del Estado,*núm. 75, de 29 de marzo de 2023, páginas 45618 a 45671

Ley orgánica 10/1995, de 23 de noviembre, del Código penal. *Boletín Oficial del Estado,* 24 de noviembre de 1995, núm. 281, pp. 33987-34058

Reamer, F.G. (1999). *Social Work Values and Ethics.* Columbia University Press.

Rivas, N., Pautt, V., y Bent, N. (2017). Familias y mascotas: Una construcción relacional en torno a la tenencia y cuidado de caninos adoptados (Tesis de Grado). Universidad De Antioquia, Medellín.

Sáez-Olmos, J. (2021). *La familia multiespecie: perspectiva teórica y horizonte político social.* [Tesis doctoral, Universidad de Murcia]. DIGITUM

Sáez-Olmos, J., Caravaca-Llamas, C. y Molina-Cano, J. (2023). La familia multiespecie: cuestión y reto multidisciplinar. *Aposta. Revista de Ciencias Sociales,* 97, 8-27, http://apostadigital.com/revistav3/hemeroteca/jsaezol.pdf

Sánchez Urios, A.; Antolín, N.; y Caravaca Llamas, C. (2024). *Trabajo Social con el Sistema Familiar.* Tirant lo Blanch.

Soria, M.A.; Querol, N.; y Company, A. (2021). *Violencia contra los animales. Relevancia en la investigación criminal y la delincuencia violenta.* Pirámide.

Capítulo 15.

La intervención en procesos de duelo desde el Trabajo Social

CARMEN CARAVACA LLAMAS
Universidad de Murcia
ALBERTO MONTES MARTÍNEZ
Universidad de Murcia

1. INTRODUCCIÓN

Todas las personas en algún momento de su vida experimentan la pérdida y el proceso de duelo. La muerte es un fenómeno natural que nuestra sociedad asocia con una situación incómoda, debido a las circunstancias que la acompañan: enfermedad, hospitalización, fallecimiento, tanatorio, etc. Es necesario pasar por este proceso, respetando los tiempos, para saber dejar atrás la interacción con la persona o el animal fallecido y desarrollar así, nuevas relaciones ante la vida. Aunque la experiencia del duelo se caracteriza por ser única, personal e ineludible, en términos generales es un proceso normal que no requiere situaciones especiales para su resolución (Suárez, 2016). Además, no toda muerte conlleva un duelo, pues se necesitan unos lazos de unión estrechos. Sin embargo, en muchas ocasiones, desde el Trabajo social nos encontramos inmersos en este tipo de situaciones producto de las relaciones de intervención en el día a día de las personas usuarias o clientes, o incluso en contextos donde se ha cronificado la pérdida o en escenarios que presentan factores de riesgo o carencia de recursos propios adecuados para hacer frente al reto y lograr una superación normalizada. Por ello, debemos ser capaces de dar respuesta a las necesidades concretas que son producidas en los/as deudos/as cuando muere un ser querido y saber acompañar y guiar un recorrido que vaya desde la pérdida afectiva hasta la elaboración normalizada del duelo. Además, cuando el apoyo social es insuficiente, se incrementa el sufrimiento y el distanciamiento del entorno, las personas se autoexcluyen socialmente y, en consecuencia, se debilitan. Así pues, resulta fundamental la intervención desde el Trabajo Social con el fin de fortalecer las redes sociales e incrementar la capacidad de organización y respuesta de las personas para la superación de sus condiciones de vulnerabilidad.

Normalizar junto a los sujetos las reacciones esperadas durante el proceso de duelo constituye una instancia de cuidado privilegiado que tenemos como profesionales para aportar la seguridad y confianza que permita y promueva la reconstrucción de significados y de la identidad resquebrajados tras el fallecimiento de un ser querido. Así pues, los objetivos de intervención en proceso de duelo desde la perspectiva del Trabajo Social son: mejorar la calidad de vida de la persona afectada por la pérdida, evitar y reducir el aislamiento social, mejorar y aumentar la autoestima y disminuir el estrés.

La finalidad principal que se busca conseguir con el proceso de intervención es asistir a la persona afectada para hacer frente a cualquier tipo de adversidad, haciendo a la persona consciente de la pérdida y trabajando sus emociones en torno al suceso. Por tanto, desde el Trabajo social se trabaja la resiliencia, entendida como la capacidad del ser humano de sobreponerse ante una situación de complejidad o evento de carácter estresante, adquiriendo un comportamiento adaptativo frente al mismo. Desde esta perspectiva, se persigue el refuerzo de los recursos personales de los/as clientes/as y/o personas usuarias para fortalecer sus capacidades y mejorar su salud y calidad de vida con el fin de superar el proceso de duelo y adaptarse a la pérdida.

2. LOS RITOS FUNERARIOS

Las manifestaciones de duelo y el significado de la pérdida no son universales ni generalizables; más bien vienen mediadas por el contexto y las creencias espirituales y la cultura en la cual sucede el fenómeno. A lo largo de la historia de la humanidad, se han manifestado diferentes formas de duelo y de ritos funerarios. Por ejemplo, se cree que hace 100.000 años, el motivo principal por el que las personas inician los ritos o ceremonias fúnebres es por el temor a la muerte, además de despedir al difunto mediante la celebración de un acontecimiento único y personal que sirve tanto como medio para certificar la muerte como sistema para que alcance su lugar de destino, según creencias religiosas o paganas. Por último, los ritos también sirven para facilitar la adaptación de los vivos a la nueva realidad, logrando aceptar lo ocurrido, la pérdida y la necesidad de seguir adelante. En los siglos XIX y XX, la muerte era algo natural y familiar, la fotografía mortuoria se vuelve común desde mediados del XIX hasta principios del XX, se dejaba un recuerdo eterno del ser querido, se colgaba en la casa y se enviaban copias a familiares y amigos; las pompas fúnebres se transforman en especializados servicios tanatológicos, se crean complejos sistemas funerarios, también se fijan normas sanitarias sobre los lugares a donde se llevan los cadáveres. (Oviedo *et al.*, 2009)

En Occidente, se ha convertido en un fracaso por parte de la medicina que lucha contra la muerte, un fenómeno tabú silenciado en especial después de la Segunda Guerra Mundial (Lima y González-Rodríguez, 2017); por ello en el transcurso del siglo XX se gesta la "muerte invertida" que trae consigo el silencio de las costumbres, el arrinconamiento de las emociones, la desposesión del moribundo que muere ignorando su propia muerte, el rechazo al duelo y la aparición de nuevos rituales (incineración), fenómenos que estallan proyectando en la sociedad un nuevo tabú, en este punto la muerte queda vedada para preservar la felicidad (Ariès, 2000).

3. EL DUELO Y SUS TIPOS

El luto y el duelo son formas de vivencia social dramática de la muerte de un ser querido. La función del luto es expresar la tristeza y el dolor que siente el vivo por la partida o desaparición física de un familiar o amigo. El duelo es un sentimiento subjetivo, una respuesta psicológica basada en el sentimiento y pensamiento que se presenta ante la pérdida de un ser querido (Posada, 2005). Por tanto, un estado en el que el individuo transmite o experimenta una respuesta humana natural que implica reacciones psicosociales y psicológicas a una pérdida real o subjetiva (personal, objeto, función, status, etc.) y proviene del latín *dolos* que significa dolor. Se trata pues, de una experiencia que todos los individuos pasan a lo largo de sus vidas y que ha sido definida como "la reacción natural ante la pérdida de una persona, objeto o evento significativo; o también, la reacción emocional y de comportamiento en forma de sufrimiento y aflicción cuando un vínculo afectivo se rompe" (García *et al.*, 2014).

Como consecuencia de la situación, se producen sentimientos y emociones negativas, unidas a unas circunstancias de carácter emocional y mental que conforman una reacción normal ante la pérdida (Acero, 2004). Algunos de estos síntomas en el duelo son: cuadros de pánico, cefaleas o dolores de cabeza y sensación de incomprensión, dificultad para conciliar el sueño, aturdimiento, incredulidad, ira, depresión, tristeza, culpabilidad, etc. Sin embargo, estas manifestaciones a nivel físico, mental, emocional y espiritual pueden desordenar la personalidad integrada de la persona que lo experimenta (Acero, 2004). Por ello, es fundamental entender el duelo como un proceso en movimiento, con cambios y múltiples posibilidades de expresión y no como un estado estático con limites rígidos. Asimismo, podemos encontrar diferentes tipos de duelo (Meza *et al.*, 2008):

- El duelo simple: se da en buenas condiciones, permitiendo ser elaborado.
- El duelo patológico o complicado es una tipología atípica, que se alarga en el tiempo, se presenta en diferentes formas y se conoce por distintos nombres. Ocurre cuando existen serias dificultades para la elaboración del duelo o cuando se intensifica el duelo normal y la persona presenta comportamientos desadaptativos permaneciendo en un estado de bloqueo sin avance: "la intensificación del duelo al nivel en que la persona está desbordada recurre a conductas desadaptativas o permanece inacabablemente en este estado sin avanzar en el proceso del duelo hacia su resolución" (Horowitz, *et al.*, 1980. p.1157). Este duelo es considerado como un proceso sin resolver que se caracteriza por ser complejo y crónico, perdurando en el tiempo y desbordando la vida de la persona que lo padece, sin avanzar hacia una resolución. Este proceso conlleva interrupciones frecuentes en el intento de afrontar el duelo. Es importante indicar uno de los factores de riesgo principales propios del duelo patológico, cuando el dolor moral se prolonga en el tiempo y la intensidad no coincide con el mismo. Se caracteriza por la culpa excesiva, síntomas físicos, enojo exacerbado, abuso de drogas y/o alcohol. Si bien inicialmente algunas de estas características son esperables, su intensidad y persistencia en el tiempo nos dirá si responden a un duelo denominado normal y esperable, o se tratará de uno complicado.
- Duelo anticipado: comienza antes del fallecimiento de la persona, no en el momento del suceso. Es un proceso caracterizado por la emisión de un diagnóstico de incurabilidad, en el que existen sentimientos de tristeza por parte de los familiares, adquiriendo a su vez una adaptación previa ante la situación que se acaba de crear al conocer la noticia. Seguidamente, se crea lo que se conoce como duelo anticipado, ofreciendo la posibilidad de compartir sentimientos y emociones con la persona y preparase para su futura despedida.
- Pre-duelo: consiste en creer plenamente que el ser querido ha fallecido "en estado de salud". Normalmente se da en aquellos casos en los que la persona ha perdido su estado de salud mental o física. Ocurre en situa-

ciones en las que el cuidador presencia la transformación de la persona por la enfermedad hasta tales extremos, que en algunos casos no se le reconoce. En este y en el duelo anticipado se requiere de la emisión de un diagnóstico de enfermedad médica o mental crónica.

- Duelo inhibido o duelo negado: cuando prevalece una negación ante el fallecimiento del ser querido en el que la persona afectada rechaza el proceso de afrontamiento de la realidad ocurrida. Persiste una falsa euforia con posibilidad patológica de la aflicción como mecanismo de autodefensa que utiliza la persona para evitar el dolor causado por la muerte del ser querido.
- Duelo crónico: se caracteriza por presentar una duración muy larga, existiendo la posibilidad de ocupar toda una vida de la persona afectada. En ningún momento el duelo crónico presenta una conclusión positiva.

Los factores de riesgo que nos orientan a la hora de determinar si estamos ante un duelo complicado y, por tanto, la necesidad de intervención profesional, dependiendo del tipo de muerte, características de la relación y características del superviviente (Parkes, 1988):

- El tipo de muerte: Si ha sido causada por culpa del superviviente, si ha sido repentina o inesperada, y si ha sido dolorosa o terrorífica.
- Las características de la relación: Si la relación con el fallecido era de intensa dependencia; si era una relación ambivalente (relación amor/odio), si el fallecido era el cónyuge, si era un hijo menor de 20 años, si la muerte ha sido de un progenitor dejando hijos entre 0 y 5 años, o entre 10 y 15 años y si la muerte ha sido de un progenitor dejando un hijo/a soltero/a.
- Las características del superviviente: Si se trata de una personalidad propensa a la aflicción, si se trata de una personalidad insegura, ansiosa o con baja autoestima, si hay excesivos autorreproches y si tiene antecedentes de una enfermedad mental previa o incapacidad física.

4. EL PROCESO DEL DUELO

Existen distintas teorías de referencia para comprender el concepto y la dinámica del duelo. Sigmund Freud, con "Duelo y Melancolía", fue el primero en elaborar una teoría del duelo clara y sólida. Afirmaba que el sufrimiento de la persona en duelo es debido a su apego interno con la fallecida; por lo que el objetivo del duelo era separar estos sentimientos y apegos hacia el ser querido. Como resultado, el "yo" queda liberado de sus antiguos apegos y disponible para vincularse de nuevo con otra persona viva. Este aspecto del desapego de la teoría ha sido cuestionado por evidencias clínicas y empíricas.

Aunque se ha estimado que 12 meses es el tiempo aceptable para concluir este proceso, lo importante es transitar y resolver cada etapa del duelo, por lo que no hay un tiempo definido y estándar, sino que se estima superado cuando la persona es capaz de pensar sin dolor en el fallecido y puede volver a invertir sus emociones en la vida.

En 1944, Lindemann describió las siguientes fases en el duelo inmediato: problemas somáticos, preocupaciones relacionadas con la imagen del fallecido, culpa, reacciones hostiles y pérdida de patrones de conducta (Oviedo et al., 2009). Por otra parte, Kubler- Ross (1996) describió a finales de los años 60, las cinco etapas en términos de la proximidad de la muerte:

- Negación: En esta etapa es probable que las personas se sienten culpables porque no sienten nada; se apodera de ellas un estado de entumecimiento e incredulidad.
- Enojo o ira: se puede expresar externamente. El enojo puede proyectarse hacia otras personas o interiormente expresarse en forma de depresión, culpar a otro es una forma de evitar el dolor, aflicciones y desesperación personales de tener que aceptar el hecho de que la vida deberá continuar.
- Negociación: se da en nuestra mente para ganar tiempo antes de aceptar la verdad de la situación, retrasa la responsabilidad necesaria para liberar emocionalmente las pérdidas.
- Depresión: es el enojo dirigido hacia adentro, incluye sentimientos de desamparo, falta de esperanza e impotencia.
- Aceptación: se da cuando después de la pérdida se puede vivir en el presente, sin adherirse al pasado.

Bowlby (1999) realiza una clasificación que ordena el proceso del duelo en cuatro fases:

- Fase de embotamiento (entre algunas horas y una semana de duración): puede ser interrumpida por descarga de aflicción o de ansiedad extremadamente intensas.

- Fase de anhelo y búsqueda de la figura perdida (dura varios meses o incluso años). Sentimientos de pesar y de búsqueda de la figura de apego perdida producen ansiedad de separación como respuesta natural es inevitable
- Fase de desorganización y desesperación: Algún tiempo después de la pérdida, al imponerse la noción de la realidad, se intensifican los sentimientos de desesperanza y soledad, la persona acepta finalmente la muerte y cae inevitablemente en una etapa de depresión y apatía.
- Fase de un grado mayor o menor de reorganización: se inicia aproximadamente al año de la pérdida, que es cuando el deudo se encuentra en condición de aceptar la nueva situación y es capaz de redefinirse a sí mismo y al nuevo contexto (sin incluir a la persona perdida). Significa renunciar definitivamente a toda esperanza de recuperar a la persona perdida y volver a la situación previa. Es una etapa determinante porque hasta que no se logra esta nueva definición, no pueden hacerse planes de futuro.

Worden (1997), explica que una de las dificultades al usar el enfoque de las etapas en el duelo es que las personas no atraviesan etapas en serie y puede haber solapamientos, por lo que, en vez de etapas, propone cuatro tareas en el duelo (también porque "tarea" implica que la persona en duelo debe ser activa y hacer para su recuperación):

- Tarea I aceptar la realidad de la pérdida: aceptar que la persona está muerta, se ha marchado y no volverá. Lleva tiempo asumir que el reencuentro es imposible, al menos en esta vida, porque implica la aceptación intelectual y emocional; los rituales como el funeral ayudan a muchas personas en este proceso.
- Tarea II reconocer y trabajar las emociones y el dolor emocional y conductual: si no, se manifestará mediante síntomas u otras disfuncionalidades (a veces se precisa terapia para aceptar el dolor que ha estado evitando.
- Tarea III adaptarse a un medio en el que el fallecido está ausente: dependiendo de cómo era la relación con el fallecido y los roles que desempeñaba. Para muchos/as viudos/as cuesta un tiempo darse cuenta de cómo se vive sin sus maridos y sus esposas, pero se trata de entender que deben asumir el rol que era ejercido por la persona fallecida, y que incluso deben aprender a desarrollar habilidades que nunca habían tenido para seguir adelante.

- Tarea IV recolocar emocionalmente al fallecido y seguir viviendo: para muchas personas esta es la más difícil de completar. Suele haber bloqueos y retrocesos porque se trata de encontrar un lugar adecuado en la vida emocional de los vivos donde pueda seguir viviendo la persona fallecida. Es importante que los profesionales validemos que el transcurso de la intensidad de las emociones no es lineal y que los momentos de tristeza o desmotivación no se tratan de "recaídas", sino como algo que tiene sentido dentro del propio proceso.

Niemeyer (2002) propone nuevo modelo teórico del duelo y define a este como una reconstrucción de significados, destacando lo particular y lo activo en el proceso. La elaboración del duelo está determinada no sólo por las emociones, sino también por el contexto relacional y los significados únicos del doliente, los que tienen que ser reconstruidos después de la pérdida. Plantea pues, que se necesita reconocer la realidad y abrirse al dolor, y una mayor amplitud en la fase de reorganización o restablecimiento (la mayoría de los deudos sigue sintiendo la presenciade la persona fallecida y manifiestan que esto les proporciona consuelo y los anima a seguir con su propia vida, las personas manifiestan tener sensaciones asociadas a la presencia de su ser querido). Es decir, postula que la muerte transforma las relaciones con la persona querida, en lugar de ponerles fin.

5. EL ROL DEL TRABAJADOR/A SOCIAL EN PROCESOS DE DUELO

El mundo de los/as deudos/as queda transformado por la pérdida y su reconstrucción con sentido y con nuevos significados no necesariamente conducen a la normalidad previa. Sin embargo, es una oportunidad de llegar a un estado de mayor desarrollo personal, pero en muchas ocasiones, se necesita ayuda experta, siendo el Trabajo social uno de los perfiles profesionales para guiar y colaborar en este proceso. El/La trabajador/a social no es el único que interviene cuando hay un duelo complicado, pues se trata de situaciones donde se necesita a un equipo multidisciplinar, siendo indispensable contar con ayuda de un profesional de Salud Mental especializado en este tipo de atención, pues aunque existen diferentes herramientas y escalas clínicas de valoración, siendo la Guía clínica y protocolo de Atención al duelo SECPAL y el inventario de duelo complicado las más utilizadas en España, es el/la psicólogo/a o psiquiatra quien realizará el diagnóstico.

El/La trabajador/a social debe asistir a las personas afectadas a pasar el proceso del duelo, derivando en caso necesario a un profesional de salud mental y ayudando, entre otras cosas, a: aceptar la realidad de la pérdida por difícil que sea, expresar completamente todos los sentimientos respecto a ella y motivar para aprender a vivir sin el ser querido e interesarse por la vida y por los que aún están vivos. Para ello, no debemos olvidar que es importante valorar la capacidad y los recursos que tiene la persona en duelo para poder hacer frente a la situación, sobre todo mediante la estimulación de niveles de respuesta eficaces y del apoyo físico y emocional (sin olvidar que la integración a grupos de autoayuda también puede producir beneficios para la superación). Una de las principales funciones de la atención social en duelo es identificar y destacar los recursos personales que poseen las personas o miembros de un grupo para hacer frente a los cambios que conlleva una pérdida, propiciando el desarrollo de nuevas habilidades.

Los/las trabajadores/as sociales cuentan con herramientas de intervención y de empoderamiento, para que los/as usuarios/as afronten las nuevas situaciones. Entre ellas se encuentra la intervención social grupal dirigida por el/la profesional del Trabajo Social para la prevención del duelo patológico o complicado cuyos objetivos son (Ruiz, 2020):

- Prevenir el duelo patológico de las personas del grupo a través del apoyo social.
- Permitir a las personas que han perdido seres queridos el reunirse de forma semanal para darse apoyo mutuo en una sesión guiada por un/a profesional.
- Ofrecer un recurso externo a la persona en duelo, dándole la oportunidad de conocer a otras personas que están atravesando este proceso tras haber perdido también a un ser querido, compartiendo sus sentimientos y experiencias.
- Proporcionar un espacio de comprensión en el que se les ofrece la oportunidad de aprender más sobre el duelo y comprender la forma en la que lo están elaborando.
- Una vez finalice el grupo, las personas participantes deberán tener las directrices necesarias para seguir creciendo en la vida, sin la presencia del profesional.

Otras de las funciones profesionales que se deben destacar en Trabajo social en procesos de duelo son el acompañamiento, apoyo y asistencia para abordar la pérdida con éxito. Para ello, las personas afectadas se deben sentir escuchadas y comprendidas en todo momento, siendo importante la creación de un ambiente comunicacional adecuado y basado en la confianza, donde puedan expresar de manera sincera y libre sus emociones.

Lema y Varela (2021) proponen una serie de habilidades comunicacionales de los/as trabajadores/as sociales en procesos de duelo:

- Dejar hablar a la persona, sin interrupciones que corten el relato cuando se observa que éste se desliza con fluidez.
- Hacer notar que se comprende plenamente la situación de dolor y connotar positivamente sus reacciones frente a un hecho tan contundente.
- Dar respuestas sencillas sin generar mandatos y sin expresar certezas anticipadas.
- Horizontalizar las relaciones sin perder de vista la relación terapéutica.
- Destacar que valoramos el esfuerzo que realiza.
- No cuestionar la cosmovisión del doliente.
- No decir que sólo el tiempo cura las heridas.
- No legitimar que cuando se está mal hay que llorar en soledad y pasar el duelo solo.
- Introducir la idea de tarea como parte del contrato terapéutico.
- Aportar los primeros señalamientos acerca de los sentimientos, conductas y cogniciones que pueden presentarse.

Desde el Trabajo social, cuando se interviene con personas en situación de duelo se debe tener en cuenta algunas premisas básicas (Di Maio, 2015):

- Estar sentado al dar malas noticias.
- Suministrar informaciones claras y precisas. Evitar clichés. No hacer promesas que no se puedan cumplir.
- Reconocer que el sufrimiento es natural y que cada uno tiene su ritmo para luchar con el proceso del duelo. No intentar que la persona pare de sufrir rápidamente.
- Hablar libera el estrés. Estar disponible para escuchar, sin juzgar o criticar. Por ello, durante la escucha activa se suele librar un combate contra nuestro propio ego (nuestros recuerdos, pensamientos y emociones), para evitar invadir el discurso ajeno o monopolizar la con-

versación. Además, las palabras pueden ser poderosamente terapéuticas si se emplean correctamente, pero el 75% de la comunicación humana es no verbal y transmitimos más mensajes mediante nuestra actitud, apariencia física, expresión facial, movimientos de la cabeza, la mirada, el contacto físico y la cercanía o alejamiento corporal.

- Dar espacio para el silencio y el contacto físico. Tocar, proteger físicamente es una forma de acogimiento no verbal.
- Identificar las emociones del doliente y las suyas, pues las emociones fuertes dificultan la comunicación.

La intervención social adquiere carácter socioeducativo, pero también preventivo, ya que la manera en que la persona en duelo resuelva la pérdida determinará las características de su nueva realidad, de sus relaciones sociales, de su nuevo mundo de significados (Lema y Varela, 2021). Por último, independientemente del vínculo establecido con la persona fallecida, es necesaria la implicación de la persona afectada para lograr una plena recuperación llevando a cabo el trabajo de afrontamiento del duelo (Gómez, 2007). Por ello, es importante que el/la trabajador/a social motive a la persona afectada durante todo el proceso para continuar con la intervención.

6. TRABAJO SOCIAL EN FUNERARIAS

Una de las variantes en la intervención social en procesos de duelo y muerte es uno de los nuevos yacimientos para el emprendimiento en la profesión: el Trabajo social en tanatorios o funerarias. Esta tipología viene diferenciada por el lugar donde se presta el servicio, es decir, en las funerarias o tanatorios, a los familiares y allegados de la persona difunta. El profesional ofrece servicios como la gestión de recursos, los trámites burocráticos respecto al seguro, pensiones o ayudas para la familia en su caso, contactar con otros familiares o personas cercanas realizando, por ejemplo, las llamadas de información del suceso, ofreciendo la acogida y la coordinación en el tanatorio, entre otras responsabilidades. Balboa (2013) define las siguientes funciones que podían llevarse a cabo en los tanatorios desde el Trabajo Social:

- Ofrecer información sobre los trámites que se deben llevar a cabo. Se prestaría asistencia técnica y asesoramiento sobre procedimientos relacionados con testamento, últimas voluntades, herencia, etc.
- Trabajar en la prevención de duelos complicados o patológicos, descubriendo factores de riesgo existentes en la persona, y en su entorno,

y posteriormente realizar un diagnóstico de la situación para poder intervenir adecuadamente.

- Coordinación y evaluación en equipo interdisciplinar, pues también sería necesario un psicólogo y un psiquiatra, para ver los daños causados a nivel psicológico, social, afectivo, económico, etc.
- Favorecer la promoción e inserción social, en caso de que se trate de personas que han perdido a su cónyuge o que han quedado solas y desamparadas como consecuencia de la muerte producida. En este caso es importante el empoderamiento de estas personas.
- Realizar mediación entre los servicios funerarios, el tanatorio y la familia afligida.
- Planificar un plan de acción y seguimiento para supervisar si el proceso de duelo se desarrolla con normalidad o si por el contrario puede haber incidentes que produzcan una mala recuperación.

7. EL DUELO DESDE EL TRABAJO SOCIAL EN CUIDADOS PALIATIVOS

Actualmente hay una tendencia a volver a "naturalizar" la muerte, desterrando la visión paternalista de la atención tradicional (otorgarle un rol de víctima e intentar proteger al paciente ocultando la verdad sobre su situación) y en consonancia hay un predominio por la intervención centrada en la persona que, en este contexto, está basada en su acceso a la información, en la necesidad de confort físico, en el apoyo emocional, en el respeto a su toma de decisiones, a sus voluntades anticipadas, en la confidencialidad, en el respeto a su cultura, valores y preferencias. Así pues, los cuidados paliativos se constituyen en un modelo basado en la autonomía del paciente, que focaliza su atención en las necesidades y potencialidades únicas de la unidad de tratamiento.

Los cuidados paliativos son el enfoque que trata de mejorar la calidad de vida de pacientes y familias que se enfrentan a los problemas relacionados con enfermedades amenazantes para la vida, "a través de la prevención y el alivio del sufrimiento por medio de la identificación temprana e impecable evaluación y tratamiento del dolor y otros problemas físicos, psicológicos y espirituales" (OMS, 2002). Para ello, se requiere de un equipo interdisciplinar donde también se debe albergar a profesionales del Trabajo social para prestar, como muchos autores explican, la Atención Paliativa (AP) dirigida a las personas con enfermedades crónicas avanzadas y sus familias. La AP refiere al conjunto de medidas orientadas a mejorar la calidad de vida en estos pacientes, de manera precoz, y con la práctica de un modelo de atención impecable, de la planificación de decisiones anticipadas y la gestión de casos como ejes de la atención, y en todos los recursos del sistema sanitario y social. En estas situaciones, desde el Trabajo social se debe trabajar con la familia y con el paciente. Para ello, la Asociación Europea de Cuidados paliativos (EAPCSW) citada por Novellas (2017), define las competencias que deben reunir los y las trabajadoras sociales:

- Defensa: defender los derechos de los y las pacientes y de sus familiares.
- Valoración: realizar una valoración de la situación de la persona enferma y de sus familias. Esta competencia se considera crucial para trabajar en equipo y poder tomar decisiones conjuntas.
- Planificar la atención: saber planificar y priorizar sus intervenciones en función de la pertinencia y viabilidad. Esta planificación debe ser consensuada tanto con el equipo como con la persona enferma y sus familias.
- Mantener una relación comprometida y constructiva con la comunidad con el fin de impulsar la creación de programas dirigidos al bienestar de las personas enfermas y de sus familias.
- Evaluar: los procesos y los resultados clínicos y de los programas. Asegurar la identificación de las necesidades de las personas enfermas y de sus familias y garantizar que se está trabajando para su resolución.
- Tomar decisiones: ayudar a pensar a la persona enferma y a sus familias para que puedan tomar decisiones apropiadas.

En el trabajo con pacientes en cuidados paliativos es común que se manifieste el duelo anticipado, y según Di Maio (2015), el/la trabajador/a social en este contexto debe:

- Promover el alivio del dolor y de otros síntomas que causan sufrimiento.
- Afirmar la vida y considerar la muerte como un proceso natural.
- No pretender apresurar ni retardar la muerte.
- Integrar los aspectos psicosociales y espirituales al cuidado del paciente.

- Ofrecer un sistema de apoyo con la intención de ayudar a los pacientes a que vivan activamente, tanto como sea posible, hasta la muerte.
- Ofrecer un sistema de apoyo para ayudar a la familia a luchar con la enfermedad del paciente y su propio duelo.
- Utilizar equipo para abordar las necesidades de los pacientes y sus familiares, lo que incluye consejos para el duelo.
- Reforzar y mejorar la calidad de vida e influir positivamente en el curso de la enfermedad.

En definitiva, los/las profesionales del trabajo social deben afrontar los cuidados al final de la vida conociendo todas sus dificultades. Por ello es importante detectar los problemas que se producen al final de la vida a la hora de acompañar el proceso, uno de ellos es la falta de participación de las personas en la toma de decisiones, la falta de mediación en conflictos, la necesidad de implicación de los allegados, la falta de recursos de atención y cuidados, el agotamiento y riesgo de claudicación de los cuidadores y cuidadoras, el sistema de apoyo comunitario, la falta de información, el planteamiento del plan de cuidados existentes, etc. Concurren otros factores, como el elevado nivel de situaciones de dependencia de algunos casos, que complejizan la situación

8. TRABAJO SOCIAL EN DUELO POR EUTANASIA

El arte del "buen morir", de "morir con dignidad", tiene sus propias claves en cada tiempo y contexto cultural. Ver la muerte como un problema nos lleva a querer morir de una determinada manera y en un momento concreto. La decisión de acortar la vida o de decidir poner fin a la misma es propia de la persona, pero existen aspectos sociales, morales, familiares, económicos e, incluso, sanitarios en los que él o la trabajadora social sanitaria puede contribuir a hacer más humana y reconfortarle la decisión final. Además, el apoyo emocional y social son campos de trabajo para los que los y las profesionales del Trabajo Social Sanitario tienen la preparación y las competencias necesarias como lo ponen de manifiesto otras actuaciones ante entornos y problemas que generan malestar, inquietud y angustia tanto al sujeto inmerso en una decisión de esta naturaleza como a la familia que debe acompañarlos. Por ello, desde el Consejo General del Trabajo Social reivindican que el Trabajo Social Sanitario esté contemplado como una de las figuras que conforman las comisiones de garantía y evaluación de la eutanasia. Dichas comisiones son las que deciden sobre la muerte digna de las personas que la soliciten según la Ley Orgánica 3/2021 de Regulación de la Eutanasia. En algunas Comunidades Autónomas se ha optado por incluir de forma voluntaria este perfil profesional en dichas comisiones. Sin embargo, estas situaciones conllevan unas necesidades sociofamiliares que son importantes tratar desde la perspectiva del Trabajo social, más allá de la aparición del duelo anticipado, sino de prevenir y tratar las consecuencias para los allegados de la persona que ejerce su derecho a tomar la decisión final.

9. TRABAJO SOCIAL EN DUELO POR SUICIDIO

El apoyo emocional y social son campos de trabajo para los que los y las profesionales del Trabajo Social tienen la preparación y las competencias necesarias, como lo ponen de manifiesto otras actuaciones ante entornos y problemas que generan malestar, inquietud y angustia tanto al sujeto inmerso en una decisión de esta naturaleza como a la familia que debe acompañarlos. El suicidio es una palabra que, como define Emile Durkheim (1897) proviene del latín, *suicidium,* que significa: *sui* (auto) + *cidium* (matarse a sí mismo); es el acto de acabar con tu vida en un momento de impulso, donde la única salida que encuentras en tu vida es salir, morir y/o dejar de existir. Los factores que influyen en el suicidio, según la OMS (2014), se encuentran las causas sociales (estar en situación de desempleo, tener presiones sociales, etc.). Algunos factores que pueden influenciar a las personas para suicidarse se recogen en la siguiente tabla:

Tabla 1: Factores de riesgo en el suicidio

Individuales	• Edad: Los momentos con más riesgo de intentos y de suicidios consumados a lo largo de la vida son la adolescencia y la edad avanzada. Las personas mayores son los que muestran las tasas más elevadas de suicidios, usan métodos más letales. • Factores psicológicos: la impulsividad, el pensamiento dicotómico, la rigidez cognitiva, la desesperanza, la dificultad de resolución de problemas, y el perfeccionismo, la desesperanza y la rigidez cognitiva. • Intentos previos de suicidio e ideación suicida: la presencia de planificación aumenta considerablemente el riesgo de suicidio. • Sexo: En líneas generales, los hombres presentan mayores tasas de suicidios consumados y las mujeres mayor número de intentos de suicidio. • Enfermedad física o discapacidad: dolor por enfermedad crónica, pérdida de movilidad, desfiguración, y otras formas de discapacidad o mal pronóstico de la enfermedad (cáncer, sida, etc.).

Familiares y contextuales	• Factores sociofamiliares y ambientales: no tener red de apoyo sociofamiliar, nivel socioeconómico, educativo y situación laboral (pérdida de empleo, pobreza, etc.). • Historia familiar de suicidio: aumenta el riesgo, especialmente en el género femenino y si se produjo en un familiar de primer grado. • Eventos vitales estresantes: Situaciones estresantes como pérdidas personales (divorcio, separación, muertes), pérdidas financieras (pérdidas de dinero o de trabajo), problemas legales y acontecimientos negativos (conflictos y relaciones interpersonales), pueden ser desencadenantes del suicidio.
Otros	• Historia de maltrato físico o abuso sexual. • Acoso por parte de iguales. • Fácil acceso a armas/medicamentos/tóxicos

Fuente: Guía Práctica Clínica de Prevención y Tratamiento de la Conducta Suicida (2012)

Los factores de protección o asociados a un riesgo menor al suicidio son (Caceda, 2014):

- Tener habilidades sociales, disponer de una sólida red social y sentirse integrado en la familia y en la sociedad.
- Las creencias, la práctica religiosa y la espiritualidad.
- Poseer confianza, autoestima y seguridad en uno mismo (sentirse útil y valorado).
- Tener un entorno estable, como puede ser una relación de pareja o estar embarazada (hijos deseados).

En estos duelos, la muerte se entiende como una interrupción de la vida que no debería de haber terminado ya que la persona no ha completado su ciclo vital o no era el momento de su muerte natural. Al ser una muerte auto infligida, la búsqueda al sentido de pérdida tiene una mayor complejidad porque rompe el orden social sobre los instintos básicos como la supervivencia, esto suele conllevar el enfado con la persona muerta, a la que se suma la culpabilidad, vergüenza, miedos y el estigma social que conllevan estas muertes violentas. En muchos casos los allegados pueden sentirse responsables al cuestionar si lo podrían haber evitado, a esto se le suma el estigma social ya que sigue siendo tabú para la sociedad. Eso dificulta poder expresar los sentimientos generados porque socialmente pasan a ser percibidos como "la familia del suicida" o "la casa del suicida" (Altet y Boatas, 2000). También puede aflorar el temor para seguir los pasos o incluso a padecer una enfermedad mental que le lleve a cometer el mismo acto que su ser querido.

El trabajador/a social ha de establecer dos niveles de intervención: el primer nivel sería de asesoramiento, y un posterior nivel para abordar la terapia del duelo a través de grupo de apoyo mutua o derivación a la parte más terapéutica. En las intervenciones de duelo por suicidio debemos diferenciar con quién vamos a trabajar, en función de los diferentes roles dentro de la unidad familiar (Enríquez, 2013):

- En el duelo por la pérdida de uno de los progenitores, el/la trabajador/a social debe aconsejar a la familia que, pese a lo complicado de hablar de la pérdida, deben expresar y explicar lo ocurrido con claridad y con un lenguaje fácil, comprensible para el/la hijo/a, y aportando soporte emocional en todo momento. Se debe explicar la importancia de no ocultar la verdad sobre el suceso, ya que el niño acabará descubriéndola y esto puede provocar la aparición de una barrera comunicativa que dificultará aún más el duelo. El sentimiento dominante suele ser el de culpabilidad, por ello se deberá trabajar en profundidad para evitar que derive en: declaraciones insistentes y directas de culpabilidad y autorreproche, depresión, comportamiento provocativo, autocastigo, obsesiones, etc. Dada su complejidad estas implicaciones emocionales que sufre el menor deben de ser abordadas desde una perspectiva multidimensional y multidisciplinaria.

- Duelo paterno filial: es uno de los más difíciles de afrontar y una de las peores situaciones a las que enfrentarse, dado que encierra una contradicción al no seguir la lógica natural (la muerte de los padres primero y luego la de los hijos). Pone en cuestión la capacidad de protección de los padres y genera una culpa aún más acusada. A esto se le suma la llamada "pérdida narcisista" porque al morir nuestro hijo muere una parte de nosotros mismos (la continuación de nuestros sueños e ilusiones puestos en esa persona) y puede generar un dolor permanente, descrito como una "montaña rusa" pues puede ir variando de intensidad.

- Duelo entre hermanos: que la muerte sea expresada correctamente adquiere un carácter de suma importancia, pero además en este caso hay que tener en cuenta que ambas personas han crecido juntas y han sido educadas en el mismo sistema familiar por lo que una de las tareas a llevar a cabo por el trabajador social es evitar la identificación con el suicida, evitando la culpa y ayudando al superviviente a elaborar otras técnicas de resolución de conflictos.

Desde el Trabajo Social se debe acompañar para que los familiares tengan una "vida normal" y "vías de escape", porque en caso contrario, el hecho traumático puede tomar el control de la vida familiar y dificulta el desarrollo de los miembros en la cotidianidad. Sobre todo, es importante saber acompañar en la pena y en escucha de las emociones. También se deben conocer los recursos institucionales que existen en la actualidad y que están especializados en la prevención del suicidio y en el tratamiento de los/as deudos/as una vez ha ocurrido la pérdida. Algunos de estos recursos son: Bideginduelo, DSAS, Papageno, Teléfono de la Esperanza, entre otras especializadas en el suicidio y en la salud mental y, en concreto, en la Región de Murcia se ha creado recientemente un proyecto desde la Asociación para la Investigación del Hospital Psiquiátrico Román Alberca con la ayuda técnica del Servicio Murciano de Salud.

10. BIBLIOGRAFÍA

Acero, P. (2004). *Ante las penas de la vida, ¿qué podemos hacer?: reanimación psicológica para situaciones de duelo y pérdida.* San Pablo.

Altet, J. y Boatas, F. (2021, 15 de enero). Reacciones de duelo. http://www.revistahospitalarias.org/info_2000/01_159_02.htm

Ariès, Ph. (2000). *Historia de la muerte en Occidente. Desde la Edad Media hasta nuestros días.* El Acantilado.

Balboa, Mª. (2013). Trabajo Social, Muerte y Envejecimiento Activo (en prensa). (15- 23) Universidad Pablo de Olavide. Sevilla

Bowlby J. (1999). *Vínculos afectivos. Formación, desarrollo y pérdida.* 3ª ed. Morata.

Caceda, R. (2014). Suicidal behavior: Risk and protective factors. *Revista de neuropsiquiatría*, 77, 3-18

Di Maio, L. R. (2015). El tema del duelo en la práctica del trabajador social. *Trabajo Social* (Colombia),17, 239-252.

Enríquez, M. (2021). Duelo ante muerte por suicidio. http://scielo.sld.cu/scielo.php?pid=S1729-519X2013000200014yscript=sci_arttex

Freud, S. (1967). *Obras completas.* Biblioteca Nueva.

García-Viniegras, C.R.V., Grau Abalo, J.A, y Pedreira, I. (2014). Duelo y proceso salud-enfermedad en la Atención Primaria de Salud como escenario para su atención. *Rev Cubana de Med. General Integral*, 30(1), 121-131.

Gómez, M. (2007). *La pérdida de un ser querido: El duelo y el luto.* Arán.

Horewitz, MJ; Wilner, N; Marmar, C; Krupnick, J (1980). Pathological grief and the activation of latent self images. *American Journal of Psychyatry.* 137(10):1157-1152.

Kübler-Ross, E. (1996). *Sobre la muerte y la muerte: lo que los pacientes tienen que enseñar a los médicos, enfermeras, religiosos y sus propios familiares.* Luciernaga

Lema, D. S., y Varela, M. C. (2021). Intervención en duelo desde el enfoque del Trabajo Social. *Margen: revista de trabajo social y ciencias sociales,* (101), 8.

Meza, E., García, S., Torres, A., Castillo, L., Sauri, S., y Martínez, B. (2008). El proceso de duelo: un mecanismo humano para el manejo de las pérdidas emocionales. *Revista de Especialidades Médico- Quirúrgicas,* 13(1): 28-31.

Ministerio de Ciencia e Innovación (2012). *Guía de práctica clínica de prevención y tratamiento de la conducta suicida.* Plan de Calidad para el Sistema Nacional de Salud del Ministerio de Sanidad. Madrid.

Neimeyer, R. (2002). *Aprender de la pérdida.* Paidós.

OMS (2014). *La prevención del suicidio: Un instrumento para los médicos generalistas.* World Health Organization.

Oviedo Soto, S. J., Parra Falcón, F. M., y Marquina Volcanes, M. (2009). La muerte y el duelo. *Enfermería global,* (15), 0-0.

Parkes CM. (1988). Bereavement as a Psychosocial Transition: Processes of adaptation to change. *J Soc Issues.*; 44:53-65.

Posada RS. (2005). *El manejo del duelo. Una propuesta para un nuevo proceso.* Norma.

Ruiz Mosquera, A.C. (2020). El duelo desde el Trabajo Social. Experiencia de intervención social con grupos. *Documentos de trabajo social: Revista de trabajo y acción social,* (63), 29-42.

Suárez, M.A (2016). "Muerte, pérdida y duelo. Exploraciones para el Trabajo Social". En: Carbonero, D.; Raya, E.; Caparros, N.; y Gimeno, C. (Coords) (2016) *Respuestas transdisciplinares en una sociedad global. Aportaciones desde el Trabajo Social.* Universidad de La Rioja.

Worden W. (1997). *El tratamiento del duelo asesoramiento psicológico y terapia.* Paidós.